KNAUR
MENSSANA

Im Knaur Taschenbuch Verlag ist bereits folgendes Buch des Autors erschienen:
Farben

Über den Autor:
Klausbernd Vollmar, geb. 1946, ist Diplom-Psychologe. Seit etwa zwanzig Jahren veröffentlicht er Bücher und Artikel zu den Themen Traum, Kreativität und Symbolik. Seine Bücher sind in neunzehn Sprachen übersetzt. Auch in seinen Workshops und in der therapeutischen Arbeit spielt seit vielen Jahren die Beschäftigung mit der Symbolik des Traums und der Farben eine besondere Rolle. Vollmar lebt an der englischen Ostküste.

Weitere Informationen unter: www.kbvollmar.de

Klausbernd Vollmar

Das große Praxisbuch der Traumdeutung

Wie man seine Träume verstehen lernt

KNAUR
MENSSANA

Besuchen Sie uns im Internet:
www.knaur.de

Alle Titel aus dem Bereich MensSana finden Sie
im Internet unter: www.mens-sana.de

FSC
www.fsc.org
MIX
Papier aus verantwortungsvollen Quellen
FSC® C083411

Neuausgabe Oktober 2011
Knaur Taschenbuch

Ein Unternehmen der Droemerschen Verlagsanstalt
Th. Knaur Nachf. GmbH & Co. KG, München

Umschlaggestaltung: ZERO Werbeagentur, München
Umschlagabbildung: ©Megumi Takamura, Getty Images
Satz: pagina GmbH, Tübingen
Druck und Bindung: CPI – Claussen & Bosse, Leck
Printed in Germany
ISBN 978-3-426-87534-6

2 4 6 5 3

Inhalt

Vorwort

Als ein Arbeitsbuch zur Traumdeutung führt Sie dieses Buch über verschiedene Schritte und Wege zu einer Erkenntnis der unterschiedlichen Verständnisebenen eines Traums. Zugleich wird es Sie befähigen, Ihre Träume leichter, schneller und vollständiger zu verstehen.

Im ersten Kapitel lade ich Sie zu einem Spaziergang durch die Geschichte der Traumdeutung ein. Haben Sie keine Angst, Geschichte braucht nicht langweilig zu sein! Sie werden sich wundern, wie stark noch heute die ersten Ansätze der Traumdeutung lebendig sind.
In diesem Anfangskapitel finden Sie Informationen über die Traumdeutung in Ägypten, Griechenland, Rom und in der Romantik. Sie bekommen einen kurzen Einblick in die Psychoanalyse Sigmund Freuds und dessen Nachfolger, um danach auf moderne psychologische Fragestellungen der Traumdeutung einzugehen.
Sie können dieses Kapitel auch am Schluss des Arbeitsbuchs lesen, und es wird dann die verschiedenen Kapitel kurz zusammenfassen und Ihnen neue Verbindungen aufzeigen.

Im zweiten Kapitel werden wir uns die »Sprache« des Traums anschauen und Grundlegendes über den Umgang mit Symbolen erfahren. Hier treffen wir zunächst auf die Ebene der persönlichen Symbole, die Sigmund Freud aus-

giebig untersuchte, um uns dann der tiefsten und überpersönlichen Ebene des Nachtbewusstseins zuzuwenden, auf der die archetypischen Symbole bedeutungsvoll werden. Hier finden Sie alle wesentlichen Informationen über Traumsymbole und Traumbilder.
Es geht hierbei um die sogenannte Amplifikation, wie man das Verfahren bezeichnet, um sich alle möglichen Bedeutungsinhalte eines Symbols zu erschließen. Das ist ein Begriff, den Carl Gustav Jung in die Traumdeutung einführte.
Es werden ferner die Grundbegriffe der Traumdeutung wie die Rationalisierung, das kollektive Unbewusste und die Archetypen erläutert. Dies ist sozusagen das Handwerkszeug des Traumdeuters. Zu den Archetypen, ein Begriff, den ebenfalls Carl Gustav Jung in die Traumdeutung einführte, gehören der Schatten, als diejenige Seite, die wir an uns nicht erkennen wollen, der Animus als unser männlicher Anteil und die Anima als unser weiblicher Anteil. Wahrscheinlich haben Sie alle diese Begriffe schon einmal gehört. In diesem Kapitel werden Sie sehen, was sich hinter ihnen verbirgt und wie Sie diese Konzepte selbst fruchtbar auf Ihre Träume anwenden können.
Für den täglichen Umgang mit Ihren Träumen finden Sie in diesem Kapitel Angaben darüber,
- wie man Traumbilder und Traumsymbole versteht,
- wie man Personen im Traum deuten kann,
- wie man ein eigenes Symbolbuch anlegt und
- wie man Handbücher und Lexika der Traumsymbole benutzt.

Im dritten Kapitel werden die verschiedenen Erscheinungsarten der Träume vorgestellt und dabei die unterschiedliche Verkleidung einer bestimmten Traumnachricht aufgezeigt. Hier finden Sie alle wichtigen Informationen über

- die Beziehung von Traum und Alltagsleben,
- heilende Träume,
- Alpträume,
- die Voraussage im Traum,
- bewusstes Träumen oder den Klartraum.

An praktischer Information finden Sie hier,
- wie man wiederkehrende Träume deutet,
- wie man mit Angst- und Alpträumen umgeht,
- wie man Heilträume versteht und umsetzt,
- wie man bewusst träumt und was beim bewussten Träumen zu beachten ist und
- wie man archetypische und große Träume erkennt und mit ihnen umgeht.

Im vierten Kapitel wenden wir uns den oben angesprochenen verschiedenen Deutungsmethoden ausführlicher zu. Hier finden Sie wichtige Informationen zu
- den unterschiedlichen psychologischen Schulen, Techniken und Methoden sowie
- Erklärungen zweier Zentralbegriffe der Traumdeutung, der Subjektstufe und
  der Objektstufe.

Die Subjektstufe und die Objektstufe geben zwei verschiedene Sichtweisen auf Personen in Ihren Träumen wieder. Hier stellt sich die Frage, ob eine Traumperson wirklich diejenige Person darstellt, als die sie auftritt, oder ob sie nicht etwas ganz anderes symbolisiert – nämlich letztlich Sie selber, oder zumindest einen Teil von Ihnen. Gleichzeitig werde ich aufzeigen, dass sich diese beiden vorgeblich unterschiedlichen Ansätze gar nicht widersprechen, sondern sich meistens ergänzen.

Sie erhalten in diesem Kapitel praktische Hinweise,

- wie man den Traum nonverbal (ohne Sprache) mit künstlerischen Mitteln deuten kann, beispielsweise mit Malen, Zeichnen und anderen künstlerischen Techniken,
- wie man seinen Traum als Drama verstehen kann,
- über die Vorteile der Beobachtung seines Traum-Ich,
- wie man seine Träume sinnvoll in fünf bis zehn Minuten pro Tag deuten kann,
- wie man Träume sehr tief gehend und ausführlich deuten und verstehen kann,
- wie man seine Träume im Schlaf »vordeutet« und
- wie man ein Traumtagebuch führt.

Das fünfte Kapitel ist weitgehend praxisorientiert und behandelt die Bedingungen beim Einschlafen und beim Aufwachen, die für die Traumarbeit wesentlich sind. An praktischen Hinweisen finden Sie hier,

- was eine Affirmation ist und wie man mit ihr arbeitet,
- wie verschiedene Bedingungen wie beispielsweise Alkohol und Fernsehen auf die Traumerinnerung wirken und
- wie man sich eine günstige Atmosphäre beim Einschlafen und beim Aufwachen schafft, welche die Traumerinnerung begünstigt und Sie tief und fest schlafen lässt.

  Das mag
  mit ätherischen Ölen,
  mit Musik,
  mit dem Vorlesen von Märchen oder
  dem Schaffen einer Märchenatmosphäre geschehen. Ich möchte Sie hier anregen, eine Kultur des Einschlafens und des Aufwachens zu pflegen. Schöne Gerüche, angenehme Klänge und eine ästhetische Umgebung gehören zu dieser Schlafkultur genauso wie schönes Bettzeug und ein angenehm kuscheliges Bett.

So geben die Kapitel dieses Arbeitsbuchs verschiedene Methoden und Sichtweisen der Traumdeutung wieder, die sich alle ergänzen und schließlich gemeinsam zu einem umfangreichen und ganzheitlichen Verstehen unserer inneren Welt führen.

Einführung

Geschichte der Traumdeutung

Die Anfänge der Traumdeutung

Das älteste uns überlieferte Traumbuch ist ein in Stein gehauenes »Buch«, das sogenannte »Hieratische Traumbuch«. Dieser Text stammt aus dem mittleren Reich Ägyptens und wurde vor etwa 4000 Jahren in den Stein gemeißelt.
Etwa dreihundert Jahre später wurde das »Assyrische Traumbuch« geschrieben. Es wurde zurzeit Hammurapis (1728–1686 v. Chr.) in Keilschrift auf zwölf Tontafeln eingeritzt.

Das »Assyrische Traumbuch« wie das »Hieratische Traumbuch« machen die Bedeutung der Träume von dem Lebenswandel der Träumer abhängig. Natürlich geschah dies in einer noch sehr unbeholfenen Weise, indem zum Beispiel Träume von guten und schlechten Menschen unterschieden wurden. Dennoch ist es erstaunlich, dass solch ein sozialpsychologisch ausgerichteter Ansatz schon den Beginn der Traumdeutung prägte. Außer in der untypischen mittelalterlichen Traumbetrachtung Hildegards von Bingen (1098 bis 1179) tritt diese Beziehung der Traumdeutung zum Lebenswandel des Träumers erst wieder bei Sigmund Freud (1856 bis 1939) und dessen Nachfolgern auf. Wenn uns auch heute diese Beziehung zwischen der Bedeutung eines Traumsymbols und den Lebensumständen des Träumers geläufig ist, so war von der klassisch-römischen Zeit bis zur Neuzeit diese Idee völlig in Vergessenheit geraten. Man sah die Traumsymbole eher im archetypischen Sinne mit festen, unumstößlichen Bedeutungen verbunden. Dieser Tradition folgte Carl Gustav Jung (1875–1961), der sich im Laufe seines Lebens mehr und mehr der überpersönlichen Sicht der Träume zuwandte.

Das Hieratische und das Assyrische Traumbuch greifen bereits eine wichtige Beobachtung auf, wenn sie davon ausgehen, dass der Traum auf Situationen und Ereignisse, die kommen werden, hinweist. Gleich zu Beginn der Traumdeutung wird der Voraussagecharakter der Träume als etwas Selbstverständliches angenommen. Erst C. G. Jung hat sich in unserem Jahrhundert systematisch mit dem Zeitbezug im Traum beschäftigt. In Zusammenarbeit mit seinem Freund, dem österreichischen Nobelpreisträger und Einstein-Schüler Wolfgang Pauli (1900–1958), kommt Jung zu der Ansicht, dass der Zeitbezug im Traum ein relativer ist. Die moderne Physik mit ihrer Theorie der Parallel-Universen (Everett, Wheeler und Rhiner-Hypothese) drückt es sehr anschaulich aus, wenn sie sagt, dass in den verschiedenen Ebenen unseres Universums unterschiedliche Zeitbedingungen vorherrschen. So läuft die Zeit in einigen Ebenen rückwärts, in anderen zyklisch. Auf den Traum übertragen erklärt diese Annahme, dass die ersten Traumdeuter recht hatten: Im Traum befindet man sich unter anderem in einem Bewusstseinszustand, in dem die Zeit nicht mehr geradlinig (linear) wie in unserem alltäglichen Leben verläuft. Die Zeit kann hier ohne weiteres auch einmal rückwärts verlaufen.
Den Ägyptern und Assyrern scheint dies geläufig gewesen zu sein.

Trotz dieser erstaunlichen Aktualität gehen die beiden ersten Traumbücher doch sehr schematisch vor. Sie erinnern an die populären Traumdeutungsbücher besonders zu Beginn dieses Jahrhunderts, die nach folgendem atemberaubend oberflächlichen Schema arbeiten: Wer zum Beispiel von einem weißen Pferd träumt, sehnt sich nach Sexualität. Schon bei den ersten beiden Traumbüchern aus Ägypten und Assyrien tritt die unbewiesene, aber bis heute gerne wiederholte Ansicht auf, dass derjenige, der von seinem Tod träumt, lange leben wird.

Differenziertere Bücher der Traumsymbole treten erst zu Beginn unseres Jahrhunderts besonders unter dem Einfluss der Psychoanalyse nach Sigmund Freud und der analytischen Psychologie C. G. Jungs auf.

Der Kult des Asklepios

Nur etwas später als die Niederschrift der ersten Traumdeutungsbücher beginnt in Griechenland der Kult des Heilgottes Asklepios, aus dem später der römische Aeskulapius wurde. Das Besondere an diesem Heilgott, der immer mit seinem Helfer Telesphoros auftritt, besteht darin, dass er mit Hilfe von Traumbildern heilt. Diese Traumbilder stammen von Asklepios und werden dem Träumer durch den Zwerg Telesphoros übermittelt, der in seiner Funktion dem griechischen Götterboten Hermes vergleichbar ist.
In dem Kult Asklepios' wird für Jahrhunderte ausschließlich mit dem Traum geheilt. Der Kranke – wobei physische und psychische Krankheiten hier nicht unterschieden werden – begibt sich zu einem der Heiligtümer des Asklepios, wie zum Beispiel auf der Insel Kos oder in Epidauros, und unterzieht sich dort rituellen Waschungen. Nach einer Reini-

gungs- und Vorbereitungsphase wird er auf die Kline, die Schlafbank, gelegt. Von dem Wort »Kline« stammt unser heutiges Wort »Klinik« ab. Und nun beginnt der Tempelschlaf. Dabei ist erstaunlich, dass die Priester des Asklepios schon von dem REM-Schlaf wussten. REM als Abkürzung für *rapid eye movements* bezeichnet die Augenbewegung der geschlossenen Augen im Schlaf, mit der der Träumer die Traumbilder verfolgt. Bemerkten die Priester diese Augenbewegungen, dann begaben sie sich zu dem Schläfer und weckten ihn genau dann auf, wenn die Augen wieder ruhig wurden und so anzeigten, dass die Traumphase abgeschlossen war. Wenn man sofort nach einem Traum geweckt wird, behält man mit großer Sicherheit diesen Traum, und so konnte der Träumer dem Priester auch immer seinen Traum berichten. Dieser Traum mit seinen Bildern wurde als das Heilmittel gesehen, das Asklepios, der Heilgott, geschickt hatte.
Diese Idee entspricht der griechischen Auffassung des Theaters. Aristoteles nahm an, dass besonders der Chor in der griechischen Tragödie eine reinigende Wirkung (Katharsis) ausübt. Das Gleiche geschieht im Traum, indem die Traumbilder dem Träumer zumeist gerade das vorstellen, was er in seinem alltäglichen Leben nicht lebt und was er in seinem Alltagsbewusstsein auch nicht betrachten möchte. Damit wird eine Ganzheit hergestellt, deren Betrachtung reinigend wirkt.

Bis kurz nach der Zeitenwende wurde in Griechenland mit dem Traum geheilt, und Asklepios galt als einer der beliebtesten griechischen Götter, dem über dreihundert Tempel errichtet worden waren. Dieses Heilen mit dem *Mythos,* das heißt mit dem Traumbild, wurde später vom Heilen mit dem *Logos* abgelöst. Der Mythos als weiblicher Archetyp erweitert den Blick auf das eigene Leben und verhilft, verdrängte

Sehweisen wiederzuerlangen. Der Mythos schafft die heilende Einheit. Der Logos dagegen differenziert und kategorisiert. Er ist vom männlichen Archetyp geprägt. Mit der Herrschaft des Logos wird die weibliche Sicht der Welt aufgegeben und das Nachtbewusstsein verkannt.
Das Heilen mit den Träumen wird von der männlich geprägten Kräuterkunde abgelöst, bei der nicht mehr das einheitsbildende Bild im Vordergrund steht, sondern die genaue Zuordnung der Pflanze zum Krankheitssymptom.

Das Heilen mit Hilfe der Träume war die längste uns bekannte Heiltradition, an der die Psychoanalyse erst wieder etwa zweitausend Jahre später anknüpfte.

Der pragmatische Umgang mit dem Traum

Die Römer wie auch das gesamte Mittelalter waren weitgehend von einer erstaunlich pragmatisch-politischen Haltung gegenüber dem Traum geprägt. Ganz deutlich drückt sich diese Haltung in den Träumen der Bibel aus, die erdacht und nicht wie echte Träume wirken. Wenn Nebukadnezar als der König von Babylon in der Bibel von einem Traum heimgesucht wird, der ihn erst als mächtigen Baum zeigt, der dann gefällt wird, kann man schwerlich übersehen, dass es sich hierbei um politische Propaganda handelt. Der König von Babylon war den Juden ein Dorn im Auge (erinnert sei an die babylonische Gefangenschaft der Juden) und wurde deswegen mit diesem Traum, den der Prophet Daniel beschreibt und deutet, öffentlich herabgesetzt.

Die politische Wirkung von Träumen war schon den Römern bekannt, weswegen sich jeder Bürger verpflichten musste, politisch wichtige Träume dem Senat zu berichten.

Viele politische Ereignisse wie zum Beispiel die Ermordung Gaius Julius Cäsars sind vorausgeträumt worden. Allerdings pflegten sich die Römer wie auch schon die Griechen selten nach ihren Träumen zu richten.
Als das Römische Reich zum Christentum übertrat, galt der Traum als von Gott gesandte Botschaft. Diese besondere Stellung besaß er aber nicht sehr lange, denn schon im frühen Mittelalter stellte Papst Gregor (715–731) kategorisch fest, dass uns der Traum vom Teufel statt von Gott gesandt würde. Die Traumdeutung wurde bei Todesstrafe verboten. Das galt allerdings nur für das gemeine Volk, das sich zur Traumdeutung an weise Frauen und Männer wandte, die der Kirche das Monopol der Seelenführung streitig machten. Träume, die Herrscher und besonders Kirchenfürsten hatten, galten nach wie vor als von Gott gesandt und als Ausdruck von Gottes Willen. Solche Träume wurden sogleich veröffentlicht und behandelten fast immer politisch aktuelle Themen. Bis zum Ende des Mittelalters wurde so mit Träumen versucht, Politik zu machen.
Dies erinnert mich sehr an eine Geschichte aus den englischen Kolonien in Afrika. Dort gab es einen Medizinmann, der – wie es üblich war – die Belange seines Stammes mit Hilfe seiner Träume leitete. Nachdem ein englischer Offizier für dieses Gebiet eingesetzt wurde, berichtete der Medizinmann von keinem Traum mehr. Als er gefragt wurde, wie dies käme, meinte er, dass er keine Träume mehr brauche, da der Engländer doch die Macht habe, alles zu regeln, wie er es wolle, und so auch alles bestimmen könne.
Zurzeit der Hexenverfolgung, die ihren Höhepunkt im Zeitalter der Aufklärung fand, wurde die Traumdeutung als Hexenhandwerk betrachtet und im gesamten christlichen Kulturkreis weitgehend unterdrückt. Bestenfalls waren Visionen erlaubt, die aber nur dann angenommen wurden, wenn sie von Kirchenfürsten, Mönchen und Nonnen stammten und

sich möglichst reibungslos in das Dogma der Kirche fügten. In der Zeit vom frühen Mittelalter bis zu dessen Ende kam es zu einer Blüte der Traumdeutung im islamischen Bereich, und dort besonders in den von den Mauren besetzten Gebieten Spaniens.

Das Zeitalter der Romantik

Im christlichen Europa war es um die Traumdeutung bis zum Zeitalter der Romantik, als die individuellen Gefühle entdeckt wurden, sehr ruhig geworden. Jüdische Weise, die den Talmud studierten, mögen auf die dort angeführten Träume aufmerksam geworden sein, aber im Großen und Ganzen hatte die Kirche erreicht, dass das Volk den Traum eher fürchtete als beachtete. Bestenfalls galt er als ein undurchschaubares Kuriosum, mit dem sich eine tiefere Beschäftigung nicht lohnt.
Mit der Romantik verändert sich diese Situation allerdings radikal. Nicht nur Dichter wie Ludwig Tieck (1773–1853), Friedrich Schlegel (1772–1829), Joseph Freiherr von Eichendorff (1788–1857) und Novalis (Friedrich von Hardenberg, 1772–1801) wandten sich eifrig dem Traum zu, sondern auch Wissenschaftler wie der von Goethe beeinflusste Arzt und Anatom Carl Gustav Carus (1789–1869) und der überaus einflussreiche Theologe und Arzt Franz Anton Mesmer (1734–1815). Die Beschäftigung mit dem Unbewussten führte Dichter wie Wissenschaftler zum Traum, der nun *das* aufregende und zu erforschende Neuland wurde. Beginnt ein klassischer Roman der Romantik wie »Heinrich von Ofterdingen« von Novalis mit einem Traum, in dem sich das Gefühl der Hauptperson widerspiegelt, so entdeckt zur gleichen Zeit der Wissenschaftler C. G. Carus, dass der Zugang zum menschlichen Gefühl und dessen Unbewussten nur

durch den Traum freigegeben wird. Die genauen Beobachtungen der Träume brachten Carus dazu, wie auch später C. G. Jung, zwei Ebenen des Unbewussten zu unterscheiden, die von Jung dann als persönliches und kollektives Unbewusstes bezeichnet werden sollten.

Allgemein bekannt wurde die Erforschung des Unbewussten allerdings erst durch Franz Anton Mesmer, der mit seinen Theorien ganz Europa »mesmerisierte«. Mesmer führte seine Patienten in die Hypnose, um sie von unverarbeiteten Träumen und besonders Alpträumen zu heilen. Mesmers Anhänger waren die späten Alchemisten, die Freimaurer und die Rosenkreuzer, die an den Kräften des Unbewussten geradezu gierig interessiert waren.
An Mesmer knüpfte der französische Arzt Jean-Martin Charcot (1825–1893) an, bei dem der junge Sigmund Freud in die Lehre ging. Mesmer und Charcot kann man zu Recht als geistigen Großvater und Vater von Sigmund Freud ansehen. Ohne ihren Einfluss wäre ein Buch wie »Die Traumdeutung« nicht denkbar gewesen.

Die Psychoanalyse

Als Freud seine erste umfangreiche Studie des menschlichen Unbewussten in »Die Traumdeutung« 1899 abschloss, war ihm klar, dass dieses Buch als Jahrhundertwerk die Wissenschaft revolutionieren würde. Um dies zu verdeutlichen, datierte Freud dieses Werk auf 1900 vor, obwohl es schon ab Herbst 1899 im Handel zu beziehen war. Zunächst wurde »Die Traumdeutung« radikal abgelehnt. In den ersten sechs Jahren verkaufte der Verleger gerade etwas über dreihundert Exemplare, was Freud jedoch nicht abhielt, an sein Werk zu glauben und es auch ständig zu überarbeiten. Die Geschichte sollte Freud recht geben: Heute ist »Die Traumdeutung« eines der meistverkauften und verbreitetsten wissenschaftlichen Bücher der Welt.

Wurden noch Mesmer und Charcot geradezu als Helden des Traums und des Unbewussten gefeiert, so musste sich Freud durch kluge Taktik und Vereinspolitik (Gründung der Psychoanalytischen Gesellschaft) durchzusetzen versuchen. Das Unbewusste erschien beim genauen Hinsehen gar nicht mehr so romantisch wie bei Novalis und Eichendorff. Die bürgerliche Seele des ausgehenden Viktorianischen Zeitalters war über die sexuelle Prägung des Traums schockiert.
Freud wusste jedoch schnell eine psychoanalytische Bewegung aufzubauen, in deren Mittelpunkt die Beschäftigung mit dem Traum stand. Leider entsprach es Freuds Charakter, dass er jedem vorschreiben wollte, wie ein Traumsymbol zu verstehen sei und welcher Umgang mit dem Traum als richtig gelte. Diese Dogmatik Freuds sollte ihn von seinen genialsten Verbündeten wie Carl Gustav Jung und Wilhelm Reich trennen. Dennoch ist es das Verdienst Freuds, dass ab 1900 die Traumdeutung salonfähig wurde, und alle seine Nachfolger bauen auf seinen grundsätzlichen Beobachtungen des Traums auf.

Erstaunlicherweise gelangte Freud zu seiner Theorie, indem er weitgehend seine eigenen Träume so objektiv wie möglich und vor dem Hintergrund seiner großen Bildung betrachtete. Das bewahrte ihn davor, im Gegensatz zu der Haltung in seinen Schriften und seiner Politik, wie ein Freudianer mit den Träumen seiner Patienten umzugehen.
Anders verhielt es sich mit Carl Gustav Jung, der schon einige Erfahrung mit Träumen anderer Menschen besaß, bevor er seine Theorie des Traums formulierte. Aber auch Jung

ging im Gegensatz zu seinen Schriften so unkonventionell wie erfolgreich mit den Träumen seiner Patienten um.

Freud und Jung ist es zu verdanken, dass der Traum zu einem Objekt der Wissenschaft geworden ist. Ob sie damit dem Traum einen guten Dienst erwiesen haben, ist eine andere Frage.

Die amerikanische Schule der Traumdeutung

Sehr schnell wurde in den sechziger und siebziger Jahren des letzten Jahrhunderts die Kritik an Freud laut, dass er den Traum analytisch und somit einseitig intellektuell betrachtet habe. Dieser Vorwurf stammt aber eher aus einem Missverständnis der Freudschen Psychoanalyse, die als intellektuelle Kur angesehen wurde. Dies ist aber keineswegs der Fall. In der psychoanalytischen Traumbetrachtung geht es ganz klar um die emotionale Betroffenheit des Träumers. Einzig die Schriften zu diesem Thema sind von einer Sprache geprägt, die oft einseitig intellektuell ausgerichtet ist. Durch diese intellektuelle Ausrichtung psychoanalytischen Schrifttums war ein Missverständnis programmiert, da nur wenige Menschen, die über die psychoanalytische Traumarbeit urteilten, eine Analyse durchlaufen hatten.
Als Gegenreaktion bildete sich die humanistische Psychologie heraus, bei der die emotionale Betroffenheit geradezu dogmatisch im Zentrum der Traumarbeit steht. Etwas später entstand die praktisch ausgerichtete Traumarbeit, die sich mehr und mehr dem bewussten Träumen (auch luzides Träumen oder Klarträumen genannt) zuwandte.

Den Begriff des bewussten Träumens kannten schon Freud und Jung, die diese Technik jedoch beide radikal ablehnten, da sie den Menschen nicht für reif hielten, seine Träume selbst zu deuten oder zu manipulieren.

Die amerikanische Schule der Traumdeutung wird hauptsächlich durch Strephon Kaplan Williams, Patricia Garfield und Ann Faraday vertreten. Hier geht man davon aus, dass die Traumarbeit eine Technik darstellt, mit der ein geübter Träumer alles erreichen kann, was er sich wünscht. Diese Ansicht ist von dem Traum Amerikas geprägt, alles technisch bewältigen zu können.
Um wirklich effektiv und technisch erfolgreich mit dem Traum zu arbeiten, kann man im Traum sein Bewusstsein aufrechterhalten und so den spontanen Traum gemäß der eigenen Bedürfnisse bewusst verändern. Der Hintergrund für diesen Umgang mit dem Traum bietet eine Beobachtung der Verhaltenspsychologie, dass nämlich Handlungen, die man im Traum durchführt, auch im alltäglichen Leben leichter auszuführen sind. Deswegen versucht der bewusste Träumer in seinen Traum einzugreifen und diesen derart zu verändern, dass er von dieser Veränderung in seinem Alltagsleben profitiert.

Bei dieser Anwendung weist das bewusste Träumen die Gefahr auf, dass das Unbewusste gar nicht mehr oder nur noch sehr wenig zu Wort kommt. Der Traum als weiblicher Archetyp ist grundlegend durch Hingabe charakterisiert. Diese Hingabe an die Traumbilder ist gerade in einer Gesellschaft, die vom männlichen Archetyp der zielgerichteten Handlung geprägt ist, sehr wichtig, um einen Ausgleich zu schaffen. Wenn das Bewusstsein in das Unbewusste hineinwirkt, um dieses nach seinem Willen zu formen, dann vergewaltigt, überspitzt ausgedrückt, der männliche Archetyp den weiblichen. So sind wir wieder bei den herrschenden Verhältnissen unserer Kultur angelangt, in der der männliche Archetyp alles und der weibliche Archetyp nur sehr wenig bestimmt. So

kann jedoch keine Ganzheitlichkeit erreicht werden, sondern eine ohnehin schon vorhandene Einseitigkeit wird noch forciert.
Außerdem sollte man sich beim bewussten Träumen fragen, ob man den Leistungsdruck des Tages noch in die Traumwelt transportieren sollte.

Dass diese Art der Traumarbeit die amerikanische Kultur prägt, verwundert keineswegs, da sie im Grunde die exakte Widerspiegelung dieser technisch und pragmatisch ausgerichteten Kultur ist. Dennoch sehe ich in diesem Ansatz einen Fortschritt in der Behandlung des nächtlichen Traums: Hier wird nämlich ein Ausgangspunkt gewählt, der radikal vom Krankheitsmodell in der Traumdeutung abgeht.

In der griechischen Zeit im Kult des Asklepios bis hin zu Freud und seinem Kreis war die Traumdeutung immer fest in der Hand der Ärzte gewesen. Diese Ärzte sahen natürlich den Traum unter dem Blickwinkel des Heilens. Sie gingen wie schon die Griechen davon aus, dass der Träumer krank ist und der Traum das Heilmittel bietet. Der Neuansatz der amerikanischen Traumdeutung besteht darin, dass nicht von einem kranken Träumer ausgegangen wird, sondern das Kreativitätspotenzial des Traums betrachtet wird. Ein solcher Ansatz hatte sich zwar schon bei Jung und dessen Nachfolgern angedeutet, konnte sich aber nie vollkommen entwickeln, da die meisten analytischen Psychologen Ärzte waren und sind.
Eine moderne Betrachtung der Traumdeutung, die das Ende des zwanzigsten Jahrhunderts prägen wird, baut auf dem kreativen Potenzial des Traums auf und versucht mittels des Traums zu alltäglichen Problemlösungen zu kommen. Dazu bedarf es keineswegs des bewussten Träumens, sondern es geht vielmehr darum, gerade der Stimme des Unbewussten

genauer zu lauschen. Das Unbewusste weitet unseren Blick auf die Welt und verbindet in spielerischer Weise, was vorher getrennt war.

Die naturwissenschaftliche Betrachtung des Traums

Trotz all den Erfolgen, die die moderne Traumdeutung aufweisen kann, gibt es weiterhin den Zweig der naturwissenschaftlichen Traumdeutung, der davon ausgeht, dass Träume Schäume sind. In diesem Bereich herrscht noch immer die Meinung vor, dass Träume aufgrund von Nervenentladungen im Gehirn entstehen und weiter keine inhaltliche Bedeutung für die Persönlichkeit des Menschen besitzen.
Als ein wichtiges Forschungsergebnis aus diesem Bereich besteht jedoch der Beweis, dass es erwiesen ist, dass jeder Mensch träumt, und zwar genau im Neunzig-Minuten-Takt, und dass man, ohne zu träumen, schon nach einigen Tagen psychotisch wird, um dann relativ schnell zu sterben. Das wusste übrigens auch schon Friedrich II., der auf Sizilien ethisch sehr fragwürdige Versuche unternommen hatte, bei denen er Menschen am Träumen hinderte. Alle seine Versuchspersonen starben innerhalb kürzester Zeit.
Wenn wir also meinen, dass wir nicht träumen, so liegt das daran, dass wir unsere Träume nicht erinnern, doch träumen wir normalerweise jede Nacht.

Im Gegensatz zu Freud, der davon ausging, dass der Traum der Hüter des Schlafs ist, weiß man heute, dass wir in den Traumphasen relativ flach schlafen und in den Schlafphasen ohne Träume viel tiefer schlafen. Unser Gehirn arbeitet während des Traums fast genauso wie während unseres Wachzustandes: Es ist hochaktiv.

Die esoterische Sicht des Traums

In der modernen Esoterik wird der Traum wieder wie in der Bibel als die Sprache Gottes gesehen. Das heißt mit anderen Worten, dass im Traum unsere innere Stimme spricht, die weitaus weiser als unser Tagesbewusstsein zu sein scheint.
In der Tradition der analytischen Psychologie C. G. Jungs spricht man davon, dass sich im Traum das höhere Selbst zu Wort meldet. Der Traum stellt eine der natürlichsten Möglichkeiten dar, mit seinem höheren Selbst oder mit Gott, wenn man so will, in Kontakt zu treten.
Allerdings muss auch beachtet werden, dass Traumbilder im Buddhismus, in der Philosophie des Yoga und in den Schulen des Vierten Weges (Gurdjieff, Ouspensky und Bennett) als Wesen der Illusion angesehen werden. Aus diesem Grunde versucht der Meditierende auf höheren Stufen des Yoga jedes Traumbild sogleich in weißes Licht aufzulösen. Auch im Buddhismus gibt es Meditationsformen, bei denen man sich zwar seine Traumbilder anschaut, diese aber nach der objektiven Betrachtung auflöst. In den Klöstern der Kagyü-Tradition (Mahayana-Buddhismus) in Sikkim und Nepal wird abends von den Mönchen das Horn geblasen, um die Mönche darauf aufmerksam zu machen, dass sie ihr Bewusstsein im Schlaf aufrechterhalten sollen. Die Traumbilder als Wesen unserer Projektionen sind für den Buddhisten Geistesgifte und Dämonen. Sie werden in unserem Kopf produziert und besetzen uns, wenn wir der Gefahr erliegen, uns mit ihnen zu identifizieren.
Im Grunde gehen auch die Schulen des Vierten Weges von einer gleichen Einstellung gegenüber dem Traum aus: Traumbilder sind Manifestationen mechanischer Reaktionen, die sich wenig von unseren unbewussten und automatischen Handlungen im Alltagsleben unterscheiden. Der Mensch als Maschine produziert solche illusionären Bilder,

die auf seiner Phantasie beruhen. Diese Traumbilder stellen sich jedoch zwischen den Beobachter und den Beobachteten und stellen den Schleier der Isis dar, der uns den direkten Blick auf die Realität verwehrt. Das Ziel ist jedoch, die Realität als das, was sie wirklich ist, direkt und ohne dazwischengeschobene Bilder zu erkennen. Anders herum gesehen, bedeutet dies, dass es das Ziel ist, aus dem ewigen Träumen aufzuwachen und klar zu werden. Wir meinen nur, wach zu sein, aber wir träumen beständig. Deswegen versucht der Schüler des Vierten Weges ab einer bestimmten Bewusstseinsstufe, wie derjenigen der tibetischen Mönche, auch beim Einschlafen sein Bewusstsein aufrechtzuerhalten.

Für ihn lautet das höchste Ziel, sich niemals mit seinen Projektionen zu identifizieren und deswegen nicht der schillernden Welt der Traumbilder zu verfallen.

Paradoxerweise widerspricht dieses Ziel allerdings ganz und gar nicht der Traumarbeit. Wir sind nämlich speziell als westliche Menschen aufgrund unserer Projektionen derart mit Bildern angefüllt, dass wir diese Bilder nicht einfach von uns weisen und auflösen können. Unser Weg, mit dieser inneren Bilderfülle umzugehen, die ihre Parallele in der äußeren Bilderfülle (Fernsehen, Video, Werbebilder etc.) findet, besteht in der Traumarbeit. Die Aufgabe der Traumarbeit liegt darin, diese Bilder als Manifestationen unserer Projektionen zu betrachten und uns bewusst zu machen. Was uns bewusst ist, kann nicht mehr als Projektion wirken, da das Bewusstsein den inneren Bildern ihre Energie entzieht. Innere Bilder nähren sich vom Unbewussten.

Eine solche Traumarbeit, die unsere inneren Bilder ins Bewusstsein hebt, lässt uns aus unserem alltäglichen Schlaf aufwachen. Sie zeigt uns auf, wo wir im Alltagsleben unbewusst und gefangen von der Illusion handeln, denken und fühlen –

kurzum, wo wir im Alltagsleben schlafen. Und wir schlafen leider sehr oft im Zustand unseres sogenannten Wachbewusstseins. Die Traumarbeit lässt uns aus diesem Schlaf aufwachen, indem sie Bewusstsein schafft.

Sehen wir die Traumarbeit in diesem Zusammenhang, dann können wir eine bewusst durchgeführte Traumarbeit als eine höhere Stufe der Meditation betrachten. Nicht umsonst schickt uns eine innere, augenscheinlich überpersönliche Quelle jede Nacht fünf bis sechs Träume. Sie sind dazu zu nutzen, dass wir bewusster und wacher werden. Der richtig verstandene Traum lässt uns also zu neuer Bewusstheit aufwachen. Dies ist wohl ein Ziel jeglicher Traumarbeit, das mit Freuds oft missverstandenem Ausspruch: »Wo Es war, muss Ich werden« übereinstimmt.

Ausblick

Eine postmoderne Traumarbeit wird sich meiner Vorstellung nach besonders der kreativen Seite des Traums zuwenden. Man wird Träume mehr und mehr dazu benutzen, um zu neuen Problemlösungen besonders im Kommunikations- und technischen Bereich zu gelangen. Dadurch, dass der Traum unseren Blickwinkel auf die Realität erweitert und uns spielerisch mit einer neuen Sicht der Welt konfrontiert, wird er mehr und mehr im Bereich des bewussten Managements eingesetzt werden. Dabei werden neben der Technik des bewussten Träumens auch Verbindungen der Traumarbeit mit neueren Kommunikationsstrategien wie NLP (Neurolinguistisches Programmieren) angewendet werden, und es wird sich immer mehr durchsetzen, dass der moderne Manager aufmerksam auf seine Träume achtet.
Wahrscheinlich wird man auch im privaten Bereich Bezie-

hungs- und andere Probleme in zunehmenden Maße mit Hilfe der Traumarbeit zu bewältigen suchen. Diese Tendenz deutet sich schon dadurch an, dass von immer mehr Menschen erkannt wird, dass wir zu einseitig und zu unserem Nachteil fast nur den männlichen Archetyp in unserer Kultur leben. Der Traum als Wesen des weiblichen Archetypen bietet uns die unterdrückte Perspektive und verhilft uns so zu einer neuen Kreativität.

Ich vermute, dass in nicht zu entfernter Zeit mehr und mehr Mind-Machines zur Traumarbeit eingesetzt werden. Schon heute gibt es das in Nordamerika beliebte Dream-Light, mit dem der Faule ohne Mühe das bewusste Träumen lernen kann. Ferner sind besonders in den USA und Japan auch Mind-Machines in Gebrauch, die einen nicht nur jeden Traum behalten lassen, sondern auch Träume in uns hervorrufen können.
Die Erinnerung an die nächtlichen Träume wird nicht das Problem sein, sondern vielmehr die Umsetzung der Traumlehren in das Alltagsleben. Dafür gibt es – zum Glück – noch keine elektronischen Hilfen.
Ein großes Gebiet der elektronischen Gehirnstimulation, die Traumbilder und das Nachtbewusstsein ausnutzt, wird das neue Lernen sein. In dieser Entwicklung sind wir heute erst am Anfang, aber dieses Gebiet wird mit Sicherheit zunehmend ausgebaut und erforscht werden. Schon heute zeichnet sich ab, dass im Traum Gelerntes spielerisch und ohne Mühe behalten wird.

Ich glaube, dass der Traum in zunehmendem Maße wieder unser Leben bestimmen wird. Die Betrachtung der eigenen Träume ist die natürlichste Art, auf sich selbst zu hören und sich zugleich einer höheren Führung anzuvertrauen.

Auf die Traumdeutung in Asien, Afrika und besonders auf die Betrachtung des Traums bei den australischen Ureinwohnern gehe ich nicht ein. Eine Betrachtung dieser Themen wäre zu umfangreich und würde den Rahmen dieses Arbeitsbuchs sprengen.

Traumarbeit – ein einfacher Weg zur Selbsterkenntnis

Ein Traum plaudert immer etwas aus. Er sagt uns, worauf wir achten sollen, was wir verändern und anders betrachten sollten. Er bietet damit die Möglichkeit, uns selbst besser zu verstehen und uns so ohne großen Aufwand psychisch und physisch gesund zu halten. Hören Sie genau hin, was der Traum Ihnen sagt. Es genügt, wenn Sie regelmäßig eine Viertelstunde täglich für die Traumarbeit reservieren.

Das wenige, das Sie zur Traumarbeit benötigen, besitzen Sie schon:

- Ihr Bett, in dem Sie sich morgens Ihrer Träume erinnern und sich abends auf die kommenden Träume vorbereiten,
- etwas Papier und einen Stift, um sich Ihre Träume zu notieren.

Wenn Sie möchten, können Sie ein Traumtagebuch führen, in dem Sie Ihre nächtlichen Träume unter dem entsprechenden Datum notieren. Aber das ist wirklich alles, was Sie benötigen, um eine systematische Traumarbeit zu betreiben. Und erschrecken Sie nicht bei dem Wort *systematisch:* Systematische Traumarbeit bedeutet keineswegs eine einseitige intellektuelle Analyse des Traums, sondern meint, dass man auf der Grundlage eines bestimmten Wissens seine Intuition und Phantasie spielen lässt. Traumarbeit hat immer mit dem Gefühl zu tun – daher ist das Wichtigste, was Sie zur Traumarbeit mitbringen sollten, eine Offenheit für die Stimme Ihres Gefühls oder, wie es oft genannt wird, eine Offenheit für Ihre innere Stimme.

Die wenigsten von uns bringen diese Offenheit gleich mit, die meisten erlernen sie erst im Laufe der Beschäftigung mit ihren Träumen. Sie benötigen also die Bereitschaft, sich mit Ihren Empfindungen und Ihrer inneren Stimme vertraut machen zu wollen. Der Traum spricht nämlich die Sprache des Gefühls, indem er unsere Empfindungen auf ganz spezielle Weise direkt anspricht.

Das Nachtbewusstsein teilt sich im Traum in der weiblichen Sprache der Bilder mit. Diese Kommunikationsform ist nur über das Gefühl zu verstehen. Die männliche Sicht des differenzierenden Tagesbewusstseins kann hier das Geheimnis nur erahnen.

Traumarbeit heißt immer, sich auf den Weg des Gefühls zu begeben. Das bedeutet jedoch keinesfalls, dass nicht auch der Intellekt in der Traumarbeit seinen Platz hätte.

Der Intellekt ordnet den Traum und seine Bilder, er sieht Symbole und erkennt andere Strukturen im Traum und ist letztlich dafür verantwortlich, dass wir überhaupt Träume sprachlich erinnern können.

So gesehen ist die Traumarbeit ein ganzheitliches Bemühen, bei dem unser Intellekt wie auch unser Gefühl angesprochen werden, um sich gegenseitig zu befruchten und kreativ auszudrücken. Die Traumarbeit ist nur möglich, wenn Gefühl und Intellekt, die rechte und die linke Gehirnhälfte, zusammenwirken. Gehen wir von der Urpolarität männlich – weiblich aus, dann stellen die geglückte Traumdeutung und die Traumarbeit immer eine Verschmelzung der männlichen und weiblichen Energie dar. Das ist die Coniunctio der Alchemisten. Diese gebrauchten das Bild des Hermaphroditen (des Menschen mit Geschlechtsmerkmalen von beiden Geschlechtern), um die Verbindung des Weiblichen mit dem Männlichen zu verdeutlichen.

Da sich im Traumverständnis stets das Männliche und das Weibliche durchdringen, sollte man die dadurch entstehende Spannung nicht aufheben. Das heißt, wir sollten einen Traum nicht unbedingt immer völlig ausdeuten, sondern auch den Mut besitzen, das Traumverständnis offenzulassen und nicht ein Verständnis zu erzwingen. Das ist die erotische Spannung, die in jeder Traumdeutung liegt: Das männliche Tagesbewusstsein verhilft uns zu einer gewissen Klarheit und Ordnung der Traumelemente, und das weibliche Nachtbewusstsein eröffnet uns das Geheimnisvolle und gibt uns die Einsicht, dass der Traumsinn immer nur erahnbar bleibt. Wenn Sie bei der Arbeit mit Ihrem Traum die Deutung in der Schwebe zwischen Verstehen und Nichtverstehen halten, dann baut sich in Ihnen eine Spannung auf. Es ist wichtig, diese Spannung auszuhalten, denn sie wird in Ihrem Inneren etwas bewirken, das Ihr Gefühlsleben beeinflusst. Eine Deutung aus der einseitigen Sichtweise des männlichen Tagesbewusstseins wird nämlich sehr schnell wieder vergessen, ohne langfristig etwas in uns zu bewirken. Sie wird ad acta gelegt und verliert unser Interesse. Eine offengebliebene Deutung dagegen wirkt über Tage und oftmals auch Wochen weiter und öffnet den Träumer häufig für neue emotionale Erfahrungen.

Wenn Sie einen Traum nicht deuten können, dann zwingen Sie keine endgültige Deutung herbei und warten auf den nächsten Traum, der sicherlich das gleiche Thema wieder aufgreifen wird. Träume verhalten sich nämlich wie eine Bachsche Fuge: Sie variieren das gleiche Thema immer wieder, bis der Träumer es verstanden hat. So nähern wir uns schrittweise, Traum für Traum, dem Verständnis unserer inneren Stimme. Jeder Traum einer Serie schwingt uns von neuem – aber mit anderen Bildern – auf das Verständnis des gleichen ungelösten Problems ein. Ein Traum ist wie ein Hologramm: Jeder einzelne Traum einer Serie gibt einen Aspekt der Gesamtaussage dieser Traumserie wieder.

Was ist eine Traumserie?

1. Jeder Traum einer Nacht gehört zu derselben Traumserie.
2. Aber auch jeder Traum, der während eines Zeitraums, in dem wir das gleiche Problem aufarbeiten, geträumt wird, gehört zu derselben Traumserie.

Betrachten wir den Traum wie ein Hologramm, zeigt sich Folgendes:
Jeder Traum variiert das Thema einer Traumserie, wie auch jeder Teil eines einzelnen Traums strukturell den ganzen Traum widerspiegelt. Das heißt, auch wenn wir uns nur an einen Traumteil erinnern können, ist es uns möglich, die Aussage des gesamten Traums zu erfassen. Wenn wir die Aussage in der Schwebe lassen, werden wir neue Träume zu diesem Grundthema provozieren, und es wird sich so von innen heraus die Betrachtungsweise unserer Probleme ändern.

Unsere Träume gehören dem Reich des Geheimnisses an. Vielleicht sind sie niemals vollständig verstehbar, und ihre Bedeutung erschließt sich nur den Ahnungen und Gefühlen. Auf jeden Fall stellen sie unser Tagesbewusstsein in Frage. Genau das erfassten die Griechen, die dem Schlaf einen mächtigen Gott zuordneten, dem sich jedes Lebewesen beugen muss.
Es ist bedauerlich, dass die Zwillingsbrüder Hypnos, der Gott des Schlafes, und Thanatos, der Gott des Todes, in unserer rational ausgerichteten Gesellschaft derart an den Rand

gedrängt worden sind. Ja, man empfindet es geradezu als einen Skandal, dass wir Nacht für Nacht unser so hart erkämpftes Tagesbewusstsein mit allen seinen Kontrollen wieder verlieren. Aber ohne diesen Ausgleich zu unserer linkshirnig geprägten Gesellschaft würden wir zu Tode erstarren – und wer will das schon.

Das Traumbewusstsein

Durch die ersten wissenschaftlichen Arbeiten zur Traumdeutung von Sigmund Freud und Carl Gustav Jung sind wir gewohnt, zwischen Bewusstem und Unbewusstem zu unterscheiden. Die Welt des Bewusstseins rechnen wir dem wachen Tagesbewusstsein zu und die Welt des Unbewussten dem nächtlichen Bewusstsein. Ich halte es also für weitaus sinnvoller, zwischen Tages- und Nachtbewusstsein zu unterscheiden. Das Tagesbewusstsein entspricht dabei dem Wachzustand, und das Nachtbewusstsein beschreibt die Welt des Schlafs und besonders die des Traums. Beide, sowohl der Traumzustand als auch der Wachzustand, scheinen mir zwei gleichberechtigte und sich ergänzende Bewusstseinswelten wiederzugeben. Tages- und Nachtbewusstsein sind lediglich zwei verschiedene Formen des Bewusstseins. Es ist meiner Ansicht nach falsch, das Tagesbewusstsein als das reine Bewusstsein oder das »Bewusstsein an sich« zu sehen. Schon der Weisheitslehrer Georg Iwanowitsch Gurdjieff (1865 bis 1949) machte zu Beginn unseres Jahrhunderts darauf aufmerksam, wie oft wir im sogenannten Bewussten höchst unbewusst sind.

Auch ist es falsch, das Traum- oder Nachtbewusstsein unter dem Aspekt des Unbewussten zu sehen. Luzides Träumen (bewusstes Träumen), bei dem das Bewusstsein auch während des Traums aufrechterhalten wird, zeigt, dass zumindest Persönlichkeitsanteile von uns sehr wohl in der Traumwelt bewusst handeln können. Sonst könnten wir auch keine Träume planen. So stellen das Tages- und das Nachtbewusstsein ein Kontinuum zwischen zwei unterschiedlichen Polen dar, geben also zwei verschiedene Arten der Intelligenz wieder. Besonders deutlich wird dies, wenn wir das Tagesbewusstsein als die männliche Seite des Bewusstseins betrachten und das Nachtbewusstsein als die weibliche Bewusstseinsseite. Die Sprache des Tagesbewusstseins ist meistens abstrakt und basiert auf logischem, rationalem, differenzierendem und damit aus- und abgrenzendem Denken. Das Nachtbewusstsein ist dagegen weitgehend bildhaft, intuitiv und gefühlsmäßig, verbindend und damit erweiternd. Das Tagesbewusstsein schränkt also den Blick auf die Wirklichkeit ein und wirkt so unterscheidend und differenzierend, während das Nachtbewusstsein den Blick auf die Wirklichkeit erweitert und neue unbekannte Blickrichtungen unterstützt.

Das Nachtbewusstsein betrachte ich wie die Anderswelt der Kelten, als jene Welt, die gleichberechtigt und eigenständig neben der Welt des Tagesbewusstseins steht.

Tagesbewusstsein	Nachtbewusstsein
Wachheit	Traum (Schlaf)
Sprache	Bild
Intellekt	Gefühl
Logik	Intuition
Ratio	Emotion
Bewusstsein (Freud)	Unbewusstes (Freud)

Tagesbewusstsein	Nachtbewusstsein
Differenzierung	Verbindung
Aus- und Abgrenzung	Vereinigung
männlich	weiblich
Einfachheit	Komplexität
Klarheit	Dunkelheit
erstarrte Ordnung	kreatives Chaos
Yang	Yin

Um es noch einmal zu verdeutlichen:
Im Traum verlieren wir nicht unser Bewusstsein, sondern begeben uns nur auf eine andere Ebene unseres Bewusstseins. Auf dieser Ebene des Nachtbewusstseins verlieren wir jedoch keineswegs unser Bewusstsein, sondern wir verlagern nur das Zentrum unserer Bewusstheit: Statt sprachlich abstrakt denken wir bildhaft konkret.
Wenn wir unser Bewusstsein im Traum verlieren würden, dann könnten wir unsere Träume nicht mehr erinnern, denn Erinnerung setzt eine bestimmte Bewusstheit voraus.
Das Freudsche Modell von den verschiedenen Bewusstseinsschichten, in dem das Unbewusste ganz unten angesiedelt ist, darüber das Vorbewusste und oben das Bewusstsein liegt, verführt zu leicht dazu, wertende Kategorien einzuführen.
In einer Welt wie der heutigen, in der die männliche Sichtweise das Weibliche verdrängt, wird auch der Traum als Sprache des weiblichen Nachtbewusstseins in die Unterwelt verbannt. Dabei wird übersehen, wie gerade das nächtliche Traumbewusstsein das männliche Tagesbewusstsein anreichern und erweitern kann. Das Nachtbewusstsein bringt eine Horizonterweiterung des Tagesbewusstseins.

Das Nachtbewusstsein stellt den Schatten des Tagesbewusstseins dar und wird deswegen leicht verdrängt. Das erklärt auch, warum wir Träume derart leicht vergessen: Unser Leben ist einseitig auf unser Tagesbewusstsein fixiert. Das Traum- oder Nachtbewusstsein wird deswegen abgelehnt, es wird gar nicht erst wahrgenommen, da es unser Tagesbewusstsein relativiert und in Frage stellt.
Auf den Schatten werde ich noch ausführlich im nächsten Kapitel eingehen.
Aus diesen Überlegungen folgt, dass wir mit unserem Traumbewusstsein eine Beziehung eingehen müssen. Wir müssen das Abgespaltene, die Traumwelt, wieder zurückholen und integrieren. Das bedeutet ganz praktisch: Unsere Traumwelten sind als eigenständige Bereiche unseres Bewusstseins ernst zu nehmen. Nehmen wir unsere Träume als Bereicherung unseres Bewusstseins wahr, dann werden wir künftig

- keine Probleme mehr haben, unsere Träume regelmäßig und auch relativ ausführlich zu erinnern,
- keine Probleme mehr haben, die Träume als Führer durch unser Leben anzunehmen,
- sie zur Erweiterung unserer Sicht auf unser Tagesbewusstsein nutzen können,
- Tages- und Nachtbewusstsein als gleichberechtigte Bewusstseinsformen ansehen, was unser Tagesbewusstsein aus der ängstlichen Enge seiner begrenzten Perspektive befreit und
- die Sprache des Nachtbewusstseins relativ leicht verstehen können.

Hieraus folgt die Grundlage der Traumdeutung:

Nehmen Sie Ihre Träume ernst.

Wenden wir uns nun dem klassischen Modell Freuds vom menschlichen Bewusstsein zu:

Das Freudsche Modell des menschlichen Bewusstseins
Bewusstsein Vorbewusstes Unbewusstes

Das Bewusstsein als männliche Struktur wird bei Sigmund Freud dem Unbewussten als weiblicher Struktur vorgezogen. Man übersieht bei dieser Wertung, dass das männliche Bewusstsein durch sein Streben nach Ordnung und Differenzierung in permanenter Gefahr ist, zu erstarren, wobei das weibliche Unbewusste die belebende Quelle darstellt, aus der alle Kreativität kommt.
Gehen wir von der Vorstellung von Tages- und Nachtbewusstsein aus, wird die Gleichberechtigung beider Strukturen deutlicher. Außerdem wird offensichtlich, dass hier eine männliche und eine weibliche Form der Weltsicht vorliegt, die sich gegenseitig ergänzen. Wenn wir das interpretierende und deutende Tagesbewusstsein als männlich auffassen und das bildhafte Nachtbewusstsein als weiblich, dann kann uns vieles in der Traumdeutung klarer werden, als wenn wir von Bewusstem und Unbewusstem reden.

Ich gehe davon aus, dass wir ein Denkzentrum sowohl im Tages- als auch im Nachtbewusstsein besitzen. Der Unterschied liegt nur darin, dass sich das Tagesbewusstsein mittels einer mehr oder weniger strukturierten, eindeutigen Sprache ausdrückt, während das Nachtbewusstsein in vieldeutigen Bildern und Symbolen denkt.
Ich werde im Folgenden in diesem Sinne von Tages- und Nachtbewusstsein reden. Wenn ich dagegen die Begriffe Be-

wusstsein (Bewusstes) und Unbewusstes benutze, dann beziehe ich mich in einem historischen Zusammenhang auf die Sichtweise der tiefenpsychologischen Schulen von Freud und Jung.

Kann man einen Traum verstehen?

Sigmund Freud und Carl Gustav Jung, die sich zu Beginn des vorigen Jahrhunderts sehr um die Traumdeutung verdient gemacht haben, stimmen darin überein, dass kein Traum jemals vollständig deutbar sei. C. G. Jung ging im Gegensatz zu Sigmund Freud sogar davon aus, dass jeder Traum etwas essenziell Unbekanntes aus dem tiefen Seelengrund hervorbringe, etwas zutiefst Schöpferisches, das sich jeglicher Deutung entziehen würde. Deswegen empfiehlt Jung, sich jedem Traum ohne vorgefasste Meinung zu nähern. Das heißt, er rät uns im Grunde, jeden Traum wieder neu, mit staunenden Kinderaugen zu betrachten.
In einem Punkt schließlich sind sich diese beiden bedeutenden Psychologen wieder einig: dass nur der Träumer selbst seinen Traum angemessen verstehen könne.
Diese Einsicht hielt sie jedoch nicht davon ab, detailliert die Deutung von Träumen zu beschreiben und auch Träume von ihnen unbekannten Träumern zu betrachten.

Dieser scheinbare Widerspruch zwischen der Deutbarkeit und Undeutbarkeit eines Traums durchzieht die gesamte Traumdeutung und kann als dem Traum wesenhaft angesehen werden. Jeder Traum pendelt zwischen dem Pol der Deutbarkeit und dem der Undeutbarkeit hin und her: Einmal zeigt er uns ein Gesicht, das wir auf Anhieb verstehen, dann wieder können wir nur dunkel erahnen, was es mit diesem Traum auf sich haben könnte.

Fragen Sie sich nicht häufig bei der Erinnerung eines nächtlichen Traums, mit der sich zugleich ein gewisses spontanes Verständnis einstellt, ob Sie diesen Traum wirklich verstehen oder ob Sie überhaupt etwas von diesem Traum verstehen? Es ist erstaunlich, wie man sich da im Unklaren befinden kann!
Haben Sie nicht zu viel Angst, Ihren Traum nicht richtig zu verstehen. Mit einer gewissen Erfahrung werden Sie wissen, ob eine Deutung sinnvoll ist oder nicht. Aber auch wenn einmal eine Deutung in die völlig falsche Richtung geht, wird sicherlich der nächste Traum darauf reagieren und sie korrigieren.

Wer mit seinen Träumen kreativ arbeiten möchte, dem hilft es, sich zu fragen, was denn für den Betreffenden »verstehen« in Bezug auf den Traum eigentlich bedeutet.
Für die alten Ägypter zu Beginn unserer Kultur basierte das Traumverständnis auf einer eindeutigen (geradezu mathematischen) Verknüpfung zwischen dem Traumsymbol und seiner Bedeutung. Dies wird heute als simple Traumdeutung bezeichnet.
Wer vom Pferd träumt, den hat der Trieb geritten, wussten schon die alten Ägypter. Aber trifft das denn immer zu?
Wer vom Wasser träumt, der sehnt sich nach tiefen Gefühlen, in denen er sich am liebsten auflösen möchte, und wird im Traum ein Mädchen von einem Insekt gestochen, dann lag die Deutung für die alten Ägypter wie für die Griechen und Römer auf der Hand. Freud konnte ihnen nur bewundernd zustimmen.

Meiner Erfahrung nach kann man Träume nicht in Bilder zerlegen, die man dann normativ nach einem Schema deutet: Pferd im Traum = Triebenergie und der traumhafte Bienenstich = sexuelle Bedürfnisse oder Verletzungen.
Jedes Traumbild umfasst ein großes Bedeutungsfeld, in das

ganz persönliche Bilder und Erfahrungen genauso wie kulturelle Symbole und Bilderwelten eingehen.

In dem berühmten »Traum vom kleinen Hans«, in welchem ein Pferd eine wichtige Rolle spielt, sieht Sigmund Freud eine sexuelle Rivalität zwischen Vater und Sohn. Verhaltenspsychologen lieben hierüber zu spötteln und meinen, dass der Junge (der kleine Hans) nichts mehr und nichts weniger als ein beängstigendes Erlebnis mit durchgehenden Pferden gehabt habe.
Ich selber habe ein Mädchen erlebt, für welches das Reiten ein Symbol für Freizeit und »Freiheit von Zwängen« war.
Dennoch geht es unbestreitbar in all diesen Pferde-Träumen um den Umgang mit der eigenen Lebens- und Triebenergie. Dies jedoch auf solch einer abstrakten Ebene festzustellen kann nie das Ende, sondern immer nur der Anfang der Traumarbeit sein. Wenn Sie zum Beispiel von einem Pferde-Traum sagen, dass dieser Traum mit Ihrer Triebenergie zu tun habe, dann haben Sie ihn auf jeden Fall noch nicht verstanden. Das Verstehen eines Traums ist nämlich immer konkret und gleichzeitig von emotionaler Bewegung bis hin zu großen Gefühlen begleitet.

Es ist also nicht einfach so, dass man bestimmten Traumbildern bestimmte Bedeutungen – wie beim Vokabellernen – zuordnen muss, um einen Traum verstehen zu können.
Sagt die simple oder normative Traumdeutung von den alten Ägyptern bis hin zur heutigen populärwissenschaftlichen Traumdeutung in Zeitschriften und Magazinen, dass jeder Traum grundsätzlich und schematisch deutbar sei, so besagt die andere extreme Haltung, der oft in der Psychoanalyse gehuldigt wird, dass jeder Traum so individuell sei, dass er nicht unabhängig von den tiefen persönlichen Erfahrungen des Träumers zu verstehen sei.

Beide Standpunkte sind richtig, und dennoch schließen sich zugleich das normative und das individuelle Vorgehen gegenseitig aus. Der dänische Physiker Niels Bohr (1885–1962) stellte fest, dass etwas nur dann wahr sei, wenn auch dessen Gegenteil wahr sei. Aus dieser Aussage können wir eine ganz wesentliche Grundhaltung für die Traumdeutung ableiten: Die Wahrheit ist immer paradox, oder wie es der holländische Schriftsteller Eduard Douwes Dekker (1820–1887) in einem Lieblingszitat C. G. Jungs ausdrückte:

»Nichts ist im Grunde ganz wahr,
selbst das ist nicht ganz wahr.«

Hier treffen wir auf eine Parallele, die typisch für die Traumdeutung ist: Die Aussagen der modernen tiefenpsychologischen Traumdeutung und die der analytischen Psychologie ähneln oft verblüffend denen der Relativitätstheorie und der Quantenphysik. So verwundert auch nicht die enge Freundschaft zwischen C. G. Jung und dem österreichischen Physiker und Nobelpreisträger Wolfgang Pauli (1900–1958).
Wenn Albert Einsteins allgemeine Relativitätstheorie unter anderem besagt, dass der einzig objektive Standpunkt der subjektive des Beobachters sei, so gilt und bewährt sich dieser Satz vorzüglich in der Traumdeutung.
Sollte unser physikalisches Universum und das des Traums den gleichen Gesetzen folgen?

Dies lässt sich auch auf den Widerspruch von Deutbarkeit und Undeutbarkeit des Traums übertragen. Dass eine Aussage nur dann wahr ist, wenn ihr Gegenteil ebenfalls wahr ist, besagt auf den Traum bezogen, dass ein Traum einerseits allgemein deutbar ist, andererseits auch von der individuellen Erfahrung des Träumers abhängt. So kann ein Traum zum einen mittels allgemeiner normativer Kriterien gedeutet werden, zum anderen kann er – selbst in seinen tiefsten Schichten – am besten durch den Träumer verstanden werden.

Ich hoffe, mit diesem kleinen allgemeinen Ausflug verdeutlicht zu haben, dass es viele Verstehens- und Verständnisweisen eines Traums gibt. Lassen Sie sich nie von einem anderen (und auch nicht von sich selbst) einreden, dass diese oder jene Deutung Ihres Traums die einzig richtige sei.
Ich möchte Ihnen als Arbeitshaltung zur Traumdeutung mit diesem Buch vermitteln, dass Sie sich für viele Deutungsmöglichkeiten öffnen und nicht verbissen an einer Sicht Ihres Traums festhalten. Das Verstehen eines Traums hört niemals auf. Vernünftigerweise beschließt man jedoch aus praktischen Gründen (zum Beispiel aus Zeitmangel) nach einer gewissen Beschäftigung mit einem Traum, diesen als gedeutet oder undeutbar anzusehen.

Ein wichtiger Tipp:
Wenn Sie mit Ihren Träumen arbeiten, beschäftigen Sie sich mit Ihrem Nachtbewusstsein. Seinem Nachtbewusstsein muss man sich wie eine Heldin beziehungsweise wie ein Held furchtlos nähern. Sobald wir uns vor unserem Nachtbewusstsein zu fürchten beginnen, droht es verlorenzugehen: Denn dann verschwindet das Nachtbewusstsein und mit ihm die Bilder der Nacht. In dieser Situation ist keine Traumdeutung mehr möglich, denn sie setzt voraus, dass das Nachtbewusstsein sichtbar ist und es auch für eine Weile bleibt. Nur ein sichtbares Nachtbewusstsein kann vom Tagesbewusstsein erfasst und integriert werden.
Auf der Ebene des Nachtbewusstseins gibt es, wie schon der heilige Augustinus (354–430) feststellte, keine Moral und somit weder Gut noch Böse – also gibt es dort auch nichts zu fürchten.

Zu folgender Einstellung würde ich Ihnen bei der Traumdeutung raten:

- Treten Sie furchtlos den Bildern Ihres Nachtbewusstseins gegenüber.
- Werten Sie Ihre Traumbilder und Träume nicht. Sie befinden sich in einem Bereich jenseits von Gut und Böse; Träume stellen eine mehr oder weniger objektive Zustandsbeschreibung dar.
- Versuchen Sie, sich Ihr Nachtbewusstsein so bewusst wie möglich zu machen. Ein unbewusstes Nachtbewusstsein kann Sie von allen Seiten aus angreifen. Traumdeutung heißt spätestens seit Sigmund Freud, sich sein Nachtbewusstsein mit klarem Bewusstsein anzusehen.
- Öffnen Sie sich dafür, dass Ihr Nachtbewusstsein Ihnen viele unterschiedliche und eventuell auch paradoxe Sichtweisen der Welt vermittelt. Also treten Sie nicht erstarrt und mit fester Meinung dem Traum gegenüber.
- Verhalten Sie sich dem zu deutenden Traum gegenüber so naiv wie möglich, das heißt, ohne Vorurteil, ohne feste Meinungen und ohne Moral.

Dieses Arbeitsbuch wird Ihnen dabei helfen:

- mit einer fruchtbaren Haltung Ihrem Nachtbewusstsein beziehungsweise Ihren Träumen zu begegnen,
- schneller und sicherer zu einem möglichen Verständnis Ihrer Träume zu gelangen,
- weniger Träume als undeutbar anzusehen und nicht mehr zu beachten
- und aus Ihren Träumen zu lernen, das heißt, sie auf Ihr alltägliches Leben wirken zu lassen.

Für den Traum gibt es verschiedene Deutungs- und Verständnisebenen:

- Ein Traum kann allgemein verstanden werden.

- Ein Traum kann nur von der individuellen Erfahrungswelt des Träumers aus verstanden werden.
- Ein Traum kann intellektuell analysiert werden.
- Ein Traum kann gefühlsmäßig erfasst werden.
- Ein Traum kann mit Worten erzählt und beschrieben werden.
- Ein Traum kann ohne Worte, mit künstlerischen Ausdrucksmitteln ergründet werden.
- Ein Traum kann in tiefen Entspannungszuständen wie in der Meditation und im Autogenen Training nacherlebt werden.

Und das sind erst einmal nur die wichtigsten Möglichkeiten der Traumdeutung.
Wie Sie nun Ihren Traum deuten, beziehungsweise auf welcher Ebene Sie ihn verstehen wollen, das hängt einzig von Ihnen ab:
- von Ihrer Intuition,
- von Ihrer Bereitschaft, sich zu öffnen,
- von Ihren Ängsten (leider ist ja nicht jede Einsicht angenehm ...) und Ihrem Mut, diese aufzulösen,
- von Ihren Vorlieben und Fähigkeiten im alltäglichen Leben (wer gerne malt, wird auch erfolgreich seine Träume durch Malen deuten können; wer lieber schreibt, wird seine Träume leichter schriftlich deuten können).

Wählen Sie als ersten Zugang zunächst einmal den Weg, der Ihnen liegt und sich Ihnen meistens geradezu anbieten wird. Beim Verstehen und Deuten eines Traums sind der Phantasie keine Grenzen gesetzt. So hatte ich einmal eine Frau in einem meiner Traumworkshops, die ihren Traum tanzend ausdrückte und ihn während des Tanzes verstand.
Vielleicht können wir uns das so vorstellen, dass der Mensch unterschiedliche Intelligenzzentren besitzt:

- die Intelligenz des Herzens, die emotionale Weisheit, das Gefühl,
- die Intelligenz des Körpers, die physiologische Intelligenz und
- die Intelligenz des Kopfs, den Intellekt.

Jeder Mensch bevorzugt die Arbeit mit einem dieser Zentren – auch bei der Traumdeutung. Solange man nicht darauf beharrt, dass dies die einzige wahre und sinnvolle Traumarbeit sei und man nur auf diese Weise den Traum völlig verstehen könne, ist dieses Vorgehen ganz legitim.

Versuchen Sie nur einmal als Spiel, einen Ihrer Träume in einer Ihnen fremden Methode zu verstehen. Sie werden dabei sicherlich Aspekte und Details in Ihrem Traum sehen, die Ihnen sonst nicht aufgefallen wären. Dabei werden Sie auch bemerken, dass sich die unterschiedlichen Methoden der Traumdeutung ergänzen. In der modernen tiefenpsychologischen Therapie arbeitet kein Therapeut mehr nur mit einer einzigen reinen Deutungsmethode an den Träumen seiner Patienten.
Bei all diesen unterschiedlichen Verstehens- und Deutungsmöglichkeiten besitzt auch jeder Traum eine spezielle und konkrete Traumbedeutung, einen ganz spezifischen Hinweis für den Träumer, der ihm immer zugleich emotional und intellektuell einsichtig wird – zumindest, wenn er für diese Einsicht bereit ist. Diese Traumbedeutung kann mit den unterschiedlichsten Deutungsmethoden herausgefunden werden.
Ein Traum kann von der individuellen Erfahrungswelt seines Träumers aus verstanden werden. Er kann dazu verhelfen, diese subjektive Erfahrungswelt dem Träumer bewusster zu machen. Ein Traum ist jedoch auch auf der Grundlage objektiver Kriterien zu verstehen. Dieses intellektuell ausge-

richtete Verständnis eines Traums kann das innere Denken und die unbewussten psychischen Muster des Träumers bewusster machen. Für eine Verhaltensänderung sind beide Bewusstseinsschritte nötig.
Meines Erachtens muss das intellektuelle Bewusstsein bis zu einem gewissen Grad immer an der Deutung eines Traums beteiligt sein, da man sonst zu leicht den Anlass des Traums wieder vergisst. Unsere innere und äußere Entwicklung ist immer von der Intervention des Verstands abhängig – allein, der Verstand darf nicht einseitig überbetont werden.

Um zu der Ausgangsfrage zurückzukommen: Kann man einen Traum verstehen?
Ja, man kann grundsätzlich jeden Traum verstehen. Es geht vielmehr um die Anzahl der Details, die man sieht, und die Zeit, die man zur Deutung benötigt. Ferner muss man sich fragen, auf welcher Ebene man seinen Traum verstehen möchte. Man kann einen Traum zum Beispiel als Hilfe zu einer neuen Weltsicht oder als einen Hinweis auf Partnerschaftsprobleme sehen. Man kann ihn mehr objektiv oder mehr subjektiv therapeutisch betrachten.
Im Grunde zeigt sich das Verstehen eines Traums in der Praxis: Wenn sich durch Mithilfe des Traums eine bestimmte Situation konstruktiv geändert hat, dann wurde der Traum verstanden, bleibt dagegen alles beim Alten, ist der Traum letztlich unverstanden geblieben.

Die psychologische Dimension des Traums

Der griechische Philosoph Aristoteles (384–322 v. Chr.) war der Erste, der Träume *psychologisch* betrachtete. Vorher galt der Traum durchweg als von Gott gesandt. Und so zitierte Sigmund Freud in seiner »Traumdeutung« und seinen »Vorlesungen zur Einführung in die Psychoanalyse« den Aristoteles zugesprochenen Satz:

»Das Träumen ist offenbar das Seelenleben während des Schlafes.«

Vor Freud hatten allerdings schon die Dichter der Romantik und der Neu-Romantik der modernen psychologischen Traumdeutung den Weg bereitet. So waren zum Beispiel Novalis (1772–1801), Ludwig Tieck (1773–1853), Edgar Allan Poe (1809–1849) und Marc Twain (1835–1910) von der unheimlichen und unergründbaren Seite des Nachtbewusstseins fasziniert. Dies war eine Faszination, die sich dann später von Frankreich aus auch in der Malerei fortsetzte und zum Surrealismus führte, dessen Bilder die Atmosphäre des Traums atmen. Das Verzerrende, Entstellende und Fragmentarische des Traums prägt jene Bilder von Malern wie Salvatore Dalí (1904–1989), Giorgio de Chirico (1888–1978), dem Vater des Surrealismus, René Magritte (1898–1967) und Max Ernst (1891–1976), um nur einige der bekanntesten Vertreter zu nennen. Dass sich die Malerei seit Beginn dieses Jahrhunderts, als Freuds »Traumdeutung« langsam bekannt wurde, immer mehr der Traumdeutung zuwandte, ist verständlich, geht es in ihr doch um Bilder statt um Gedanken. Das Traumerleben ist weitgehend visuell, man könnte es einer frühkindlichen Stufe des Denkens zuordnen, die der magischen Welt des Kleinkindes vor dem Spracherwerb verwandt ist (Jean Piaget). Weil der Traum in archaischen Bildern zu dem Träumer spricht, muss auch die Traumdeutung die Sprache und Grammatik dieser Bilder zu beherrschen lernen – ein Konzept, das der Malerei sehr entgegenkommt.

Friedrich Nietzsche schrieb 1872 Folgendes über den Traum:

»Im Traum sah der große Bildhauer den entzückenden Gliederbau übermenschlicher Wesen, und der hellenische Dichter, um die Geheimnisse der poetischen Zeugung befragt, würde ebenfalls an den Traum erinnert haben [...] Der schöne Schein der Traumwelten, in deren Erzeugung jeder Mensch ein Künstler ist, ist die Voraussetzung aller bildenden Kunst [...] Wie nun der Philosoph zur Wirklichkeit des Daseins, so verhält sich der künstlerisch erregbare Mensch zur Wirklichkeit des Traums; er sieht genau und gerne zu: denn aus diesen Bildern deutet er sich das Leben, an diesen Vorgängen übt er sich für das Leben. Nicht etwa nur die angenehmen und freundlichen Bilder sind es, die er mit jener Allverständlichkeit an sich erfährt: auch das Ernste, Trübe, Traurige, Finstere, die plötzlichen Hemmungen, die Neckereien des Zufalls, die bänglichen Erwartungen, kurz die ganze ›göttliche Komödie‹ des Lebens, mit dem Inferno, zieht an ihm vorbei [...], und vielleicht erinnert sich mancher, gleich mir, in den Gefährlichkeiten und Schrecken des Traumes sich mitunter ermutigend und mit Erfolg zugerufen zu haben: ›Es ist ein Traum! Ich will ihn weiterträumen!‹«[1]

Das Traumsymbol

Was ist ein Symbol?

»Das Symbol ist immer ein Gebilde höchst komplexer Natur, denn es setzt sich zusammen aus den Daten aller psychischen Funktionen. Es ist infolgedessen weder rationaler noch irrationaler Natur. Es hat zwar eine Seite, die der Vernunft entgegenkommt, aber auch eine Seite, die der Vernunft unzugänglich ist, indem es nicht nur aus Daten rationaler Natur, sondern auch aus den irrationalen Daten der reinen inneren und äußeren Wahrnehmung zusammengesetzt ist. Das Ahnungsreiche und Bedeutungsschwangere des Symbols spricht ebensowohl das Denken wie das Fühlen an, und seine eigenartige Bildhaftigkeit, wenn zu sinnlicher Form gestaltet, erregt die Empfindung sowohl wie die Intuition.«[1]

Ein Symbol ist also eine Art Energietransformator des seelischen Erlebens des Menschen; es ist demnach ein Bild, das wesentliche psychische Aussagen zu einer Ganzheit zusammenfasst.

Sehr elegant und treffend finde ich die Definition des Mathematikers und Gurdjieff-Schülers Anthony Blake:

»Ein Symbol stellt nicht etwas in der Welt dar, sondern ist eine Art und Weise, die Welt zu sehen.«[2]

Das deutsche Wort »Symbol« stammt aus dem Griechischen, wo »symballein« so viel wie »verbinden«, »verdichten« und »zusammenwerfen« heißt.
Das Symbol verdichtet unterschiedliche emotionale Kräfte zu einer geballten Energie, die sich im Traum ausdrückt. Das kann man besonders deutlich an politischen und religiösen Symbolen erkennen, welche die Macht besitzen, Massen zu manipulieren. Ich erinnere nur an das Hakenkreuz als ursprüngliches, wenn auch umgedrehtes Sonnensymbol (Swastika) und das christliche Symbol des Kreuzes, unter dem wahrscheinlich Millionen von Menschen während der Kreuzzüge, bei den Ketzerverfolgungen und bei den Hexenverbrennungen ermordet wurden.
Symbole kennen wir jedoch nicht nur aus dem politischen Zusammenhang, sondern sie begegnen uns jede Nacht in unseren Träumen.
Die Bilder unserer Träume sind symbolische Abbildungen unserer psychischen Energien. Ich kann die Ansichten der naturwissenschaftlichen Traumforschung nicht nachvollziehen, die besagen, dass der Traum ein Phänomen unkontrollierter Entladungen der Gehirnneuronen (Nervenzellen des Gehirns) darstellt. Es muss jedoch bedacht werden, dass ich in diesem Arbeitsbuch der Traumdeutung über die »Software«, nämlich den Traum selbst, spreche. Die naturwissenschaftliche Traumforschung wendet im Gegensatz dazu ihr Erkenntnisinteresse auf die »Hardware«, nämlich das Gehirn. 1993 fand der amerikanische Neurobiologe Thomas A. Wehr heraus, dass die Träume dem bedrohlichen Absinken der Temperatur im zentralen Nervensystem entgegenwirken. Die Träume wirken als schützende Wärmeerzeuger, die das Gehirn in erster Linie vor der zyklisch auftretenden Unterkühlung bewahren sollen. Weil im Traum zahlreiche Nervenzellen aktiv sind, wird der Stoffwechsel aktiviert und lässt beim Verbrennen von Glukose Wärme entstehen. Der

Traum erzeugt also im wahrsten Sinne des Wortes »warme Gedanken«. Das hat auch schon Freud behauptet. Mir scheinen solche Ansätze der neuesten Gehirnforschung keineswegs einer symbolbetrachtenden Traumdeutung zu widersprechen, der ich mich im Folgenden wieder zuwenden will. Jeder Traum ist symbolisch. Die Welt wie auch einen Traum symbolisch zu sehen ist eine Sichtweise, die gelernt werden kann.

Versuchen Sie einmal einen Tag lang, alles in Ihrer Alltagswelt symbolisch wie in einem Traum zu sehen. Das bringt Ihnen nicht nur viele neue Einsichten, sondern lehrt Sie zugleich, sicherer und spielerischer die Symbole Ihrer Träume zu verstehen.

Die Mehrdeutigkeit der Traumsymbole

Der Traum besitzt die Eigenschaft, uns gerade das zu zeigen, was wir im alltäglichen Leben nicht sehen wollen. Der Traum setzt dasjenige Perfide in Szene, das wir im Alltagsleben nicht leben und wo unser Bewusstsein schläft. Deswegen wird niemand mehr von höllischen Visionen heimgesucht als ein Heiliger. Der Heilige verdrängt in seinem Leben das Böse derart stark, dass es sich in den Höllenvisionen seiner Nacht- und Tagträume bemerkbar macht. Ich erinnere zum Beispiel nur an die Visionen des heiligen Antonius. Man muss ein Heiliger sein, um solche Bilder aus seinem Nachtbewusstsein heraufzubeschwören.
Im täglichen Leben hat der westliche Mensch mehr und mehr das zweckfreie »göttliche Spiel« verlernt. Zielgerichtetes Handeln und Leistungen prägen unsere Kultur, und immer muss etwas maximiert und beschleunigt werden. Das

Spielerische wird bestenfalls den Kindern zugestanden, und häufig schaut man auf diesen zutiefst menschlichen Ausdruck geringschätzig herab. »So etwas bringt nichts«, ist die landläufige Meinung.

Glücklicherweise hat sich jedoch unser Nachtbewusstsein einen atemberaubenden schöpferischen Ausdrucksdrang bewahren können, der sich in unseren Träumen Nacht für Nacht offenbart. Es ist wichtig für den postmodernen Intellekt zu akzeptieren, dass Träume weder mathematischen Gleichungen ähneln noch (immer) zielgerichtet sind. Teilweise ist die Vieldeutigkeit der Träume einfach nur eine pure Spielerei unseres Unbewussten. Dieses Spiel befreit uns von dem ernsthaften Blick auf unser Alltagsleben. Solch eine ziel- und zwecklose Spielerei stellt doch schon eine enorme Herausforderung in einer von Hetze und Stress geprägten Leistungsgesellschaft dar.

Der deutsche Dichter Hoffmann von Fallersleben erkannte schon vor über einhundertfünfzig Jahren, dass »Hoher Sinn oft im kindschen Spiel liegt«. Vor ihm stellte schon Friedrich von Schiller (1759–1805) in seinen Briefen »Über die ästhetische Erziehung des Menschen« fest, dass der Mensch nur Mensch ist, wenn er spielt. Schiller hat mit dieser Ansicht in kreativer Weise Immanuel Kants (1724–1804) Gedanken weitergesponnen, dass der Mensch nur frei sei, wenn er spiele. Einzig dann schafft er sich seine eigenen Gesetze.

Wenn wir bereit sind, uns auf die Spielerei mit Bedeutungen unserer nächtlichen Träume einzulassen, ohne immer zugleich nach Ziel, Zweck und Eindeutigkeit zu suchen, dann werden die Träume unser Leben mit etwas Unfassbarem anreichern, für das wir bestenfalls den nichtssagenden Begriff der Kreativität benutzen können. Oft spielt zum Beispiel der Traum mit einladenden erotischen und sexuellen Bildern, um die Libido des Träumers spielerisch hervorzulocken.

Selbstverständlich möchte ich keineswegs behaupten, dass

Träume und Traumsymbole einzig und allein zielloses Spiel sind. Das wäre falsch, denn sie sind ja auch ein objektiver Spiegel und bisweilen sogar freundschaftliche Ratgeber. Die kreative Spielebene der Träume wird jedoch in unserer Gesellschaft kollektiv verdrängt, und so möchte ich mich hier für sie stark machen. Heute will man alles eindeutig, schnell erfassbar und noch schneller konsumierbar aufbereitet haben. Träume sind nicht so! Sie sind viel eher das Enfant terrible in der Leistungsgesellschaft, die nach einem Handbuch verlangt, nach dem man Träume für die Aufbesserung seines Images verwerten kann.
Wenn Sie mit Ihren Träumen ins Gespräch kommen wollen, dann lassen Sie sich auf die Mehrdeutigkeit und das Schillernde der Traumwelt ein. Hierzu möchte ich Sie verführen. Wenn wir mit dem Nachtbewusstsein umgehen wollen, dann müssen wir paradox denken! Wir müssen lernen, dass Eindeutigkeit eine Qualität des Tagesbewusstseins darstellt; das Nachtbewusstsein ist nie eindeutig, nie einseitig gut oder böse, es ist ambivalent.

Ein Traumsymbol ist nie eindeutig, sondern es verweist auf einen oder sogar mehrere große Bedeutungsausschnitte. Das Nachtbewusstsein erweitert also den Blick auf die Umwelt. Ein Pferd im Traum kann die unterschiedlichsten Bedeutungen tragen: Es symbolisiert zum Beispiel die Kraft und Lebensenergie eines Menschen; es kann allerdings auch anzeigen, dass der Träumer undifferenziert seine Stärke auslebt und sich besser etwas zurückhalten sollte. Auf der anderen Seite verweist das Traumbild Pferd auf Motorik und Bewegung, es kann aber auch Todes- oder Liebesbote sein.
Ein Traumsymbol hat die unterschiedlichsten, oft auch gegensätzlichen Bedeutungen. Es besitzt nicht wie ein mathematisches Zeichen eine streng festgelegte Zuordnung.
Nach C. G. Jung erhält man diese unterschiedlichen Bedeu-

tungen eines Traumsymbols durch die sogenannte Amplifikation.
Dieser von Jung geprägte Begriff steht für die Erweiterung und Vertiefung eines Traumsymbols durch Assoziationen, die oft aus märchenhaften, mythologischen und religiösen Bildern stammen.

Definition Amplifikation:

»Dieses Prozedere [die Amplifikation] stellt nun gerade das Gegenteil von dem dar, was der Sachspezialist zu erreichen bestrebt ist: Er will seinen Gegenstand [den Traum] in seiner eigensten Eigenart erkennen, während der amplifizierende und vergleichende Psychologe zum Verständnis seiner irrationalen, scheinbar chaotischen zufälligen Einzelheiten sich auch vor augenfälligen, oberflächlichen, äußerlichen und zufälligen formalen Analogien nicht scheuen darf, denn diese gerade sind die Brücke für psychische Zusammenhänge.«[3]

Bei der Amplifikation wird also der individuelle Sinn eines Traumsymbols, der oft noch dunkel geblieben ist, durch Parallelen aus Märchen, Mythen und kollektiv-menschheitlichen Symbolen erweitert. Allerdings ist es wichtig, sich nicht von dem ursprünglichen Traumsymbol zu entfernen, sondern nach der Sichtung aller Querverweise und Verbindungen wieder zum ursprünglichen Symbol zurückzukehren.
Praktisch führen Sie die Amplifikation eines Symbols durch, indem Sie sich fragen, welche Eigenschaften und Funktionen dieses Symbol in Ihrem Traum gehabt hat; in welchen Konstellationen trat es auf, und wie war die Gefühlsqualität dieses Symbols?

Das folgende Schema hilft Ihnen bei der Amplifikation eines Traumsymbols:

Amplifikation		
Symbol: ……		
	im Traum	in Märchen und Mythos
Eigenschaft Funktion Gefühlsqualität Zusammenhang		

Nun versuchen Sie sich zu erinnern oder schlagen in Traum- und Symbollexika nach, wo Sie im Märchen, Mythos oder in anderen kollektiven Symbolsystemen ein Symbol dieser oder ähnlicher Qualität finden. Schauen Sie, welche Bedeutungen dieses kollektive Symbol aufweist, die Sie bis jetzt übersehen haben. Zum Abschluss überprüfen Sie, ob diese neuen Bedeutungen auch in Bezug auf Ihr Traumsymbol einen Sinn ergeben.
Seien Sie sich bei der Amplifikation immer bewusst, dass ein Symbol viele Bedeutungen und nicht nur einen Sinn besitzt.

Zur größeren Anschaulichkeit führe ich die Amplifikation beispielhaft am Traumsymbol des Fisches durch:
Es liegt ein Traum von einer dreißigjährigen ledigen Frau vor, in dem die Träumerin sich einzig an einen relativ großen, lebendigen Fisch erinnert.

Symbol: Fisch

Eigenschaft im Traum: schnell, fressgierig, schillernd, sehr lebendig

Eigenschaft im Märchen/Mythos: Fruchtbarkeitssymbol in

China. Phallisches Symbol schon in Babylon, aber auch Symbol der Göttin Venus bzw. Ishtar. Dass man freitags Fisch isst, geht auf die babylonische Fischgöttin Ishtar zurück. Der Fisch war als vescia piscis schon immer ein Symbol für die Geschlechtsorgane der Frau/Göttin. Bei den Hindus und bei den Griechen wurden die weiblichen Geschlechtsorgane und somit auch die Große Mutter durch die Fischform symbolisiert. Die Fischgöttin, ob Ishtar oder Aphrodite, schenkt Wollust, und das besonders am Freitag, ihrem heiligen Tag, an dem orgiastische Fischessen veranstaltet wurden. Im keltischen Kulturbereich glaubte man, dass das Essen von Fischen eine Schwangerschaft fördert.
Der Fisch ist ein Christussymbol, da mit dem Beginn des Christentums die Sonne in das Sternbild der Fische eintritt (oder auch: griechisch »ichthys« sowohl »der Fisch« als auch Abkürzung für »Jesus Christus, Sohn Gottes«). Auch im frühen Christentum symbolisiert der Fisch den Schoß Marias.
Der »Salm der Weisheit« tritt in der indischen Mythologie auf, der »Lachs der Erkenntnis« in der irischen Mythologie.
Zum einem heiligen Mahl gehören seit der Antike Brot, Wein und Fisch. Wobei der Fisch die spirituelle Welt symbolisiert (Brot die materielle und Wein die Gefühlswelt).
Der Fisch stellt ein Symbol des Seeleninhalts dar (siehe Amphortas, der Fischerkönig aus dem »Parzvial«, und Petrus, der Fischer).
Im Märchen, z.B. in »Vom Fischer un syner Fru«, tritt der Wunsch-Fisch auf.
Schnelle, gewandte Fische wie hier im Traum werden astrologisch dem Merkur zugeordnet. Zu diesen Fischen gehört speziell der sogenannte Kreiselfisch, der sich selbst mit großer Lust begattet, aber auch der hinterlistige, schillernde Polyp. Es gibt auch gefährliche Fische wie den weißen Hai und den Leviathan, die die destruktiven Gefühle und unterdrückten Emotionen symbolisieren.

Funktion im Traum: zeigt Lebendigkeit

Funktion in Märchen/Mythos: Fruchtbarkeitssymbol, Symbol der Frau, Symbol der weiblichen Sinnlichkeit,
Symbol der Weisheit und der Verbundenheit mit der spirituellen Welt, da ein Bezug zur Seele gegeben ist,
Warnung vor destruktiven Emotionen (im Märchen »Vom Fischer un syner Fru« wird vor der weiblichen Gier gewarnt).

Gefühlsqualität im Traum: kalt, aber zugleich erotisch, Faszination

Gefühlsqualität im Märchen/Mythos: Hier steht das Erotisch-Sexuelle im Vordergrund, die Wildheit in befreiter, verzauberter Form.

Zusammenhang: Im Traum wird der Fisch als faszinierend erlebt, und diese Faszination geht sicherlich von der eigenen Sexualität als Frau aus. Die Träumerin entdeckt ihre Sexualität als etwas Positives, das ihr allerdings noch etwas Angst macht. Diese Angst drückt sich auch in dem Bild des kühlen, phallischen Fisches aus. Zudem wird das tiefe Erlebnis der Weiblichkeit und Lust auch als Schlüssel zur weiblichen Weisheit (Sophia) gesehen. Gleichzeitig warnt das Traumbild jedoch die Träumerin davor, nicht zu gierig zu sein und damit alles, was sie erreicht hat, wieder zu zerstören.
Weiterführend kann sich die Träumerin folgende Fragen stellen:
Was hat es konkret mit der Fruchtbarkeit auf sich?
Was bedeutet die Verbindung von Spiritualität, Weiblichkeit und Lust für mich?

Die Amplifikation wurde von der Träumerin als »Hausaufgabe« durchgeführt und gemeinsam mit mir als Therapeuten

mit weiteren Belegen angereichert. Dieser Fisch-Traum wäre der Träumerin ohne die Amplifikation völlig unverständlich geblieben.
Viele Traumsymbole werden erst dadurch verständlich, dass man die Augen für die Mythologie und Märchenwelt öffnet und vor diesem Hintergrund seine eigenen Träume betrachtet. Die Märchen- und die Mythenwelt lebt aus der Vieldeutigkeit, das Eindeutige ist ihr fremd. Ihre Kraft bezieht sie aus dem Geheimnis, das nie ganz gelüftet werden kann. So macht die Amplifikation zwar den Sinn des Traums deutlicher, was jedoch nicht im Sinne von *eindeutiger* zu verstehen ist. Der Sinn wird hier erweitert und nicht auf eine bestimmte festgelegte Bedeutung eingeschränkt.

Zusammenfassend lässt sich sagen:

Das gleiche Traumsymbol kann für verschiedene Träumer ganz unterschiedliche Bedeutungen besitzen.
Ein Traumsymbol zeigt in jedem beliebigen Traum mehrere Bedeutungsebenen oder -ausschnitte.
Die Symbole im Traum gleichen den Bildern in Märchen, Mythen und Sagen, die als kollektive Träume der Völker angesehen werden.

Ein Beispiel eines ausführlicheren Traums:

Die weiße Rose (Frau, 36 Jahre alt, Traum vom 20. Dezember 1992)
Ich verabschiede mich von meinem Freund und gehe an einem bewölkten, noch etwas kühlen, aber klaren Frühlingsmorgen aus dem Haus. Da sehe ich im Vorgarten eine weiße Rose mit großer, weit geöffneter Blüte, die ich dort noch nie gesehen habe. Ich fühle mich von der Rose angeschaut, und

zugleich spüre ich einen ausgesprochen kalten Windzug an meiner Stirn. Ich wache eigenartig traurig und zugleich »erlöst« auf.

Deutungsversuch des Traumbilds Rose:
Die Rose symbolisiert in diesem Traum mindestens vier Bereiche:

1. Die Liebe: Sie stellt die häufigste, aber noch sehr abstrakte Bedeutung des Traumsymbols Rose dar. Den Begriff Liebe muss man in der Traumarbeit immer konkret füllen und in ganz spezieller Weise auf sich selbst beziehen.
In diesem Beispiel-Traum symbolisiert die Rose zugleich die (vergangene) Liebe zu dem Freund der Träumerin als auch die Liebe zu sich selbst, der sich die Träumerin jetzt weit öffnen kann.
Die Rose sieht die Träumerin an. Das bedeutet, dass die Träumerin sich selbst als Rose sieht. Das ist eine typische Traumlogik! Die Umkehrung der Beziehungen im Traum kommt häufig vor.

2. Der Tod: Spätestens seit dem Mittelalter symbolisiert die (weiße) Rose den Tod. Dass die Rose auch in diesem Traum mit dem Tod in Verbindung gebracht wird, zeigt die Empfindung des kalten Windzuges, des Todeshauches auf der Stirn.

Mit dem Todessymbol der weißen Rose wird in diesem Traum auf die Trennung der Träumerin von ihrem Freund verwiesen. Todessymbole wie zum Beispiel die weiße Rose, das schwarze Pferd, Uhr und Sense verweisen häufig auf vollzogene oder bevorstehende Trennungen von einem Lebenspartner.

Ursprünglich verweist die Rose wegen ihres schnellen Verwelkens auf den Tod. Man bedauerte schon im klassischen Griechenland, dass die Rose sich so schnell verströmt.

3. Der Abschied und das Leiden: Mit Liebe und Tod ist hier auch der Abschied und das Leiden angesprochen. Die Rose besitzt ja den Dorn, der verletzt. Damit symbolisiert sie das Leiden als den Gegenpol und die Ergänzung zur Liebe.

4. Die Schönheit: Die Träumerin empfand die Rose als sehr schön und war fasziniert von ihr. Später stellte sich bei der Deutung dieses Traums heraus, dass durch die Trennung von ihrem Freund und trotz des damit verbundenen Schmerzes die Träumerin sich nun harmonischer und schöner vorkam.

Schauen Sie einmal selbst, was Ihnen alles zum Stichwort Rose einfällt.
Hierbei werden Sie bemerken, je bewusstseinsnäher die Schicht ist, aus der Ihre Einfälle stammen, umso individueller werden diese Einfälle sein. Gelingt es Ihnen dagegen, tiefere Schichten anzuzapfen, werden diese Einfälle von allgemeiner kollektiver Symbolik geprägt sein. Das heißt, dass die persönliche Seite Ihres Nachtbewusstseins Ihnen die individuellen Traumbilder und deren Verständnis liefert, wohingegen die kollektive Seite des Nachtbewusstseins diese individuellen Bilder in einen überpersönlichen Kontext stellt.

Der Traum spricht in Symbolen. Die Symbolsprache ist die Sprache des Traums.
Warum spricht der Traum uns nicht direkt in der Umgangssprache an, sondern in Symbolen?

Die Symbolsprache gibt dem Traum die Möglichkeit, komplexeste Mitteilungen auf kleinstem Raum zu verschlüsseln.

Die Kürze des nächtlichen Traums macht diese bildhafte Verschlüsselung notwendig.
Beachten Sie einmal, wie viele Worte und Sätze Sie benötigen, um einen Traum zu beschreiben.
Trotz all dieser Worte bleibt dennoch das Gefühl, dass man noch nicht den ganzen Traum mit seiner Atmosphäre und seinen Bildübergängen treffend beschrieben hat.
Gehen wir davon aus, dass etwas Weises aus unserem Inneren im Traum zu uns spricht, dann ist es nur ökonomisch, wenn diese Instanz zu uns in Symbolen spricht. Wie anders könnte sie uns sonst hochkomplexe Einsichten über unser Leben in solcher Prägnanz vermitteln? Außerdem sprechen die Symbole durch ihre Bildhaftigkeit unser Gefühl direkt an, und der Gefühlsbereich ist ein Land verschwimmender Grenzen. Hier herrschen wie bei der Symbolik keine starren Trennungen, sondern fließende Übergänge vor.

Persönliche und archetypische Symbole

Wir können zwei Arten der Symbolik in unseren nächtlichen Träumen unterscheiden:

1. die persönliche Symbolik, mit der sich Sigmund Freud hauptsächlich beschäftigte, und
2. die archetypische Symbolik, mit der sich Carl Gustav Jung eingehend auseinandersetzte.

Definition Archetyp:
Der Archetyp stellt eine unbewusste, an sich unanschauliche Vorform unserer Vorstellungen dar. Er ist eine Art Urbild, das sich unter anderem in Traumbildern konkretisiert.[4] »Je-

der Archetyp ist im Grunde völlig unbeschreibbar, etwas völlig Leeres, das aber bestimmtes Material von ungeheurer Vielfalt zu assimilieren vermag, welches aber doch immer auf einen bestimmten archetypischen Inhalt verweist.«[5]

Jedes Traumsymbol weist sowohl eine persönliche als auch eine archetypische Färbung auf. Nehmen wir zum Beispiel das häufige Symbol des alten Mannes im Traum:
Ein alter Mann in Ihren nächtlichen Träumen kann sowohl ein persönliches Symbol Ihrer selbst oder Ihres Vaters sein als auch ein überpersönliches archetypisches Symbol für die weise männliche Kraft im Menschen und für den erfahrenen Seelenführer (Psychopompos).
Ist hauptsächlich die archetypische Seite eines Symbols angesprochen, dann wird dieser Traum oft klarer, detaillierter und länger erinnert als ein Traum, der hauptsächlich auf die persönliche Psyche des Träumers verweist. Ist vorwiegend die individuelle Psyche des Träumers angesprochen, dann wird ein Traum schnell vergessen, wenn man ihn nicht gleich nach dem Aufwachen festhält. Solch ein schnell verfliegender Traum ist von der persönlichen Symbolik des Träumers gekennzeichnet. Allerdings werden Sie schon bemerkt haben, dass Sie auch Ihre persönlichen Traumsymbole mit vielen Mitmenschen Ihrer Kultur und Epoche teilen. Wir machen ja alle in unserer Gesellschaft grundsätzlich ähnliche Erfahrungen, auf die unsere Träume reagieren.
Jung war sogar der Meinung, dass sich archetypische Symbole niemals gewandelt haben, dass sie zeitlos sind. »Ein altes babylonisches Symbol«, sagt er in seiner anschaulichen Ausdrucksweise, »kann auch von einem Züricher Dienstmädchen produziert werden.«
Ein archetypisches Symbol verweist nach Jung stets auf unsere Instinktnatur. Denn der Ausdruck des Archetypischen

charakterisiert immer den natürlichen und unwandelbaren Kern im Menschen. Archetypische Symbole waren für Jung vor dem Verstand vorhanden. Sie stellen eine Art Ursprache dar, deren Ausdruck unerschöpflich ist und die die menschliche Imagination gewaltig anregt.

Bei einem persönlich aufgefassten Symbol fragen Sie zuerst, in welcher Beziehung die Eigenschaften des symbolisierten Objekts zu Ihren eigenen Eigenschaften stehen. So würden Sie sich in Bezug auf das Beispiel mit dem alten Mann zunächst fragen, in welcher Weise dieser Alte Ihnen ähnelt.
Sie können diese Frage nicht nur bei Personen, sondern auch bei Gegenständen stellen. Wenn Sie beispielsweise von einem Auto träumen, fragen Sie sich, in welcher Beziehung dieses spezielle Auto zu Ihnen steht. Ein Sportwagen mag auf Ihre Hektik oder Ihre Ruhelosigkeit verweisen, ein Lastkraftwagen auf die Last, die Sie zu tragen haben.
Eine der Grundregeln der Traumdeutung lautet:

Betrachten Sie bei jedem Traumsymbol zunächst ausführlich dessen persönliche Bedeutungsebene, ehe Sie zur Betrachtung seiner archetypischen Seite übergehen.

Sie können davon ausgehen, dass jedes absurde, skurrile oder überspitzt dargestellte Faktum im Traum auf eine stark unausgeglichene persönliche Seite des Träumers verweist. Derartige durch ihre irreale Darstellung betonte Symbole sind immer auf die persönliche Seite des Nachtbewusstseins des Träumers zu beziehen. In solchen auffälligen Bildern versucht das Nachtbewusstsein seine Botschaft dem Träumer direkt mitzuteilen.

individuelles Symbol Sigmund Freud	archetypisches Symbol C. G. Jung
wird schnell vergessen	wird relativ lange behalten
oftmals nebelhafte oder skurrile, übertriebene Darstellung	deutlich, klar, detailliert, mit Bezug zu Mythos und Märchen
Beziehung zwischen dem Symbol und der subjektiven Erfahrungswelt des Träumers ist wichtig	der überpersönliche Bereich wird angesprochen
persönliche Betroffenheit	Gefahr der Rationalisierung

Der Ort

Wenn wir einen Traum auf der persönlichen Ebene betrachten, sollten wir immer zuerst darauf achten, an welchem Ort dieser Traum spielt. Es macht einen großen Unterschied, ob der Traum im Wald, auf der Straße, auf dem Marktplatz oder im Haus, im Wasser oder im Hotel spielt. Alle diese unterschiedlichen Orte müssen in ihren symbolischen Bedeutungen, die sie für den Träumer haben können, gesehen werden. Der Wald symbolisiert die persönliche Seite des Nachtbewusstseins des Träumers, wie wir später noch genauer sehen werden. Mit der Straße wird die Bewegung und der Ort der Kommunikation angesprochen, wobei das Symbol Marktplatz diesen Kommunikationsaspekt noch deutlicher hervorhebt. Das Wasser als Symbol des Gefühlsbereichs werden wir noch unter dem Aspekt der vier Elemente genauer betrachten. Das Haus dagegen als eines der häufigsten persönlichen Symbole im Traum deutet auf die alltäglichen oder geerbten Einstellungen des Träumers hin, auf seine Lebensweise.

Die Zeit

Neben der Ortsangabe sind Zeitangaben im Traum zu beachten. Wenn im Traum auf eine bestimmte Zeit in der Vergangenheit Bezug genommen wird, versuchen Sie sich genau zu erinnern, wie Sie sich damals fühlten und was damals Ihr Leben beherrschte. Vergleichen Sie diese Gefühle mit denen Ihres jetzigen Lebens.

Wird im Traum eine bestimmte Zeitspanne angegeben, dann ist dies ein Hinweis darauf, das Element Zeit besonders zu beachten. Erscheint zum Beispiel ein siebenjähriges Kind in Ihrem Traum, sollten Sie sich fragen, was vor sieben Jahren in Ihrem Leben geschah oder auch begann. Diese Zeitangabe kann sich sowohl auf den Beginn einer Sache als auch auf ein abgeschlossenes Ereignis beziehen.

Jeder Traum besitzt eine ganz persönliche Bedeutung für den Träumer, und diese Bedeutung erschließt sich nur aus der Betrachtung des persönlichen Gehalts der entsprechenden Symbole. Solange Sie nicht wissen, was ein Traum für Ihr persönliches Leben bedeutet, solange wird Ihnen die überpersönliche Betrachtung eines Traums nur als Flucht vor der eigentlichen Traumlehre dienen.

Freud benutzt in diesem Zusammenhang den Begriff der Rationalisierung.

Definition Rationalisierung:

Die Rationalisierung ist eine »Bezeichnung für die Prozesse verstandes- oder vernunftmäßiger Begründungen oder das Aufsuchen von Gründen für das Auftreten eines Ereignisses; die Rationalisierung kann erst nach dem Ereignis [in unserem Fall dem Traum] selbst folgen. [...] Die Rationalisierung ist die psychoanalytische Bezeichnung für einen Abwehrmechanismus gegen übermächtige Selbstanklage bzw. Schuldgefühle.«[6]

Bei der archetypischen Betrachtung eines Traums können wir leicht der intellektuellen Sicht verfallen. Sie macht derart blind, dass wir keine persönliche Betroffenheit mehr an uns heranlassen. Gleichzeitig schützen wir uns so vor Schuld- und Minderwertigkeitsgefühlen und lehnen damit eine tiefe Berührung ab.

Die archetypische Betrachtung eines Traums geht ursprünglich auf C.G. Jung zurück, der in den tiefsten Schichten des Nachtbewusstseins eine überpersönliche Struktur sieht, die unsere Weltsicht weitgehend beherrscht. Diese Struktur des kollektiven Unbewussten, wie Jung sie nennt, ist von den über viele Generationen geprägten Erfahrungen und Bildern gekennzeichnet. Dies ist eine Art Gedächtnis der Menschheit, das nach Jung auch genetisch vererbt wird.

Definition kollektives Unbewusstes:

Das kollektive Unbewusste stellt die tiefste und grundlegendste Schicht unseres Unbewussten dar. In ihm finden wir alle Archetypen als Niederschlag allgemein menschlicher Erfahrungen.

Vielleicht kann das Nachtbewusstsein mit dem Bild eines Hauses verdeutlicht werden, in dem es verschiedene Stockwerke gibt. Das oberste Stockwerk ist nach Freud das Vorbewusste, das den Übergang zwischen Bewusstem (Tagesbewusstsein) und Unbewusstem (Nachtbewusstsein) darstellt – in unserem Bild die Kellertür. Der oberste Keller entspricht der persönlichen Seite des Nachtbewusstseins, und der darunterliegende Keller beinhaltet C.G. Jungs Archetypen. Dieser tiefste Keller symbolisiert die dem Tagesbewusstsein unzugänglichste Schicht. Hier sind die Tendenzen gespeichert, die Welt unter bestimmten Blickwinkeln zu betrachten. Diese Blickwinkel oder archaischen Bilder sind die Folgen einiger weniger, kulturell unabhängiger Archetypen.

<table>
<tr><td colspan="2">Tagesbewusstsein</td></tr>
<tr><td>Vorbewusstes</td><td>Übergang zum Tagesbewusstsein</td></tr>
<tr><td rowspan="2">Nachtbewusstsein</td><td>individuelles Nachtbewusstsein (individuelles Unbewusstes) persönliche Symbole und Bilder (Freud)</td></tr>
<tr><td>kollektives Nachtbewusstsein Archetypen, Bilder der Märchen und Mythen, das Überpersönliche (Jung)</td></tr>
</table>

Ein Archetyp ist also eine Wahrnehmungseinstellung, eine bestimmte von der Menschheit als Rasse vorgegebene Sicht der Wirklichkeit.
Je unbewusster ein Mensch ist, desto stärker und direkter sind seine Träume von archetypischen Bildern geprägt. Deswegen kann man in Kinderträumen am deutlichsten das Wirken des kollektiven Unbewussten erkennen.

Märchen und Mythen weisen als Fundgruben für Archetypen etwas Traumhaftes auf, weswegen C. G. Jung sie als kollektive Träume der Völker bezeichnet.
Am besten können wir die Archetypen in den Mythen- und Märchenwelten wirken sehen. Hier finden wir all jene Situationen wieder, die uns schon aus all unseren Träumen bekannt sind: Hier können Menschen fliegen und Tiere sprechen, die Zeit scheint nicht mehr in ihrer gewohnten Weise

zu fließen, und die Ereignisse folgen weniger einer mathematischen als einer subtilen, psychologischen Logik.

Kehren wir zurück zu unserem alten Mann im Traum: Archetypisch gesehen ist dieser alte Mann der weise und erfahrene Führer. Wir kennen ihn aus der keltischen Mythologie als den Merlin, das Kind einer Jungfrau und des Teufels, das in der Zeit rückwärts lebt.
Im christlichen Mythos verkörpert der König Salomon diesen Archetypen des Weisen, im Märchen tritt uns diese Gestalt meist als guter, weiser König entgegen, in dessen Land Friede herrscht und dessen Volk im Wohlstand lebt.

Es stellt sich nun die Frage, was diese archetypischen Symbole denn im Traum ausdrücken wollen.
Zunächst einmal erweitern die archetypischen Symbole den egozentrischen Blickwinkel des Träumers und öffnen ihm eine überpersönliche Perspektive.
Wir alle nehmen häufig unsere Sorgen zu ernst. Wir neigen dazu, uns mit unseren Sorgen zu sehr zu identifizieren. Die archetypische Sicht der Symbole dagegen verweist den Träumer auf große gesellschaftliche und kulturelle Zusammenhänge und relativiert damit seine persönlichen Sorgen. Hier geht es im Grunde immer um die großen allgemein menschlichen Dramen wie Liebe, Aggression und Tod.

Bei folgenden Traumsymbolen sollte man neben einer persönlichen auch immer eine archetypische Deutung versuchen:

Die vier Elemente
Wer von den vier Elementen träumt, träumt von elementaren und grundlegenden Seelenkräften.

Wasser: deutet zumeist auf das Auf und Ab der Gefühlswelt hin und symbolisiert die Bewegtheit unserer Begierden und Launen. Es entspricht der Funktion des Fühlens nach Jung. Da dieses Element sich in ständiger Bewegung befindet, wird es auf die Phantasie bezogen, deren Bilder sich stets wandeln. Es hat mit Reinigung und Verwandlung zu tun und verkörpert die Kraft des Weichen und Nachgiebigen.
Hier ist besonders die Art des Wassers zu betrachten, beispielsweise stehendes Wasser, Wildwasser, fließendes Wasser, See oder Meer.
Ist das Wasser **klar und rein,** weist es auf einen ungestörten Gefühlsfluss des Träumenden hin.
Ist es **gestaut, trüb und stehend,** sollte man die weiteren Symbole auf Hinweise für eventuelle Gefühlsblockaden untersuchen.
Hohe Wellen und Wildwasser verweisen auf starke, oft gespannte oder gegensätzliche Gefühle.
Der Traum selbst wird oftmals dem Element Wasser verbunden gesehen: So beschreibt der englische Ethnologe Bronislaw Malinowski sehr anschaulich, wie in der magischen Vorstellungswelt der Südseevölker bezauberte Blätter in die See geworfen werden, um bestimmte Träume zu erzeugen. Vom Liebeszauber sagt man auf den Trobriand-Inseln (die typisch sind für die magischen Vorstellungen der Naturvölker), dass sich die Seele der Geliebten im Traum hebt und senkt, gleich den in die See geworfenen Blättern, die von den Wogen auf und ab getrieben werden. Auch im »I Ging«, einem der ältesten Weisheitsbücher der Menschheit, ist die Traumkraft Dui dem See verbunden.

Erde: hängt mit der Meisterung des alltäglichen Lebens, mit Halt, Dauer, Verlässlichkeit, Beständigkeit und Verwurzelung zusammen. Hier geht es um die Tradition, die Sicherheit und den ruhenden Pol, von dem aus man seine Konzentration auf die Welt richten kann. Die Erde ist auch der mütterliche Urschoß, aus dem alles hervorgeht, wie auch der Schoß des Grabes, in den alles Lebende wieder zurücksinkt. Die Erde entspricht der Funktion des Empfindens nach C. G. Jung. Mit der Erde wird meist unser Körper symbolisiert und dessen Wahrnehmung durch die fünf Sinne.

Luft: ist das Element, das die Verbindung zwischen allem, was es auf der Erde gibt, schafft. Sie verweist häufig auf geistige oder intellektuelle Energien. Hier ist das Abstrakte, die Theorie und die Wissenschaft zu Hause, aber auch die Geschwindigkeit und besonders die Kommunikation.
Im Neuen Testament werden Wind und Geist mit dem gleichen Wort, »Pneuma« (zum Beispiel Johannes 3,8), bezeichnet.
Dieses flüchtige, durchsichtige Element entspricht nach Jung der Funktion des Denkens. Es geht hier um Unabhängigkeit und oft auch um Distanziertheit.

Feuer: Hier sind die menschlichen Leidenschaften, aber auch der Wille und die Ideale angesprochen. Das Feuer stellt das Urbild der zeugenden Kraft dar, es symbolisiert die Lebensfreude und die Sexualität. Feuer ist eine verwandelnde Kraft, die aber auch leicht zerstörerisch wirken kann. Kommen wir im Traum dem Feuer zu nahe, dann verwandelt es uns: Entweder verbrennen wir und werden wie durch das Fegefeuer gereinigt, oder es wird in uns miteinander verschmolzen, was vorher auseinanderfiel.
Das Feuer entspricht der Funktion der Intuition nach Jung.

Symbole des Lichts und Farben
Wenn wir farbig träumen oder besondere Lichtphänomene im Traum wahrnehmen, dann soll die Situation oder der farbige Gegenstand ganz besonders hervorgehoben werden.

Die Farbe unterstützt mit ihrer Symbolik die Bedeutung des entsprechenden Objekts.

Hierbei steht
Gelb für den Geist und Intellekt,
Rot für den Körper und die Lebensenergie,
Blau für die Seele, die Intuition und das Unendliche.

Die anderen Farben ergeben sich aus Mischungen dieser Grundfarben. Die Bedeutungen dieser Mischfarben stellen ebenfalls eine »Mischung« der Bedeutungen der entsprechenden Grundfarben dar.

Die **Schlange** ist eines der vielschillerndsten Taumsymbole mit einem erstaunlich großen Bedeutungsspektrum von Heilung bis zur Vergiftung. Nach Jung ist sie oft Symbol eines sehr ernst zu nehmenden Hindernisses.

Der **Baum** hängt unter anderem mit der Verwurzelung, aber auch mit Wachsen im geistigen Bereich zusammen.
Der Wald stellt ein bekanntes Symbol des Nachtbewusstseins dar, als desjenigen Ortes, an dem die wilden Tiere (die Triebe) wohnen.

Die **Rose** symbolisiert Liebe, Verschwiegenheit und Vollkommenheit; sie ist ein bekanntes Lust- und Todessymbol. Besonders als die mit Dornen versehene Rose verweist sie auf die Verbundenheit von Liebe und Leid.

Die **Brücke** verweist auf das Überqueren des Abgrunds und das Erreichen des anderen Ufers.

Der **Berg** zeigt das Statische und Feste an, er stellt ein Symbol der Erdenergie dar.

Das **Herz** steht für Liebe und Lebensenergie.

Das **Tor** oder die **Tür** zeigt den Eingang in die neue oder andere Welt an.

Das **Kreuz** ist ein komplexes keltisches und altägyptisches Symbol, das ursprünglich die vier Himmelsrichtungen, Tod und Wiedergeburt bezeichnete. Nach Jung symbolisiert es die vier Funktionen Denken, Fühlen, Empfinden und Intuition.

Die **Höhle** ist ein weibliches Ursymbol des Schutzes.

Die **Sonne,** der **Mond** und die **Sterne** als kosmische Phänomene betonen überpersönliche Zusammenhänge.
Der Mond stellt ein archetypisches Symbol des Nachtbewusstseins und der Ekstase, der Fruchtbarkeit und der zeitlichen Ordnung dar.
Die Sonne symbolisiert den klaren Geist.

Der **Vogel** ist der Mittler zwischen den Menschen und den Göttern.

Geometrische Symbole
Der **Kreis** ist das wohl ursprünglichste weibliche Symbol. Besonders als Ball ist er unter anderem immer ein Symbol der Sonne, in selteneren Fällen auch der Erde (als Erdball, Globus). Der Kreis ist auch ein bekanntes Seelensymbol, da die Seele weder Anfang noch Ende hat.

Das **Quadrat** verweist auf Vollendung und Entwicklung (im Sinne der Jungschen Individuation), aber auch auf Statik und Sicherheit. Seit Platon wird das Quadrat wegen seiner die Statik ausdrückenden rechten Winkel als Erdsymbol angesehen. Kreis und Quadrat verbinden sich zum Mandala. Ein Mandala wird nämlich ursprünglich als viergeteilter Kreis angesehen.

Die **Linie** oder der **Strahl** ist das wohl ursprünglichste Symbol des männlichen Archetypen.

Die **Spirale** stellt das ursprüngliche Symbol des Lebenswegs dar. So steht auf dem Grabstein von Jacob Bernoulli (1654–1705), der als Erster in der Mathematik die Spirale untersuchte: »Eadem mutata resurgo« (Immer auf dieselbe Weise mich wandelnd steige ich an). Die Spirale ist das Symbol für den Lebensrhythmus.

Das **Dreieck** ist das Symbol des Geistes. Das Dreieck mit der Spitze nach oben weisend wird als männliches Symbol angesehen. Das Dreieck mit der Spitze nach unten weisend wird als weibliches Symbol angesehen.

Symbole des Höheren Selbst

Der **Teufel** und die **Engel** stellen die beiden Seiten Gottes oder des Höheren Selbst dar.

Der **weise Mann** wie auch die **weise Frau** sind unsere Führer. Unter dem Aspekt des Archetypen gesehen ist der weise Mann aus unserem Beispiel ein Führer. Er führt uns durch unser Leben und leitet uns dabei mit Einsichten aus einer höheren Warte als die unseres normalen Tagesbewusstseins. Er ist Gott ähnlich, besonders jenem Gott der christlichen Volkstradition, der uns als alter weiser Mann auf allen unseren Wegen behütet.
Wenn ein Mann auf diesen weisen Alten im Traum trifft, dann spricht sein innerer Führer oder seine innere Stimme – Jung würde hier vom **Höheren Selbst** sprechen.
Träumt eine Frau von diesem weisen Alten, dann mag dies entweder ebenfalls ihre innere Stimme sein (wobei zu deuten wäre, warum die Träumerin sich als Frau mit einer Männerstimme identifiziert) oder ihre männliche Seite, die hier

spricht. Auf den Archetypen des Männlichen in Frau und Mann werde ich noch ausführlich zu sprechen kommen.

Letztlich lassen sich meines Erachtens jedoch alle archetypischen Bilder auf den Schatten, das Weibliche und das Männliche und das Selbst, das zwischen weiblich und männlich und zwischen Schatten und Licht steht, zurückführen. Folgendes Schema fasst noch einmal die Bedeutungen der Archetypen zusammen:

Lebenskraft
Baum, Fluss, Berg, Licht, Rose, Herz, Engel, Blut und Feuer
männlich
der Animus, der Einsiedler, der Weise, der Vater, die Sonne, der Phallus
das Selbst
Mandala Hochzeit und Vereinigung
weiblich
die Anima, die weise Frau, die Hexe, der Mond, die Höhle, die Stadt, die Burg
Tod
Angst, Zeit, Verwandlung, Finsternis, Teufel, Brücke, Tür und Tor

Das Selbst ist hierbei der Mittelpunkt der Persönlichkeit des Träumers.
Außer auf den Achsen Lebenskraft – Tod und männlich – weiblich kann man sich noch die Archetypen auf der Achse Widersacher – Helfer angeordnet vorstellen.

Helfer
Seelenführer wie der innere Arzt, der weise Mann, die weise Frau, lichte (weiße) Figuren wie Engel und Göttergestalten

Widersacher
der Schatten dunkle (schwarze) Figuren wie der Tod und der Teufel, jeder Angreifer, Monster, Dämonen und Untiere

Bei der rein archetypischen Betrachtung der Symbole ist unser Blickwinkel nur insoweit auf das Persönliche des Träumers gerichtet, als es eine Widerspiegelung von überpersönlichen Strukturen darstellt.

Die archetypische Betrachtung der Traumsymbole kann jedoch auch zu einem vertieften persönlichen Verständnis dieser Symbole führen. Sie vermag uns nämlich auf Fährten zu setzen, die wir sonst nicht gefunden hätten.
Wenn man beispielsweise beim Archetypen des alten Mannes unter Merlin nachschlägt, erfährt man, dass Merlin seinen eigenen Untergang – die Verzauberung durch die Fee Viviane – herbeiführte. Und auch Salomon als historische

Personifikation des Weisen erliegt der Faszination der Königin von Saba.
Der weise Alte erliegt also dem Weiblichen, das ist das Menschliche an der Weisheit, die nicht unbedingt immer klug sein muss. Wenn wir vom alten weisen Mann träumen, so kann im Männertraum ohne weiteres auch die Anfälligkeit für die Faszination durch junge Frauen angesprochen sein. Dies ist ein Aspekt, den der Träumer eines entsprechenden Traums umso lieber übersehen wird, je mehr dies sein Problem ist.
Dieser Träumer kann durch eine archetypische Betrachtung der Traumsymbole auf etwas verwiesen werden, das er lieber verdrängen würde. In einigen, gar nicht so seltenen Fällen hilft also die archetypische Betrachtung eines Traumsymbols, den entsprechenden Traum tiefer oder vollständiger auf der persönlichen Ebene zu verstehen.
Allerdings umfasst diese Deutung nur eine mögliche Ebene dieses Traumsymbols. Die Faszination eines Mannes durch (junge) Frauen ist immer auch ein Symbol für den Drang zu dem, was dieser Mann als Lebensziel erreichen möchte. Ich würde sogar behaupten, dass das im Traum dargestellte Begehren immer auf ein höheres Ziel verweist.

Bei der archetypischen Betrachtung eines Traumsymbols beziehen wir nicht so sehr unsere eigenen Assoziationen ein, sondern schauen eher auf Märchen, Volksbräuche, Mythen und Sprichwörter, in denen dieses Symbol vorkommt. Eine rein archetypische Betrachtung eines Traums hat oft eher etwas mit allgemeiner Symbolforschung zu tun als mit der Deutung des entsprechenden Traums.

Solch eine archetypische Betrachtung eines Traums ist dann sinnvoll, wenn

1. der Traum vorher auf der persönlichen Ebene gedeutet wurde,
2. sie wieder auf die persönliche Situation des Träumers zurückbezogen wird, das heißt, wenn die archetypische Betrachtung der persönlichen Deutung neue Aspekte hinzufügen kann oder
3. man über Symbolzusammenhänge nachforscht.

Die drei grundlegenden Archetypen im Traum

Wir werden uns nun genauer den drei Archetypen im Traum zuwenden, die durch Personifizierungen charakterisiert sind. Jeder träumt von diesen Personen, und die meisten Alltags-Träume bauen auf der Dynamik dieser Traumpersonen auf.

Diese personifizierten Archetypen sind
der Schatten,
das Weibliche (Anima) und
das Männliche (Animus).

Der Schatten

Definition Schatten:

»Die analytische Psychologie versteht unter dem Schatten die bisher im bewussten Integrationsprozess der Persönlichkeit vernachlässigten Eigenschaften. Er setzt sich zusammen aus teils verdrängten, teils gar nicht gelebten Zügen des Menschen.«[7]

Der Schatten stellt sich dar als
- gleichgeschlechtliche Figur,
- Figur, auf die wir das Böse, Schlechte und Ekelhafte projizieren,
- Archetyp,
- der **Teufel** (der Bösewicht),
- das **wilde Tier** oder **Raubtier** (das Biest),
- Angreifer.

Indem wir unsere Träume wahrnehmen, entsteht ein fortlaufendes Zwiegespräch zwischen unserem bewussten Ich und dessen irrationalem, nachtbewusstem Persönlichkeitshintergrund. Unserem tagesbewussten Ich wird dabei beständig der Spiegel vorgehalten, denn die Vorstellungen über unsere eigene Person sind meistens äußerst realitätsfern und bedürfen immer der Korrektur. Da es nur allzu menschlich ist, sich selbst idealisiert wahrzunehmen, übertragen wir unsere negativen Eigenschaften, den sogenannten Schatten, auf unsere Mitmenschen. Wir nehmen also beständig Projektionen vor, um unser Selbstbild nicht in Frage zu stellen. Diese Projektionen laufen jedoch unbewusst ab. Wenn wir Hass, Wut, Aggressionen, Neid, Falschheit und anderes auf unsere Mitmenschen projizieren, so fühlen wir uns dabei völlig im Recht und sind blind dafür, dass es sich hierbei um unsere eigenen Eigenschaften handelt. Deswegen brauchen wir die Beschäftigung mit unseren Träumen: Sie halten uns den Spiegel vor, der uns zeigt, dass wir alles das im nächtlichen Traum wiedertreffen, was wir im alltäglichen Leben brüsk von uns weisen und wo wir entrüstet sagen würden: »Ich doch nicht! Aber der andere dort.« Dies ist die altbekannte Situation, in der man das Sandkorn im Auge des anderen sieht, den Balken im eigenen Auge dagegen nicht.
Wir treffen im Traum also auf unsere Projektionen, und einzig über diese Projektionen können wir uns unbewusster

Vorgänge bewusst werden. Nur wenn sie uns im Außen begegnen, können wir uns gewisser unbewusster Vorgänge, wie zum Beispiel der Schattenprojektion, bewusst werden. Wir sollten diese Projektionen somit also keineswegs als etwas Negatives verdammen. Durch Projektionen entsteht die Faszination von Liebe und Hass; sie sind es, die uns zwingen, über uns selbst nachzudenken. Solange wir leben, nehmen wir Projektionen vor, die eine notwendige Eigenschaft des Lebens darstellen. Zudem sind sie es, die unsere Träume beleben und interessant machen. Ohne die Schattenprojektion würden die Träume des *thrills* entbehren, sie wären derart langweilig, dass Sie sie gar nicht erinnern würden. Der Schatten bringt wie die Liebe das Feuer der Emotion in Ihre Träume!

Goethe vertritt in »Maxime und Reflexionen« die Meinung, dass der Schatten das Solide anzeigt. Nur ein Nichts wirft keinen Schatten, und ohne Schatten gibt es kein bewusstes Leben. Der Schatten gehört zum Menschen, wie es der Volksmund ausdrückt, wenn er sagt, dass man nicht über seinen eigenen Schatten springen kann.

Das romantische Märchen des deutsch-französischen Dichters Adalbert von Chamisso »Peter Schlemihls wundersame Geschichte« (1814) wie auch Henrik Gabens erfolgreicher Film »Der Student von Prag« (1926) zeigen deutlich, dass der Schatten dem Menschen wesenhaft ist; ohne Schatten, das heißt bei Verdrängung des Schattens, fällt man aus der menschlichen Gesellschaft heraus.

Der Schatten hat im Traum fast immer das gleiche Geschlecht wie der Träumer. Das liegt daran, dass man aufgrund der erotischen Spannung Menschen des anderen Geschlechts gegenüber grundsätzlich positiver eingestellt ist als den eigenen Geschlechtsgenossen. Der Schatten ist diejenige Person in unseren Träumen, die wir fürchterlich, oft auch bedrohlich, unausstehlich und ekelhaft finden. Der Schatten ist diejenige Traumperson, der Sie im alltäglichen Leben auf keinen Fall begegnen wollen. Sie fliehen ängstlich vor ihr oder wenden sich voller Ekel ab, fühlen sich von ihr beleidigt, angegriffen, verletzt oder missachtet.

Der Schatten repräsentiert diejenige Seite, die Sie an sich selbst nicht ausstehen können. Er stellt die minderwertige Persönlichkeit dar, die beständig versucht, den Weg des geringsten Widerstandes zu gehen. Im Schatten begegnet Ihnen exakt das, was Sie selbst zu sehen vermeiden und was die Außenwelt nicht sehen soll. Er ist die Leiche im Keller. Deswegen muss der Schatten im Traum oft auch übertrieben, drastisch und grell dargestellt werden, da wir sonst doch wieder versucht wären, nicht hinzusehen. In der wissenschaftlichen Traumdeutung sagt man, dass im Schatten immer die hysterische Übertreibung mitklingt.
Es ist ein Grundgesetz des Traums, dass wir in ihm gerade das treffen und uns anschauen müssen, was wir im alltäglichen Leben vermeiden und wo wir dazu neigen, wegzuschauen. Der Schatten im Traum macht die Sicht auf unser Selbst vollständiger, er ergänzt sie um das, was wir verdrängen. Diese Ergänzung ist ausgesprochen wichtig, da die Verdrängung uns das Bewusstsein für das, was wirklich ist, raubt. Verdrängung verurteilt uns zur Illusion über uns selbst und unsere Umwelt. Deswegen vergessen wir so leicht unsere Träume, da das Nachtbewusstsein den Schatten des Tagesbewusstseins darstellt. Das Nachtbewusstsein ist der Ort der Projektionen, und wenn wir uns diese bewusst gemacht haben, haben wir unseren abgespaltenen Schatten wieder integriert. Dann können wir mit unseren Träumen bewusst leben und unsere äußere und innere Wirklichkeit als das erkennen, was sie wirklich ist. Aber ohne die bewusste Anstrengung der Traumdeutung fällt der Traum in unseren

eigenen Schatten, dorthin, wo das Licht des wachen Bewusstseins nicht hinleuchtet. Selbst C. G. Jung bedauerte, dass er seinen Träumen so wenig gewachsen ist und »dass unsere Träume immer einen Vorsprung vor uns haben«. Wenn Sie einen Traum von sich erinnern, dann schauen Sie zunächst nach einer meist gleichgeschlechtlichen Figur, die Sie angreift oder die Sie in anderer Weise belästigt. Das ist die Konstellation Ihres Schattens im Traum.

Woher sollte der Traum seine Bilder nehmen als aus Ihrem eigenen Inneren? Und gerade das Schlechte und Böse im Traum spiegelt Ihr eigenes Inneres wider.

Beim Umgang mit dem eigenen Schatten im Traum ist es wichtig, keine moralischen Wertungen vorzunehmen. Selbst gestrenge Kirchenväter gingen davon aus, dass man für seine Taten im Traum nicht verantwortlich sei. Erst wenn Sie sich von jeder Moral bei der Traumbetrachtung befreien, können Sie wirklich Ihre eigene dunkle Seite genau betrachten. Vorher verstellt die Moral wie ein Schirm die wahre Sicht auf das eigene Böse, das als Erkanntes dann gar nicht mehr so böse ist.

Der Schatten bedarf deswegen der Auflösung, da er uns beständig gerade die Kraft raubt, die wir benötigen, um im täglichen Leben bewusst zu bleiben. Dass wir so leicht ins Unbewusste absinken beziehungsweise in den Schlaf fallen, wie es einige esoterische Schulen treffend ausdrücken, liegt an der geradezu vampiresken Kraft unserer Projektionen. Sie hindern uns daran, bewusst in der Realität zu leben. Im Grunde ist der Vampir Dracula des irischen Schriftstellers Bram Stoker (1847–1912) ein treffendes Symbol für die Lebenskraft saugende Macht der Projektionen. Der nächtliche Traum möchte uns vor diesem Kraft raubenden, illusionären Leben in der Schattenprojektion bewahren, indem er uns jede Nacht den Spiegel vorhält und uns zeigt, dass wir nicht die Schönsten, Besten und Stärksten im ganzen Land sind. Die Integration des Schattens hat immer auch mit Demut zu tun.

Genau genommen will uns eigentlich der Traum nichts Bestimmtes zeigen. Er hält uns nur den Spiegel vor, und es ist unsere Sache, etwas daraus zu machen. Unsere Träume sind unpersönlich wie ein Spiegel, dessen Bild an sich weder ermutigt noch warnt. Wir sind es, die im günstigen Falle Schlüsse aus dem Spiegel- und Traumbild ziehen. Es liegt in unserer Verantwortung, was wir mit den Traumbildern machen. Die Traumbilder selbst sind von erschreckender Objektivität.
Da jedoch nichts in der Traumwelt nach streng logischer Gesetzmäßigkeit abläuft, gibt es auch seltene Träume, die uns wie ein Freund einen wohlgemeinten Rat geben.

Es ist allerdings auch wichtig zu sehen, dass der Schatten seine positive Wirkung besitzt. Das zeigt sich nicht nur in »Peter Schlemihls wundersame Geschichte«, sondern auch in der bekannten jüdischen Volkserzählung vom heiligen Mann, der darum betet, dass der Schatten aus der Welt entfernt würde. Und da dieser Heilige so demütig betet, entfernt Gott in seiner großen Gnade den Schatten aus der Welt. Von nun an werden alle Genüsse des Lebens, vom Duft der Rose über den Geschmack des Essens bis hin zur Liebe zwischen Mann und Frau derart schal, dass der Heilige Gott schließlich voller Inbrunst bittet, doch der Welt den Schatten zurückzugeben.
Im Schatten liegt die Kreativität und der Genuss des Menschen; wenn wir ihn verleugnen, dann schwindet uns das Bewusstsein für das Wesentliche des Lebens. Allerdings können wir dem verleugneten Schatten niemals entgehen, da er sich uns unweigerlich im Traum aufdrängt – und je mehr er verleugnet wird, umso böser setzt er sich in unseren Träumen in Szene. Das Nachtbewusstsein lässt es nicht zu, dass wir wesentliche Teile unseres Lebens verleugnen.
Im Traum wird der Schatten bisweilen durch den Rücken symbolisiert. Da man seinen Rücken niemals direkt sieht, er-

wartet man das Böse von hinten. Aus diesem Grunde tragen auch einige Naturvölker Rückenamulette.

Der Schatten ist immer diejenige Traumfigur, die Sie spontan und radikal ablehnen.
Die Arbeit an der eigenen Psyche beginnt mit dem Erkennen des eigenen Schattens.
Jede angreifende gleichgeschlechtliche Person im Traum fordert mich auf, mich mit deren »bösen Eigenschaften«, die auch meine sind, zu beschäftigen.
All das, was uns im Traum bedrängt und verfolgt, möchten wir in unserem alltäglichen Leben nicht sehen.
Alles, was uns im Traum verfolgt, sollten wir in uns aufzunehmen versuchen.

Der Vollständigkeit halber sei angemerkt, dass sich der Schatten nach der Jungschen Auffassung immer kompensatorisch zum Tagesbewusstsein verhält, das heißt, er bildet das Gegenbild zu unseren bewussten Zielen. Seine Wirkung kann deswegen sowohl negativ als auch positiv sein. Bewusst böse Menschen besitzen wie Mephisto im »Faust« – der stets das Böse will und stets das Gute schafft – einen positiven Schatten. Man könnte sagen, dass Mephisto seine »Schatteneigenschaften« lebt und deswegen der Schatten in seinen Träumen nicht nur charmant und liebenswürdig, sondern auch gut ist. Das ist typisch für nach innen gerichtete Menschen, die ihre negative Seite mehr oder weniger bewusst ausleben.

Wie es der zweite Merksatz ausdrückt, beginnt die Arbeit an sich selbst mit der Selbsterkenntnis, das heißt mit der Sicht der eigenen dunklen Seite. Diese eigene dunkle Seite wird uns in vielen Träumen gezeigt. Achten Sie daher auf:

- Verfolger,
- Aggressoren,
- Menschen, vor denen Sie Angst haben,
- Menschen, vor denen Sie sich ekeln, und
- Personen, die Sie einfach nicht leiden können.

In all diesen Traumpersonen können Sie Ihren Schatten entdecken.
Manchmal kann sich der Schatten auch in einem Gegenstand verstecken. Es ist dann das tödliche Haus oder Schloss, das wir zum Beispiel aus der Artus-Epik kennen, oder die gefährliche Brücke, unter der die Ungeheuer des Abgrundes lauern (weswegen auch Johannes von Nepomuk die Brücken im katholischen Bereich schützt) oder der verzauberte Wald, wie ihn das deutsche Märchen, Shakespeare und Tolkien kennen. Allerdings liegt beim Symbol des verzauberten oder gefährlichen Waldes auch ein genauso wichtiger Verweis auf das Nachtbewusstsein als »Seelen-Dschungel« vor, aus dem der Schatten stammt.
Der Wald symbolisiert schon seit Dantes »Göttliche Komödie« das Nachtbewusstsein. Gleich zu Beginn dieses Versepos verirrt sich Dante im Wald und findet dabei den Abstieg in das Nachtbewusstsein. Im gesamten Mittelalter wurde dieses Bild des verirrten Wanderers im Wald, der dort den Abstieg in die Unterwelt findet, wieder und wieder aufgenommen.

Die Anima

Definition Anima:

Die Anima stellt eine Personifikation des Weiblichen im Unbewussten von Mann und Frau dar. Sie ist als gegengeschlechtliches Seelenbild das innere Bild des Mannes, aber auch das der Frau von ihrer Weiblichkeit.

Die Anima ist
- die weibliche Figur im Traum,
- diejenige Figur, auf die wir das »ewig Weibliche« projizieren,
- der Archetyp
  der fruchtbaren und der furchtbaren **Mutter,**
  der **Hure,**
  der **Madonna** (die Heilige, Maria etc.) und
  der **Jungfrau** (die unabhängige und kluge Frau wie zum Beispiel Artemis/Diana),
- in jeder Frau im Traum anwesend.

Jede Frau, die im Traum auftritt, kann unter anderem als Anima angesehen werden.
Anima bedeutet »die Seele«. Die Seele stelle ich mir als dasjenige Organ im Menschen vor, das nach Vollständigkeit strebt und sich deswegen immer zu dem anderen in Beziehung setzt. Die männliche Seele strebt dem Weiblichen zu, wie sich das Weibliche vom Männlichen angezogen fühlt. Die Seele knüpft Kontakte; sie ist es, die im Traum zu uns spricht. So sahen es zumindest die Väter der modernen Traumdeutung wie Freud und Jung.
Wenn es in der Bibel heißt, der Traum sei von Gott gesendet, so sagt dies im Grunde ebenfalls, dass sich im Traum unser höchstes Bewusstsein – nämlich Gott – zu Wort meldet. Bekanntlich spricht Gott nach christlicher Auffassung durch die Seele. Spätestens im 19. Jahrhundert wurde diese Auffassung säkularisiert, indem man sagte, dass die Seele als das irrationale Weibliche den Mann inspiriert. Die Anima weiß viele Dinge, die dem Träumer nicht bewusst sind.

Zur Zeit der Hexenverfolgung nahm allerdings die katholische Kirche an, dass der Teufel im Traum spricht. Man wurde zu dieser im Gegensatz zur Bibel stehenden Annahme verleitet, da viele sogenannte Hexen sich mit der Deutung der Träume befassten.
Es muss allerdings auch gesehen werden, dass die heiligen Frauen der katholischen Kirche wie zum Beispiel Maria, Mutter Julian von Norwich, die heilige Elisabeth und Hildegard von Bingen positive Animafiguren darstellen, die uns den Weg zu unserer Seele weisen. Die negative Anima dagegen wird im Bild der ewigen Ketzerin gesehen.

Wenn Jung den weiblichen Archetypen des Menschen mit dem Begriff Anima bezeichnet, dann drückt er hiermit aus, dass mit diesem Archetypen die Kommunikation, das Knüpfen von Verbindungen (das archetypische Weben und Spinnen der Frauen) und das mütterlich soziale Feld gemeint ist. Allerdings symbolisiert die Anima auch die unterentwickelte Gefühlsfunktion im Mann.
Aber auch die Klugheit ist archetypisch gesehen eine Animagestalt: Sie tritt uns bei den Griechen in Sophia, bei den Römern in Athene entgegen, und selbst in der christlichen Tradition lebt eine Erinnerung an den Weisheitsaspekt der Anima in der weißen Taube als Symbol des Heiligen Geistes fort.

Der weibliche Archetyp ist jedoch keineswegs nur die gute Frau, sondern auch deren Schatten – die Stiefmutter aus dem Grimmschen Märchen. Das ist die furchtbare Mutter, die ihre Kinder verschlingt oder auf eine andere nicht weniger drastische wie symbolische Weise tötet.
Mit der negativen Mutter treffen wir im Traum auf diejenige weibliche Seite, die wir verabscheuen und vor der wir uns fürchten. Aus diesem Bereich kennen wir besonders gut die

weibliche Falschheit, List und Tücke – wobei hier natürlich viele männliche Ängste vor dem Weiblichen eine Rolle spielen. Eine der bekanntesten Verkörperungen dieser negativen Anima ist Lilith – die typische Projektionsfläche nicht nur des jüdischen Mannes.
Lilith wird als weiblicher Dämon schon im Alten Testament erwähnt. Im jüdischen Volksglauben stellte man sich diesen ursprünglich babylonischen Dämon (Lilitu) als blutsaugendes Nachtgespenst vor, das wie ein Vampir teuflischen Ursprungs ist. Alle negativen weiblichen Traumfiguren kann man letztlich auf Lilith, die bei den Griechen zu Hekate wurde, zurückführen.

Eine sehr typische positive Anima-Verkörperung finden wir in dem Traum des Sokrates, den er kurz vor seinem Tode im Gefängnis hatte:
Ihm erschien eine schöne, wohlgestaltete Frau in einem weißen Gewande; sie trat auf das Traum-Ich zu und rief ihm zu: »Wahrlich am dritten Tag gelangst du zur fruchtbaren Phthia!«
Dass Sokrates zur fruchtbaren Phthia kommt, bedeutet, dass er in die Welt der Toten gelangt. Uns interessiert in diesem Traum jedoch die weiße, schöne, wohlgestaltete Frau, die ein archetypisches Bild der Anima darstellt. Edle weiße Frauengestalten, die im Männertraum auftreten, sind immer Verkörperungen der Anima und häufig, wie in diesem Traum, die Seelenführerin des Mannes. Die weiße Frau ist hier auch die Todesbotin, ein unirdisches, reines Wesen. Solche unirdischen Frauen treten meist dann im Männertraum auf, wenn im alltäglichen Leben das Weibliche zu wenig beachtet und gelebt wird.
Die Projektion der Anima im Traum schwankt also zwischen der fruchtbaren und der furchtbaren Mutter – je nachdem, wie viel Angst der Träumer vor dem Weiblichen hat.

Jede weibliche Person im Traum fordert den Träumer auf, sich mit seiner eigenen Weiblichkeit (als Mann oder als Frau) auseinanderzusetzen.
Die Anima tritt im Traum häufiger positiv als negativ auf – im Gegensatz zum Märchen werden Mutterfiguren im Traum häufig positiv erlebt.
Im Traum treffen wir auf das Weibliche, das wir in unserem Alltagsleben nicht leben.
Das Weibliche, auf das wir im Traum treffen, möchte in uns aufgenommen werden.
Es ist zur Selbsterkenntnis unbedingt nötig, dass man seine weibliche (wie auch seine männliche) Seite betrachtet.

Achten Sie also in Ihren Träumen auf weibliche Personen:

Wie verhalten sie sich?
Welche Eigenschaften zeigen sie?
Welche Gefühle rufen sie bei Ihnen hervor?

Alles dies gibt Ihnen Auskunft über Ihre eigene weibliche Seite.
Fragen Sie sich, warum Sie gerade diese Art von Frau im Traum treffen.
Zeigen Sie ähnliche Eigenschaften wie Ihre Traumfrau?

Oft ist es interessant zu betrachten, welche Traumfrau man sich gewünscht hätte und auf welche Traumfrau man dagegen im Traum getroffen ist.

Definition Animus:

Der Animus stellt die Personifikation des Männlichen im Unbewussten von Frau und Mann dar. In ihm zeigt sich das innere Bild des Männlichen in Frau und Mann.
Der Animus wird häufig im Traum auf männliche Autoritäten projiziert.

Der Animus ist
- die männliche Figur im Traum,
- eine Figur, auf die wir alle männlichen Eigenschaften projizieren,
- der Archetyp
  des guten und des schlechten Vaters
  des **Königs** (des Herrschers),
  des **Weisen** (des Einsiedlers),
  des **Kriegers,**
  des **Zauberers** (des Magiers)
  und des **Liebhabers,**
- in jedem Mann im Traum anwesend.

Der männliche Archetyp im Traum tritt entweder in seiner positiven Form als sogenannter »edler Mann« (der Held) auf oder in seiner negativen Form als der Teufel beziehungsweise der böse Angreifer (der Schatten des Animus). Zum Schatten des Animus gehört auch der Schwächling, der sogenannte »Softie« oder das Muttersöhnchen, das seine eigene Männlichkeit ablehnt.

Wie die Anima besitzt auch der Animus eine lichte Seite und eine Schattenseite. Die positive archetypische Männergestalt im Traum hat die Tendenz (besonders im Frauentraum) zu faszinieren, die negative Männergestalt im Traum macht Männern und Frauen gleichermaßen Angst, verletzt sie und schüchtert sie ein.

An dieser Stelle möchte ich einige Anmerkungen zur Geschichte und Theorie der Traumdeutung machen.
Carl Gustav Jung, von dem die Begriffe Anima und Animus stammen, beschäftigte sich ausgiebig und differenziert nur mit dem Begriff der Anima. Den Begriff des Animus prägte C. G. Jung (im Gegensatz zu seiner Frau Emma Jung) zur Bezeichnung der männlichen Seite in der Frau, die Jung weitgehend als negativ beschrieb. Der Animus im Frauentraum zeigt sich nach C. G. Jung durchweg als rechthaberisch, autoritär und gefährlich.

Bei Jung fällt Folgendes auf:

1. Der Begriff des Animus wird nur benutzt, um die männliche Seite in der Frau zu kennzeichnen; der Begriff der Anima bezeichnet nur die weibliche Seite im Mann.
2. Die Begriffe Animus und Anima sind bei Jung sehr verschieden gewichtet, hierbei wird durchweg die Anima positiver bewertet als der Animus. C. G. Jung scheint beim Animus hauptsächlich dessen Schatten, bei der Anima deren positive Seite zu sehen.
   Ich gehe davon aus, dass die Begriffe von Animus und Anima von C. G. Jung zu eng gewählt worden sind. Für unsere heutige Zeit sollte der Animus das Männliche in Mann und Frau kennzeichnen und die Anima das Weibliche ebenfalls in beiden Geschlechtern beschreiben.
   Jeder Mann im Traum zeigt unter anderem die männliche Seite des Träumers beziehungsweise der Träumerin, jede Frau im Traum zeigt unter anderem deren weibliche Seite.

Der Traum spiegelt uns wider, sowohl in unserer männlichen als auch in unserer weiblichen Seite.
Zusammenfassend lässt sich zu Animus und Anima Folgendes sagen:
Die Anima stellt die weibliche Komponente der Psyche des Mannes dar, die seine Beziehungsfunktion zum anderen Geschlecht wie auch zu seinem Nachtbewusstsein symbolisiert. Die Anima wird meist als die unbekannte Frau oder das verführerische Traummädchen personifiziert. Die Anima tritt immer nur im Singular auf.
Der Animus stellt die männliche Komponente der Psyche der Frau dar, die ihre Beziehungsfunktion zum anderen Geschlecht wie auch zu ihrem Denken symbolisiert. Der Animus wird entweder durch einen klugen, starken oder weisen Mann symbolisiert oder er tritt im Plural, das Väterkollektiv symbolisierend, auf.

Jede männliche Person im Traum fordert den Träumer auf, sich mit seiner eigenen Männlichkeit (als Mann oder Frau) auseinanderzusetzen.
Der Animus tritt im Traum in seiner positiven (faszinierenden) Gestalt als Beschützer auf, oder wir treffen den Schatten des Animus als aggressiven, autoritären und rechthaberischen Mann.
Im Traum treffen wir auf das Männliche, das wir normalerweise in unserem Alltagsleben nicht leben.
Es ist zur Selbsterkenntnis unbedingt notwendig, dass man seine männliche Seite (und auch seine weibliche Seite) betrachtet.

Handbücher der Traumsymbole

Wenn Sie Ihre nächtlichen Träume betrachten, haben Sie sicherlich die Erfahrung gemacht, dass Ihnen zu einigen Bildern überhaupt nichts einfällt. Sie haben einfach keine Idee, was beispielsweise das blaue Auto in Ihrem Traum bedeuten soll.
Das ist die Situation, in der man normalerweise zu einen Handbuch oder Lexikon der Traumsymbole greift, um unter den entsprechenden Begriffen nachzuschlagen. In unserem Beispiel lesen wir bei Auto und Blau nach.

Dies ist aber nur eine, wenn auch die bequemste Möglichkeit, sich zu Ideen, wie man bestimmte Symbole in seinen Träumen deuten kann, anregen zu lassen. Ein anderer Weg besteht darin, ein persönliches Symbolbuch (meist neben seinem Traumtagebuch) zu führen.

Das persönliche Traumsymbolbuch

Ein individuelles Symbollexikon schreibt man sich selbst. Man nimmt dazu am besten ein dickes Schreibheft mit Register (wie zum Beispiel ein Adressbuch), in das man alle wichtigen Symbole seiner Träume alphabetisch einträgt.
Sie tragen in solch ein Symbolbuch nicht nur das betreffende Symbol ein, sondern dazu noch das Datum und den Namen des Traums, in welchem dieses Symbol eine Rolle spielte. Sie sollten also ein Traumtagebuch führen, wenn Sie ein Symbolbuch sinnvoll nutzen wollen.
Zeichnen Sie gerne, so können Sie auch Skizzen unter den entsprechenden Stichwörtern hinzufügen.

Ein Beispiel

Ich träumte am 19. August von einem blauen Auto, das in einer automatischen Waschanlage mit viel Schaum abgewaschen wurde.

Das blaue Auto symbolisiert in diesem Traum das tiefe Bedürfnis nach Beweglichkeit in einer erstarrten Situation. Ich fühle mich gestresst und durch meine Arbeit gebunden.
Blau als Farbe der Seele zeigt an, dass es sich hier um ein zutiefst seelisches Bedürfnis handelt. Das Auto weist auf die Mobilität hin, und zwar auf eine Mobilität, die aus dem Träumer selbst kommen muss, denn Auto (von griechisch *autos* = selbst) verweist auf Selbständigkeit.
Die Mobilität wird nun mit der Reinigung verbunden. »Durch die Reinigung erhalte ich eine glänzende Mobilität«, schrieb ich in mein Traumtagebuch; dies kann heißen, wenn ich mich reinige, bin ich auch wieder beweglich. Mich reinigen bedeutet in diesem Fall, dass ich unbewusste Verhaltensweisen, wie zum Beispiel das Rauchen, aufgebe, gesund zu leben beginne und mich nicht völlig dem Alltagsstress hingebe (worauf übrigens auch das Auto verweist).
Aber besonders ist hier der Kampf mit dem Rauchen angesprochen, wobei mich der weiße Rauch an den weißen Schaum erinnert. Außerdem hoffe ich, wenn ich zu rauchen aufhöre, schöner und attraktiver zu werden, das heißt neugeboren zu sein. Diese Assoziation entsteht durch den Schaum, aus dem Venus, das Symbol der Schönheit, geboren wurde (deswegen besitzt Venus den Beinamen »Die Schaumgeborene«).

Nach dieser Traumbetrachtung trage ich die Symbole zum Beispiel wie folgt in mein Symbolbuch ein:

A

Auto [groß] Die Waschanlage 19. 8.
meine Beweglichkeit, Mobilität und Selbständigkeit

B

Blau Die Waschanlage 19. 8.
zeigt tiefes seelisches Bedürfnis an

S

Schaum Die Waschanlage 19. 8.
Reinigung, Neuanfang (Venus, die als Symbol der Schönheit aus dem Schaum geboren wird)

W

Waschanlage Die Waschanlage 19. 8.
Reinigung (hängt eng mit Schaum zusammen)

Sie können an diesem kleinen Beispiel sehen, wie langsam, aber stetig Traum für Traum ein individuelles Symbollexikon entsteht.
Solch ein selbstgeschriebenes Symbolbuch hat folgende Vorteile:

1. Sie finden bei jedem Symbol das genau für Sie zutreffende Bedeutungsspektrum.
2. Sie können leicht Änderungen in Ihrer Psyche durch Änderungen in der Symbolik Ihrer Träume feststellen (zum Beispiel spielten bis zum Sommer Autos eine große Rolle in meinen Träumen [das Thema war Selbständigkeit und Beweglichkeit], danach das Wasser in Form von Seen, Bächen und Flüssen, seltener das Meer [in dieser Phase geht es zwar auch noch um Beweglichkeit, aber jetzt wird mehr das Fließenlassen und das Gefühl angesprochen. Das Wasser vertritt den weiblichen Aspekt der Bewegung

und das Auto den männlichen]). Dabei können Sie klar die inneren Zusammenhänge Ihrer Träume erkennen und überblicken.

3. Durch den Verweis auf Ihr Traumtagebuch haben Sie nach einiger Zeit eine umfangreiche Beispielsammlung Ihrer häufigsten Traumsymbole vorliegen und dies in einer Ausführlichkeit, die kein allgemeines Traumlexikon bieten kann.

Das allgemeine Lexikon der Traumsymbole

Um jedoch auf die persönlichen Bedeutungen von Symbolen zu kommen, gegen die man eine Abwehr hat, hilft ein persönliches Traumsymbol-Lexikon wenig.

Es kommt häufig vor, dass der Traum mit seinen Symbolen den Träumer auf etwas aufmerksam machen möchte, das dieser nicht sehen will. Der Träumer hat Angst vor einer bestimmten Einsicht, da sie ihn zu Änderungen seines Lebens führen müsste. Unser cleveres Tagesbewusstsein reagiert auf eine solche Situation mit Blindheit als Abwehr.

Um dennoch auf diese wichtige Trauminformation zu kommen, hilft uns ein allgemeines Traumsymbol-Lexikon. Dabei ist darauf zu achten, dass solch ein Traumsymbol-Buch nicht vereinfachend geführt wird, indem es wie in einer mathematischen Gleichung jedem Symbol eine eindeutige Bedeutung zuordnet. Das ist männliche Logik, der Traum jedoch folgt dem weiblichen Erfassen der Welt. Ein solches normatives, auf die linke Gehirnhälfte ausgerichtetes Traumsymbol-Lexikon ist von geringem Nutzen, da wir ja unseren Bedeutungshorizont der Traumsymbole erweitern und nicht noch mehr einengen wollen. Er ist durch unsere Projektionen und Abwehrmechanismen schon sehr eingeengt.

Was wir also benötigen, ist ein allgemeines Handbuch der

Traumsymbole, das uns mit jeder Eintragung verschiedene Bedeutungsmöglichkeiten und -ebenen angibt und weiterführende Querverweise aufweist. So können wir uns mit einem derartigen Symbolbuch auf die Reise in die Bedeutungen unserer Träume begeben. Hier finden wir mit einiger Wahrscheinlichkeit die Bedeutungen der Symbole, die wir nicht sehen wollen oder – wie Freud es sagen würde – verdrängt haben.

Ich empfehle Ihnen als eine kleine Übung, sich Ihrem letzten Traum noch einmal zu widmen und dann in einem Handbuch oder Lexikon der Traumsymbole sich bewusst mit denjenigen Symbolbedeutungen zu befassen, die Sie normalerweise spontan als für Sie nicht zutreffend ablehnen würden.

Bei dieser Übung – die man regelmäßig durchführen kann, ohne dass sie sich »abnutzt« – werden Sie bei einigen Träumen auf ungeahnte Bedeutungen kommen. Hat man solch eine Bedeutung mit Hilfe eines Traumsymbol-Buchs gefunden, ist man verblüfft, dass man nicht früher selbst auf diese Bedeutung gestoßen ist.

Wie wird ein allgemeines Traumsymbol-Lexikon sinnvoll angewendet?

Zunächst versucht man seinen Traum ohne jegliche Hilfsmittel selbst so weit wie möglich zu verstehen. Gibt es Unklarheiten oder hat man das Gefühl, dass es noch weitere, eventuell tiefere Ebenen gibt, schlägt man in einem Handbuch der Traumsymbole die entsprechenden Symbole nach. Bei jeder der aufgeführten Symbolbedeutungen oder Bedeutungsfelder sollten Sie Ihre Phantasie spielen lassen und offen für neue Deutungen und Interpretationen sein. Fragen Sie sich bei jedem Einfall, ob diese Bedeutung konkret auf Ihr Leben zu beziehen ist.

Im Grunde sollte man ein allgemeines Traumsymbol-Buch als Inspiration für verborgene, fern liegende und verdrängte Bedeutungen benutzen. So verwendet können Handbücher der Traumsymbole ein wichtiges Hilfsmittel für das persönliche Traumverständnis darstellen.
Wichtig ist hierbei jedoch, sich nicht wörtlich an die dort aufgeführten Bedeutungen zu halten, sondern seine Phantasie durch diese Stichworte anregen zu lassen.
Der Traum ist ein Produkt der Phantasie, und nur auf phantasievolle Weise ist er sinnvoll deutbar.

Ein Beispiel

Eine Frau träumt von einem Segelboot, das in rauher See von ihrem Freund vor der Küste gesegelt wird.

Spontanes Verständnis der Träumerin:
Ich wünsche mir einen männlichen Freund, der auch mit »wilden« Gefühlen umgehen kann.
Dabei symbolisiert die See den Gefühlsbereich (wie es beim Wasser häufig der Fall ist). Das Segeln weist auf die Kompetenz im Umgang mit dem Gefühl hin. Der Freund kann sich im Reich des Gefühls bewegen. Das bedeutet ferner, auch die Träumerin selbst möchte sich im Reich der Gefühle sicher bewegen können.
Das ist ihr Animus, den sie auf ihren Freund projiziert und der sich in ihrem Traum zu Wort meldet. Sie beobachtet nur passiv und träumt vom aktiv handelnden Animus. Das Ziel ihrer Sehnsucht ist jedoch, dass sie mit ihrer männlichen Seite kompetent die Gefühlsbewegungen des Lebens (der Seegang) meistern kann. Dabei ist die treibende Kraft der Intellekt, der durch den Wind, der das Segelboot bewegt, symbolisiert wird (Luft symbolisiert meistens die intellektuelle Kraft unseres Tagesbewusstseins).

So weit die Deutung, die sich die Träumerin während eines Traumworkshops selbst erarbeitete. Später schaute sie in einem Handbuch der Traumsymbole unter Segelboot nach. Dort fand sie zunächst eine Bestätigung ihrer Deutung, dass nämlich das Boot vom Geistigen (dem Wind) über das Wasser (Gefühl) getrieben wird. Als sie allerdings weiter den Querverweisen zur Eintragung Schiff folgte, fand sie Anregungen, an die sie nie zuvor gedacht hatte:
Der erste Eintrag lautet: »Man sollte seinen Lebensweg überdenken ...« Dies brachte sie zu der plötzlichen Einsicht, dass sie diesen Freund eigentlich gar nicht wolle, da er so distanziert sei und sie sich schon immer erfolglos solchen Männern anzupassen versucht habe.
Als sie dann im Weiteren las, dass das Traumsymbol Schiff auf die Weiblichkeit verweist, fiel ihr spontan ein, dass sie sich von Männern wie von den hohen Wellen emotional hin- und hergestoßen fühle und dass ihr Freund als Kapitän sie ziemlich beherrsche. Mit freudigem Erstaunen stieß die Träumerin darauf, dass in Koran und Bibel das Schiff ebenfalls die Rettung symbolisiert. Dies bestärkte sie in ihrem Gefühl, ihre ewigen Wiederholungen in Beziehungen zu verstehen und ihnen nicht mehr so ausgeliefert zu sein.

Dieses Beispiel zeigt deutlich, wie die Eintragungen in einem Handbuch der Traumsymbole neue Aspekte und Ebenen in einem Traum zu erkennen helfen.
Aber auch zum Lesen kann man ein solches Traumsymbol-Lexikon benutzen. Es ist oft ein spannendes Abenteuer, wenn Sie in einem Traumsymbol-Lexikon herumblättern und hier und dort genauer lesen. Das verbessert nicht nur Ihre Traumerinnerung, sondern lässt Sie Ihre Träume schneller und umfassender verstehen.
Und um es noch einmal zu verdeutlichen: Ein allgemeines Traumsymbol-Lexikon kann bei sinnvollem Gebrauch sehr

bedeutsam für die persönliche und therapeutische Traumarbeit werden. Wichtig ist nur, dass Sie zu den dort aufgeführten Eintragungen eigene Vorstellungen assoziieren und sie nicht wörtlich nehmen.

In der Traumarbeit nimmt man grundsätzlich erst einmal nichts wörtlich, sondern versucht alles symbolisch zu verstehen. Das ist der andere Blick auf die Welt, den uns das Träumen lehrt und den die Traumarbeit weitgehend einnimmt.

Schlüsselfragen zu den verschiedenen Traumsymbolen

Diese Fragen sollen Ihnen helfen, bei einer bestimmten Art der Traumsymbolik ohne Umwege ihren persönlichen Bezug und ihre individuelle Bedeutung herauszufinden. Nicht jede dieser Fragen trifft für Sie zu. Es hilft jedoch, sich diese Fragen bei der entsprechenden Symbolik zu stellen, auch wenn sie auf den ersten Blick leicht zu beantworten sind.

Personen:

Mir bekannte Personen:

- Verwandte und Freunde
  Welche Eigenschaften von mir stellen sich in diesen Personen dar?
  Welche meiner Projektionen werden von diesem Traum inszeniert?
  Was bedeuten diese Menschen für mich?
  Wie sehe ich diese Menschen?
  Wie sieht meine Beziehung im Traum und wie im Alltagsleben zu diesen Menschen aus?

- Bekannte Persönlichkeiten
  Was charakterisiert diese Persönlichkeit, das auch auf mich zutrifft?

Mir unbekannte Personen:
  Welche Eigenschaften von mir stellen sich in diesem Traum dar?
  Was charakterisiert diese Traumperson?
  Was habe ich mit dieser Traumperson gemeinsam?

Tiere:

- Haustiere
  Wie gehe ich mit meinen Trieben um?
  Kann ich meine Triebe ausleben?
  Kann ich anderen Menschen dienen?
  Bin ich nützlich?
  Welche Funktion hat dieses Tier? (Nutztier, Kuscheltier, Wachhund usw.)

- Wilde Tiere
  Was bedeutet die Wildheit in meinem Leben?
  Drücke ich genügend Wildheit aus, oder sollte ich mehr wagen?
  Handelt es sich um ein Raubtier?
  Was sind die Eigenschaften dieses Tieres? (Eventuell in Brehms Tierleben nachschauen)

- Tiere im Zoo
  Unterdrücke ich meine Natürlichkeit?
  Fühle ich mich fehl am Platz?
  Fühle ich mich eingesperrt und eingeengt?
  Wo ist dieses Tier beheimatet?

Pflanzen:

- Blumen
  Was symbolisiert diese Blume?
  Welche Farbe hat diese Blume?
  Was sagt diese Traumblume über mein persönliches Wachstum aus?
  Was sagt diese Traumblume über mein Lebensgefühl aus?

- Bäume
  Was symbolisiert dieser Baum für mich?
  Ist sein Holz hart oder weich?
  In welcher Jahreszeit sehe ich diesen Baum?
  Wie sieht es mit meiner Erdung aus?

Weitere häufige Traumsymbole

Landschaften:
Woran erinnert mich diese Landschaft?
Wann bin ich schon einmal dort gewesen?
Wie habe ich mich dort gefühlt?
Was drückt diese Landschaft für mich aus?

Gebäude:
Kenne ich dieses Gebäude?
Bin ich schon in diesem Gebäude gewesen oder habe ich es von außen gesehen?
Wie fühlte ich mich damals?
Was symbolisiert dieses Gebäude für mich?
Wie ist der Zustand dieses Gebäudes?
Kann ich dieses Gebäude als ein Symbol für mich erkennen?

Straßen und Wege:
Wie sieht die Straße beziehungsweise der Weg aus?
In welchem Zustand ist er?
Wie verläuft er?
Wo fängt er an?
Wo führt er hin?
Könnte die Straße beziehungsweise der Weg ein Symbol für meinen Lebensweg darstellen?

Fahrzeuge:
Handelt es sich um ein privates Fahrzeug oder um ein öffentliches Verkehrsmittel?
Bin ich der Fahrer, und bestimme ich den Weg?
Fahre ich aus eigenem Antrieb (Fahrrad) oder mit einem Motor?
Fahre ich schnell oder langsam?
Wie sieht es mit meiner Beweglichkeit aus?

Energiesymbole:
Die vier Elemente

- Feuer
  Gelingt es mir, meine Leidenschaft auszudrücken?
  Wie erlebe ich meinen Willen?
  Habe ich das Gefühl, unrein zu sein?

- Wasser
  Lebe ich im Kontakt mit meinen Gefühlen?
  Versinke ich in meinen Gefühlen?
  Kann ich meine Gefühle beherrschen?
  Lasse ich mich von meinen Gefühlen tragen?

- Erde
  Bin ich geerdet?
  Komme ich mit meinem Alltagsleben zurecht?

- Luft
  Kann ich meine Intellektualität ausdrücken?
  Fühle ich mich geistig ausgelastet?
  Wie sieht es mit meiner Leichtigkeit aus?

Weitere bekannte Energiesymbole

- Geld
  Wofür muss ich wie viel bezahlen?
  Wie läuft der Energiestrom des Geldes in diesem Traum?
  Was bekomme ich?
  Was gebe ich?

- Sexualität
  Was möchte von mir integriert werden?
  Womit möchte ich mich verbinden?
  Was fehlt mir zu meiner Ganzheit?

Tod:
Was muss in mir absterben?
Was stirbt in mir ab?
Welche meiner Eigenschaften muss ich aufgeben?

Krieg:
Wie gehe ich mit Aggressionen um?
Was macht mich gerade wütend?
Wen möchte ich umbringen?

Zahlen:
Was symbolisiert diese Zahl?
(gerade Zahlen sind weibliche Zahlen, ungerade Zahlen sind männliche Zahlen, Primzahlen stehen für Individualität)
Was symbolisiert die Quersumme dieser Zahl?
Was geschah vor so vielen Jahren in meinem Leben?

Farben:
Primärfarben (Grundfarben)

- Rot
  Wie stehe ich zu meinem Körper?
  Kann ich meine Aggressivität ausdrücken?

- Blau
  Lebe ich zu oberflächlich?
  Habe ich Kontakt zu meiner Seele?
  Wonach sehne ich mich gerade?

- Gelb
  Kann ich mich an meiner Intellektualität erfreuen?
  Gehe ich bewusst durch mein Leben?

Sekundärfarben (Mischfarben)

- Grün
  Bin ich ausgeglichen?
  Sollte ich natürlicher leben?

- Orange
  Sehne ich mich nach Wärme?
  Kann ich mütterlich beziehungsweise väterlich sein?

– Violett
Bin ich eitel?
Versuche ich geistige Werte zu leben?
Wie gehe ich mit meinem Schatten um?

Die unterschiedlichen Arten der Träume

Dieses Kapitel über die unterschiedlichen Traumtypen soll besonders folgende drei Fragen beantworten:

1. Woran erkenne ich einen bestimmten Traumtyp?

2. Worin unterscheiden sich Traumtypen?

3. Wie gehe ich mit den verschiedenen Traumtypen um?

Es gibt, wie Sie sicherlich schon bemerkt haben, ganz unterschiedliche Arten von Träumen. Jeder dieser verschiedenen Traumarten möchte Ihre Aufmerksamkeit in eine ganz bestimmte Richtung lenken, und er verlangt eine spezielle Einstellung von Ihnen.
Eine Idee von diesen unterschiedlichen Traumtypen haben wir im vorigen Kapitel bekommen, als wir die archetypischen und die persönlichen Symbole einander gegenüberstellten.
Wird ein Traum von archetypischen Symbolen geprägt, dann betrachtet man zunächst die persönliche Seite dieses Traums, bevor man sich der Deutung der überpersönlichen Seite annimmt. Einen gewöhnlichen nächtlichen Traum dagegen bezieht man nur persönlich auf sich selbst. Die überpersönliche Sichtweise würde hier nur von der notwendigen eigenen Betroffenheit wegführen.

Der Tagtraum und der nächtliche Traum

Der Tagtraum ist, wie sein Name sagt, ein Traum, den man am Tag hat. Dabei müsste man im Grunde zwei Arten von Tagträumen unterscheiden:

1. derjenige Tagtraum, den man träumt, wenn man am Tag schläft wie zum Beispiel beim Mittagsschlaf,
2. derjenige Tagtraum, bei dem sich die Phantasie des Träumers verselbständigt, ohne dass der Träumer dabei tatsächlich schläft. Er ist abwesend und phantasiert mehr oder weniger bewusst.

Die erste Art des Tagtraums kommt dem nächtlichen Traum sehr nahe und ist wie ein entsprechender nächtlicher Traum zu deuten.
Vergleicht man nächtliche Träume mit Träumen, die man zum Beispiel während seines Mittagsschlafs hat, dann fällt die häufig größere Dramatik der Tagträume auf. Es scheint, dass die Tagträume eine Tendenz zu mehr Lebendigkeit und Bewegtheit aufweisen. Meist geschieht in den Tagträumen auch viel mehr als in den gewöhnlichen nächtlichen Träumen. Dabei ist wissenschaftlich noch nicht geklärt, ob es daran liegt, dass der Tagtraum an sich eine andere Struktur als der nächtliche Traum zeigt, oder daran, dass Tagträume besser und vollständiger erinnert werden.
In jedem Fall ist bei der ersten Art des Tagtraums das Tagesbewusstsein weniger ausgeschaltet als im nächtlichen Traum. Häufig pendelt hier der Träumer irgendwo zwischen Traum- und Tagesbewusstsein hin und her, wodurch sich Tagesreste, Wünsche und Phantasien oft sehr dynamisch mischen.
Da das Bewusstsein bei dieser Art Traum nicht völlig ausge-

schaltet ist, wird dieser besser, das heißt leichter, länger und detaillierter behalten.

Tagträume der ersten Kategorie eignen sich gut für die therapeutische Aufarbeitung, weil sie relativ vollständig und detailliert erinnert werden, wohingegen wir von den nächtlichen Träumen oft nur Ausschnitte und einzelne Bilderfolgen behalten.

Auch wenn man selbst mit einem solchen Traum arbeitet, kommt man häufig schneller auf dessen persönliche Bedeutung, da das Bewusstsein wahrscheinlich schon während des Traums den Ansatz einer Deutung versucht. Durch die spezielle Mischung von Tages- und Nachtbewusstsein mischen sich hier Deutung und Traumbild im Traum. Das äußert sich unter anderem dadurch, dass man nach einem traumreichen Schlaf am Tag »wie gerädert« ist. Das Bewusstsein ist während des meist auch sehr viel flacheren Schlafs bei der Produktion und der Verarbeitung der Traumbilder stark beteiligt und hat sich deswegen nicht wie im nächtlichen Schlaf erholen können. Ein Mittagsschlaf hat aus diesen Gründen nicht einen derartigen Erholungswert wie der nächtliche Schlaf gleicher Länge.

Ich würde folgenden Umgang mit den Tagträumen der ersten Kategorie empfehlen:

1. Nehmen Sie Tagträume genauso ernst wie nächtliche Träume.
2. Tagträume können in gleicher Weise wie nächtliche Träume interpretiert werden.
3. Tagträume sind oft dynamischer gestaltet als nächtliche Träume. Diese auffallende Dynamik ist ein Charakteristikum dieses Traumtyps und nicht ein Hinweis auf die individuelle Psyche des Träumers. (Es wäre falsch, diese Dynamik als einen Hinweis auf eine besondere psychische

Spannung des Träumers zu sehen, wie man es bei der Deutung eines nächtlichen Traums täte.)
4. Tagträume können häufig in ihrer Essenz schnell verstanden werden, wenn man sich ganz deutlich auf sein Gefühl und seine Gefühlsschwankungen nach dem Aufwachen konzentriert. Diese Gefühle nach dem Aufwachen, die sich im Durchschnitt deutlicher und bewegender als nach einem nächtlichen Traum (mit Ausnahme des Alptraums) zeigen, sind eine Art klare emotionale Erinnerung an den Traum und können den Träumer deswegen direkt in das Zentrum der Bedeutung seines Tagtraums führen.

Den Tagtraum zweiter Art kennen wir alle: Jene Situation, in der wir Auto fahren, spazieren gehen oder Musik hören und dann in das Reich unserer Phantasie hineingleiten und uns oft Situationen ausmalen, die uns erfolgreicher, mächtiger, stärker und schöner erscheinen lassen, als wir uns im Augenblick fühlen. In selteneren Fällen können wir auch derart tief in Phantasien über bestimmte Probleme oder über unsere Arbeit versinken, dass wir die gesuchte Lösung erträumen.

Bei dieser Art des Träumens ist allerdings das Bewusstsein sehr viel präsenter und aktiver als bei den nächtlichen Träumen und den Tagträumen der ersten Kategorie.
Obwohl diese Träume mit denjenigen Träumen, bei denen man schläft, wenig zu tun haben, können sie dennoch als Phantasieprodukte in vergleichbarer Weise wie ein gewöhnlicher nächtlicher Traum gedeutet werden.
Allerdings finde ich bei dieser Art der Tagträume deren Deutung nicht so interessant wie das halbbewusste Spiel mit Vorstellungen, Bildern und Phantasien. Die Deutung liegt bei diesen Träumen meist auf der Hand und braucht nicht erst mühselig erschlossen zu werden, weil das Bewusstsein hier latent anwesend ist und die Bilder des Nachtbewusstseins mehr oder

weniger steuert. Der Träumer handelt bei diesen Tagträumen immer auch bewusst und kann so mit seinen Bildern aus dem Nachtbewusstsein spielen. Dabei kommt es jedoch darauf an, inwieweit er seinen bewussten und seinen unbewussten Anteil bei diesen Träumen in der Waage hält. Ist nämlich das Tagesbewusstsein zu stark beteiligt, kommt es nicht zu einem traumartigen Zustand, gleitet man völlig in den unbewussten Zustand ab, dann gelingt es einem nicht mehr, mit einer gewissen Zielgerichtetheit mit diesen Bildern zu spielen.

Ein Beispiel

Ich fahre auf der Autobahn, und mich blinkt wütend ein Fahrer von hinten an. Während der weiteren Fahrt träume ich folgende Situation:

Ich sitze in einem technisch perfekten schwarzen Auto, das nicht nur auf der Fahrbahn fährt, sondern auch fliegen kann. Und schon hebe ich ab und fliege über einer sonnigen Landschaft dahin.

Es ist hier deutlich, dass mich der drängelnde Fahrer gekränkt hat und ich diese Kränkung durch mein perfektes Phantasie-Fahrzeug kompensiere. Ich bin besser als der Drängler, da ich sogar fliegen kann. Dieses Fliegen verweist auch auf den größeren Überblick, den ich mir wünsche, und ist letztlich Ausdruck kompensatorischer Allmachtsphantasien. Wie Gott im Himmel überschaue ich alles.
Das bessere Fahrzeug symbolisiert auch mich als den besseren Menschen. Ich möchte also besser sein, und hier zeigt sich deutlich mein Ehrgeiz (sonst hätte mich auch das Drängeln nicht so sehr gestört), der mir sofort Bilder des Erfolges bereitstellt. Und dies erkenne ich als eine meiner Eigenarten, Kränkungen und Niederlagen sofort zwanghaft kompensie-

ren zu müssen, was mich davor bewahrt, das vorgebliche Versagen genau zu betrachten. Dass ich hier das Bild des Fliegens wähle, verweist auf die charakteristische Art meiner Flucht vor dem Versagen: Ich begebe mich in das Reich der Lüfte, ich hebe ab und versuche mich in den Intellekt zu retten, der schon seit der klassischen Epoche Griechenlands und den mittelalterlichen Alchemisten mit der Luft symbolisiert wird.

Da die Autofahrt sehr lang und die Autobahn erstaunlich leer war, habe ich nach dem Verständnis dieser Tagträumerei versucht, weiter über meinen Ehrgeiz und meine Angst vor Misserfolgen nachzusinnen, wobei ich wieder in Träumereien verfiel, die ich aber jetzt ein wenig bewusster zu steuern versuchte.
Ich wählte mir eine Situation aus, in der ich einen unerwarteten Misserfolg hatte und die ich noch gut erinnern konnte. Nachdem ich die Bilder dieser Situation aufsteigen ließ, versuchte ich nun die reale Dynamik dieser Bilder zu ändern, indem ich mir verschiedene alternative Verhaltensweisen erträumte. Das heißt konkret, ich entschied mich bewusst für eine demütigere Verhaltensweise, indem ich mir meine Fehler ansah, und ließ mich nun in eine Art Traum fallen, wo ich entsprechend reagierte. Danach erträumte ich mich noch einmal als Supermann und spürte den Gefühlen dieser beiden Tagträume nach. Erstaunlicherweise fühlte ich mich in der demütigen Rolle viel besser als in der Siegerpose.

An diesem Beispiel wird deutlich, dass man Tagträumereien

1. leicht zu deuten vermag,
2. wie einen nächtlichen Traum symbolisch entschlüsseln und verstehen kann,
3. zum Ausgangspunkt des mehr oder weniger bewussten Spiels mit Bildern machen sollte.

Dieses bewusste Spiel mit den Traumbildern hilft besonders dann, wenn man neue Verhaltensweisen einüben möchte. In solchen Träumereien ist es nämlich möglich, gewünschte Verhaltensweisen auszuprobieren und sich mit ihnen emotional vertraut zu machen.
Ferner hilft das bewusste Spiel mit den Traumbildern in solchen Fällen, in denen man einen nächtlichen Traum, den man nur teilweise erinnert, zu Ende führen und komplettieren möchte.
In diesem Fall gehen Sie von den erinnerten Bruchstücken Ihres nächtlichen Traums aus, indem Sie sich auf ein erinnertes Bild konzentrieren und sich dann von der Dynamik der jetzt entstehenden Bilder mitreißen lassen, allerdings ohne weiterhin bewusst einzugreifen. Meist entsteht so, wenn auch oft über Umwege, der ganze Traum vor Ihren Augen.

Das Tagträumen der zweiten Art kann in dem Fall von großem therapeutischen Wert sein, wenn man es bewusst und kontrolliert einsetzt. Letztlich sind Unterhaltungen mit den Traumpersonen (wie sie im nächsten Kapitel geschildert werden) und die Technik der Aktiven Imagination nach Jung nichts anderes als streng kontrollierte Tagträume. Unbewusste Tagträumereien weisen dagegen häufig einen deutlichen Fluchtcharakter auf und sind deswegen problematisch, da sie der Erkenntnis der Wirklichkeit entgegenwirken. Die Gefahr wird jedoch gebannt, wenn man solche Tagträume wie nächtliche Träume regelmäßig deuten würde.

In der humanistischen Psychologie (beispielsweise in der Psychosynthese Roberto Assagiolis) steht man oftmals den Tagträumereien deswegen negativ gegenüber, da sie die Haltung des Schlafs, also des Nachtbewusstseins, gerade dort ausdrücken, wo das Bewusstsein und die Klarheit herrschen sollte.

Der normale Alltagstraum

Jeder kennt die normalen Alltagsträume. Auch wenn wir uns nicht an sie erinnern, träumt doch jeder Mensch fünf bis sechs meist ganz gewöhnliche Träume in der Nacht. Dies sind diejenigen Träume, die in keine andere der hier aufgeführten Kategorien fallen. Sie kehren nicht wieder, sind auch nicht als heilende Träume im engeren Sinne (siehe weiter unten) anzusehen; sie besitzen weder alptraumartige Qualitäten, noch steht bei ihnen der archetypische Charakter im Vordergrund. Sie sind einfach das, was wir als den gewöhnlichen Traum bezeichnen, eben der typische nächtliche Traum. Diese Träume möchte ich hier im Weiteren als »normale Alltagsträume« bezeichnen.
Ein wichtiges Charakteristikum für den normalen Alltagstraum ist seine Flüchtigkeit. Halten Sie ihn nicht durch Aufschreiben oder Skizzieren fest, dann wird er oft erstaunlich schnell vergessen. Das kann von einer Sekunde zur anderen geschehen. Häufig haben wir diese Träume schon direkt nach dem Aufwachen vergessen, oder wir erinnerten sie klar beim Aufwachen, und einen Moment später sind sie wie weggeblasen.
Wie man gerade diese Träume besser erinnert, schildere ich ausführlich in dem Kapitel »Die Erinnerung eines Traums« in diesem Arbeitsbuch.

Der normale, oft vergessene Alltagstraum kommt am häufigsten vor. Mindestens 85 % aller erinnerten Träume gehören zumindest beim psychisch einigermaßen gesunden Menschen dieser Kategorie an, weswegen wir immer zuerst an diesen Traumtyp denken, wenn wir das Wort Traum benutzen. Auch alle anderen hier aufgeführten Traumtypen können produktiv als normaler Alltagstraum behandelt werden.

Diese Träume verarbeiten das, was Sigmund Freud den Tagesrest nannte.

Definition Tagesrest:

»Die Tagesreste sind affektbesetzte Denkvorgänge des Traumtages, die der allgemeinen Energieminderung durch den Schlaf widerstanden haben und daher die Rolle von Traumerregern spielen.«[1]
Tagesreste gehen nach Freud hauptsächlich auf unerledigte Wünsche, Befürchtungen, Vorsätze, Überlegungen, Warnungen und Anpassungsversuche zurück.

Im Tagesrest wirkt also ein emotionaler Vorgang, der am Tag nicht abgeschlossen wurde und so in den Traum hineinwirkt und dessen Bilderwelten bestimmt.
Sie haben sich am Morgen zum Beispiel fürchterlich über die Umständlichkeit Ihrer Bank geärgert. Dieser Ärger mag zwar oberflächlich nicht mehr bemerkbar sein, aber er wirkt unter der Oberfläche weiter. Wenn das Tagesbewusstsein im Schlaf geschwächt ist, zeigt sich der vom Bewusstsein in Schach gehaltene Ärger im Traum. Damit ist Ihnen die Chance gegeben, im Traum das emotional zu beenden, was Sie mit Ihrem Tagesbewusstsein nicht beenden konnten. Je mehr emotionale Situationen Sie in Ihrem Leben abgeklärt haben, umso ruhiger und zufriedener können Sie leben und schlafen. Deswegen pflegt auch der Volksmund zu sagen: »Ein gutes Gewissen ist das beste Ruhekissen.«

Da das Nachtbewusstsein keine eigene Sprache außer der abstrakten der Archetypen besitzt, muss es seine Bilder aus vergangenen Erlebnissen des Träumers nehmen. Leicht erreichbar sind diejenigen Bilderwelten des Vortages, in denen noch eine emotionale Energie steckt. Diese Energie lässt entsprechende Traumbilder lebendig werden. In unserem Beispiel wäre es der unterdrückte Ärger, der ein entsprechendes Traumbild schafft. Man tritt entweder als der übermenschliche Rächer auf oder als jemand, der klein gemacht wird, als Monster, als das man die Bank sieht oder als jemand, der wild bedrängt wird – es sind hier viele Bilder möglich. Sie alle versuchen, Ihre Emotionen wieder auszugleichen und Sie davon abzubringen, zu viel Energie an diesen unabgeschlossenen Ärger zu binden. In diesem Mechanismus, emotionale Spannungen abzubauen, liegt die heilende Kraft der Träume.

Für die Griechen und Römer war die Leber das Traumorgan. Sie ist für die Entgiftung des Körpers zuständig, genauso wie die Träume den Körper entgiften, indem sie versuchen, emotionale Spannungen bewusst zu machen und aufzulösen.

Freud ging davon aus, dass die Tagesreste hauptsächlich aus (letztlich immer sexuellen) Wünschen bestehen, die am Tage nicht befriedigt werden konnten.

Dies ist auch im normalen Alltagstraum der Fall, im archetypischen Traum sehen wir allerdings noch andere Bilderwelten, die eher inneren als äußeren Landschaften und Personen ähneln.

Hier setzte die Kritik C. G. Jungs an seinem Lehrer Freud an. Jung behauptete nämlich, dass es noch andere, nämlich überpersönliche Bilderwelten gäbe, nicht nur diejenigen des persönlichen Unbewussten. Diese Ansicht führte zum Bruch mit Freud, unter dem Jung sehr litt. Im Grunde reagierte Jung auf Freuds brüske Ablehnung seiner Ansichten mit einer reaktiven Psychose, in deren Verlauf er die Einsichten zu den meisten seiner späteren Werke bekam.

Ich persönlich glaube nicht, dass alle Träume von sexuellen

Wünschen geprägt sind, wenn auch Untersuchungen in amerikanischen Traumlaboratorien zeigten, dass bei jedem normalen Traum der Körper physiologisch wie bei einer sexuellen Erregung reagiert: Der Penis des Träumers erigiert, und die Scheide der Träumerin wird feucht und öffnet sich.
Jeder Traum besitzt zweifelsohne eine sexuelle Ebene, diese ist jedoch nur eine Ebene unter anderen und sicherlich nicht unbedingt die wesentlichste. Wir leiden ja heute nicht mehr wie zu Freuds Zeiten an unserer nicht ausgelebten Sexualität, sondern vielmehr an unserer Unfähigkeit, in Beziehungen zu leben. So ist heute der Bereich Beziehung eines der wichtigsten Themen in unseren normalen Träumen.

Wenn Sie zu einem Traum keinen Zugang finden, dann schauen Sie zunächst einmal, ob Sie Bilder finden, die Sie an Ihre Beziehungswirklichkeit erinnern oder die Sie darauf beziehen können.

Wiederkehrende Träume

Wiederkehrende Träume sind – wie der Name schon sagt – Träume, die in gleicher oder ähnlicher Form den Träumer oder die Träumerin immer wieder heimsuchen. Solche Träume werden außerordentlich gut erinnert, und der Träumer erkennt sie sogleich wieder, sobald die ersten Bildsequenzen auftauchen.
Häufig machen diese Träume dem Träumenden Angst, da sie ihn zu verfolgen scheinen und er sie trotz aller Bemühungen nicht versteht. Der Unterschied zum Alptraum liegt allerdings darin, dass wiederkehrende Träume meist nicht derart schockierend und beängstigend wirken wie Alpträume. Der Unterschied zwischen wiederkehrenden Träumen und Alp-

träumen ist jedoch nur ein gradueller, das heißt, wiederkehrende Träume und Alpträume unterscheiden sich einzig und allein durch ihre Gefühlsintensität.
Die wiederkehrenden Träume geben einen deutlichen Hinweis darauf, dass spezielle Alltagsprobleme vom Träumer nicht gelöst werden. Der wiederkehrende Traum macht den Träumer darauf aufmerksam, dass er ganz bestimmte Probleme anzuschauen hat, vor denen er lieber seine Augen verschließt. Solange diese Probleme nicht gelöst sind, werden diese und ähnliche Traumbilder den Träumer in mehr oder weniger regelmäßigen Abständen heimsuchen, bis er ganz konkret und praktisch im Alltagsleben seine Probleme zu verstehen und zu bewältigen sucht. Der wiederkehrende Traum hilft also dem Träumer zu einem Verständnis seiner Situation zu gelangen, um sie harmonisch auflösen zu können. So ist der wiederkehrende Traum eine große Hilfe für die Selbsterkenntnis des Träumers, die sich ihm immer wieder aufdrängt.
Zugleich zeigt die beständige Wiederkehr eines bestimmten Traums, dass hier Strukturen vorliegen, die unbedingt und möglichst bald geändert werden müssen. Hier muss etwas in der Psyche des Träumers geändert werden, wenn es nicht auf die Dauer zu psychosomatischen Störungen kommen soll.

Wie geht man mit wiederkehrenden Träumen um?

1. Versuchen Sie zunächst die vorgestellten Bilder auf Ihr tägliches Leben wie bei einem normalen Alltagstraum zu beziehen.
   Fragen Sie sich, woher Sie diese Stimmungen, Reaktionsweisen und Situationen aus Ihrem Alltagsleben kennen.
   Fragen Sie sich, was Sie normalerweise nicht sehen wollen, was Ihnen hier, meist sehr drastisch, vorgestellt wird.

2. Werden Sie sich bewusst, was Ihnen bei diesen Träumen Angst macht und was nicht.
Was Ihnen in Ihren Träumen Angst macht, dürfen Sie auf keinen Fall verdrängen und gleich wieder vergessen, sondern gerade mit diesen Bildern ist eine ausführliche Auseinandersetzung nötig.
Es hilft, sich besonders eingehend, mutig und klar damit zu beschäftigen, was Ihnen bei den wiederkehrenden Träumen Angst macht. Es kommt immer wieder, um sich Ihnen zu zeigen und Sie geradezu mit der Nase darauf zu stoßen, wo Sie an sich arbeiten und sich ändern sollten – zumindest aus der Sicht Ihres Nachtbewusstseins oder Ihrer Seele.
Ihr Nachtbewusstsein und Ihre Seele sind sehr viel weiser und weitsichtiger als Sie selbst in Ihrem begrenzten Tagesbewusstsein; es lohnt sich, auf sie zu hören.

3. Versuchen Sie, gerade mit den sich wiederholenden Elementen Ihrer wiederkehrenden Träume in ein Gespräch zu kommen. Seien es nun bestimmte Gegenstände oder Personen, immer können Sie diese Traumelemente ansprechen. Dazu legen oder setzen Sie sich nach der (meist schriftlichen) Fixierung des Traums hin und versuchen ihn sich so genau wie möglich wieder vorzustellen. Wenn Sie die einzelnen wiederkehrenden Elemente des Traums deutlich vor Augen haben, dann können Sie mit ihnen ein Gespräch beginnen.
Ich frage in einer solchen Situation zumeist als Erstes, was mir dieses Traumelement sagen möchte. Träume ich zum Beispiel öfter von einem bunten Schmetterling, dann mag ich diesen bunten Schmetterling fragen, was er mir sagen möchte, warum ich gerade ihn träume und warum er mir immer wieder erscheint.
Sie werden sich wundern, in Ihrem Inneren wird sofort

eine Antwort widerklingen, die Sie sehr ernst nehmen sollten.

Fragen Sie allerdings nie, woher diese Antwort kommen mag, und machen Sie sich auch keine Gedanken, wer da wohl antworten mag. Wenn Sie diese Fragen zu intellektuell angehen, dann wird Ihnen keine Antwort mehr geschenkt werden. Sie zerstören die Magie der geheimnisvollen Kommunikation mit Ihren Traumbildern.

Wir stellten zu Beginn fest, dass der Traum auch immer von der Aura des Geheimen umgeben ist. Wird versucht, dieses Flair des Geheimnisses intellektuell zu durchdringen und aufzulösen, dann erhalten wir auf unsere Fragen an die Traumelemente keinerlei tiefer gehende Auskunft mehr, oder der Zweifel an den Antworten zerstört deren heilende und erleuchtende Wirkung.

Den Umgang mit Fragen an die verschiedenen Traumelemente werden wir im folgenden Kapitel über die praktische Deutung eines Traums noch genauer betrachten.

Der Alptraum

Letztlich ist der Alptraum nur eine Sonderform des normalen Alltagstraums oder des wiederkehrenden Traums, wobei jedoch beim Alptraum das Traumerleben immer negativ empfunden wird und von Angst geprägt ist. Der Alptraum ist derjenige Traumtyp, der wohl die meiste emotionale Energie freisetzt. Deswegen wacht man oft schreiend oder schweißgebadet aus einem Alptraum auf. Häufig hat der Träumende nach einem Alptraum auch Schwierigkeiten, wieder in die Realität des Alltags zurückzufinden. Es dauert meist einige Minuten, bis dem erwachten Träumer klarwird, dass er gerade einen Traum gehabt hat und dass das, was er gerade erlebt hat, ihm nicht in der Welt des Tagesbewusstseins geschehen ist.

Ein Klient von mir träumte zum Beispiel in relativ regelmäßigen Abständen, dass ihm alle seine Zähne ausgefallen oder abgebrochen seien. Das versetzte ihn verständlicherweise in große Panik. Nach dem Aufwachen aus diesem Alptraum musste er immer sofort aufstehen und im Spiegel kontrollieren, ob alle seine Zähne auch wirklich in Ordnung seien. Ohne diese Kontrolle blieb er oft bis zu einer Viertelstunde völlig von diesem Traumbild verzaubert. Er musste sich nach diesen Alpträumen erst von den Traumbildern trennen, um wieder für die Alltagsrealität offen zu sein.

Alpträume weisen häufig die Tendenz auf, beständig wiederzukehren und den Träumer oder die Träumerin mit ähnlichen Schrecken zu drangsalieren. Kommen Alpträume nur selten und dann in unterschiedlicher Form und mit verschiedenen Inhalten vor, sind sie als reaktive Form auf die Ängste und Verunsicherungen im Alltagsleben zu sehen. Sie haben dann eher eine Art Ventilfunktion, als dass sie auf tiefer liegende grundlegende Probleme verweisen. In einem solchen Alptraum werden dann diejenigen Gefühle – meist äußerst extrem – ausgedrückt, die man sich im Alltagsleben nicht auszudrücken traut und die oftmals derart verdrängt sind, dass man sie gar nicht mehr wahrnimmt.

Wie wir schon beim wiederkehrenden Traum feststellten, muss man mit dem reden, was einen ängstigt, denn Reden ist eine Art Bewusstmachung. Im Prozess des Sprechens werden einem häufig seine Probleme und Chancen erst bewusst. Alpträume werden auch dadurch aufgelöst, indem sie wiedererlebt werden. Man legt sich dazu auf sein Bett oder auf eine Decke flach auf den Boden, schließt seine Augen und entspannt sich, so tief man kann. In dieser tiefen Entspannung lässt man vorsichtig die beängstigenden Bilder wiederauftauchen, wobei man jedoch dem Traum diesmal ein anderes, positives Ende gibt. Dazu ist es notwendig, dass man sich vor dem Wiedererleben des Alptraums entschieden hat, wie man seinen Traum positiv ändern möchte. Hierbei geht es nicht um das oberflächliche Finden eines Happy End, sondern um eine angemessene Lösung, die bewusst für diesen Konflikt im Traum ausgearbeitet werden muss.

Eine andere Möglichkeit des Umgangs mit einem Alptraum besteht darin, sich die angstmachende Situation in tiefer Entspannung zu verdeutlichen und sie sich genau anzuschauen. Und nun gehen Sie völlig in Ihre Angstreaktion, die Sie im Traum zeigten, hinein, dramatisieren Sie diese Situation noch. Sie spitzen Ihre eigene Reaktion in der Vorstellung zu und reagieren so völlig bizarr und übertrieben. Diese Übertreibung wird Sie von der Angst, die Sie im Traum erlebt haben, distanzieren.
Die Übertreibung eines Alptraums sollte man jedoch nur in einer Situation durchführen, in der eine vertraute Person anwesend ist. In seltenen Fällen kann man hierbei zuerst in einen noch stärkeren Angstsog hineingeraten.

Der Alptraum stellt ein noch viel deutlicheres und drastischeres Gefahrensignal dar als der wiederkehrende Traum. Das, was der Alptraum einem zeigt, sollte unverzüglich therapeutisch aufgearbeitet werden.
Ob man nun selbst versucht, das Beängstigende genauer zu betrachten und aufzulösen, oder ob man therapeutische Hilfe sucht, hängt

1. von der Intensität der erfahrenen Angst im Traum ab und
2. davon, ob der Alptraum Schlafstörungen hervorruft.

Wiederkehrende Alpträume erzeugen häufig Schlafstörungen, da man schon beim Einschlafen von der Angst gepeinigt wird, dass einem diese Nacht abermals der fürchterliche Schrecken eingejagt wird. Um dem zu entgehen, schläft man oft gar nicht erst ein. In diesem Fall, der häufiger bei Kindern als bei Erwachsenen auftritt, ist Hilfe durch einen Psychotherapeuten ratsam.

Auf der anderen Seite muss allerdings auch betont werden, dass Alpträume, die ab und zu auftreten (etwa bis zu vier- oder fünfmal pro Jahr), besonders bei Kindern ganz normal sind.

Das sogenannte Böse oder der Schatten ist etwas, mit dem sich jeder Mensch besonders in seiner Jugend auseinandersetzen muss. Diese Auseinandersetzung mit dem Bösen kann sich besonders dann in Alpträumen zeigen, wenn der Träumer oder die Träumerin in ihrem alltäglichen Leben das Böse oder den Schatten ignoriert. C. G. Jung hielt zum Beispiel zeit seines Lebens an der Realität des Bösen fest, weswegen er von Theologen scharf kritisiert wurde.

Der Heiltraum

Als Heiltraum wird derjenige Traum bezeichnet, in dem der Träumer oder die Träumerin mehr oder weniger deutliche Hinweise auf ihre Heilung erhalten.

Ein Beispiel

In einer meiner Traumgruppen, in der wir mit Bach-Blütenessenzen experimentierten, hatte ein älterer Mann folgenden Traum:

Ich sehe eine weiß gekleidete Frau, die sich zu mir herabbeugt, um mir etwas ins Ohr zu sagen. Ich liege auf einer harten Holzbank, was allerdings nicht unbequem ist. Diese Frau raunt mir ins linke Ohr, dass ich von jeder der 38 Blütenessenzen einen Tropfen in ein Glas klares Wasser mischen soll.

Normalerweise nimmt man nur zwei bis drei Tropfen von zwei bis höchstens vier verschiedenen Blütenessenzen. Die weiß gekleidete Frau, die hier als der innere Heiler des Träumers auftritt, schlägt eine unkonventionelle Kur vor, die dem Träumer wirklich hilft, sich grundlegend gesünder zu fühlen.

Die weiß gekleidete Frau ist als typisches Bild der Anima zu betrachten, die in diesem Traum in ihrer Funktion als Schützerin und Ärztin auftritt. In ihr tritt uns also der Archetyp der weiblichen Bewahrerin des Lebens entgegen.
Die harte Holzbank lässt an die Kline denken, jene Schlafbank, die in den Tempeln des griechischen Heilgottes Asklepios eine wichtige Rolle spielte. Auf ihr schlafend bekam der Träumer seinen heilenden Traum zugesandt.
Neuere amerikanische Untersuchungen des Sozialpsychologen Roger Drake in Colorado haben gezeigt, dass man durch Zuflüsterungen ins linke Ohr leichter zu etwas zu überreden und von etwas zu überzeugen ist.

Typisch für alle Heilträume ist das Auftreten des inneren Heilers, der sowohl männlich als auch weiblich sein kann. Der innere Heiler stellt hierbei die Personifikation des eigenen nachtbewussten Wissens dar, das man meist nur über den Traum vermittelt bekommt.
Dieses Wissen muss allerdings auch angewendet werden, das heißt, der Hinweis des inneren Heilers sollte praktisch um-

gesetzt und ausprobiert werden, da das alleinige Träumen der Heilmethode den Heilungsprozess nicht auslösen kann. Wenn Sie also von Ihrem inneren Heiler träumen, dann folgen Sie in Ihrem Alltagsleben möglichst genau dessen praktischen Anweisungen.

Außerdem sollten Sie sich immer angesichts eines Heiltraums fragen,

- warum Sie sich krank gemacht haben,
- was die Funktion dieser Krankheit ist,
- was diese Krankheit Ihnen wohl sagen mag und
- was sie symbolisch ausdrückt.

Meistens gibt Ihnen ein Heiltraum auf diese wesentlichen Fragen, die zu den Wurzeln Ihrer Krankheit führen, Auskunft.

In den meisten mir bekannten Heilträumen tritt der innere Heiler als Person auf, die bestimmte Anweisungen gibt oder Vorschläge macht. In unserem Beispieltraum flüstert die innere Heilerin dem Träumer seine Kur ins linke Ohr. Sie wendet sich also an die intuitive, die linke Seite des Träumers. Das Flüstern macht dazu noch deutlich, dass es sich um einen sehr persönlichen Ratschlag handelt; außerdem ist das Flüstern weitaus eindringlicher als das normale Sprechen.
Es gibt jedoch auch Heilträume, in denen kein innerer Heiler als Person auftritt und in denen auch die Kur nicht verbal vorgeschlagen wird. In solchen Träumen wird auf die Heilung meistens symbolisch verwiesen.
So kann man zum Beispiel vom blauen Rauch träumen, der alles verpestet, fürchterlich stinkt und der die Menschen sterben und die Tiere fliehen lässt, wenn man aus gesundheitlichen Gründen das Rauchen aufgeben soll.

Man kann in jedem Traum nach solchen Hinweisen auf die Heilung gesundheitlicher Schwächen suchen. Gerade wenn man sich krank fühlt, sind derlei Tipps und Anregungen nicht selten im Traum verschlüsselt vorhanden.

Streng betrachtet kann man jeden Traum als einen Heiltraum ansehen, da jeder Traum den Träumer auf seine inneren Disharmonien aufmerksam macht. Das Erkennen dieser Disharmonien ist ein erster und vielleicht der wesentlichste Schritt zur Heilung. Ich möchte hier jedoch nur diejenigen Träume als Heilträume bezeichnen, die deutlich dem Träumer eine Kur oder eine Veränderung seiner Lebensweise vorschlagen, um wieder gesund zu werden. Dennoch sollten Sie sich immer bewusst sein, dass sich in jedem Traum Heilenergien ausdrücken.

Man kann im Krankheitsfall solche Heilträume durch Affirmationen hervorrufen. In diesem Fall nimmt man sich vor, einen Heilungshinweis aus seinen Träumen zu bekommen. Als eine Modell-Affirmation schlage ich folgenden Satz vor:

Ich erkenne klar und deutlich alle Heilungshinweise in meinen Träumen und nehme diese ernst.

Diese Affirmation kann individuell abgeändert werden.

Im vierten Kapitel über das Erinnern der Träume werde ich genauer auf die Affirmationstechnik in der Traumarbeit eingehen. Hier mag vorerst genügen, darauf hinzuweisen, dass schon allein der Wunsch nach einem Heiltraum solch einen Traum sehr wahrscheinlich auftreten lässt.

Allerdings brauchen Sie Geduld, wenn Sie sich einen Heiltraum wünschen oder ihn durch Affirmationen hervorzurufen suchen. Seien Sie nicht enttäuscht, wenn dieser Heiltraum nicht gleich in der nächsten Nacht auftritt.

Geduld ist zweifelsohne eines der Zauberworte der Traumarbeit. Ohne Geduld ist keine befriedigende Traumarbeit möglich, da das Nachtbewusstsein nur sehr langsam auf die Intentionen des Tagesbewusstseins reagiert.
Wenn Sie sich zum Beispiel heute Nacht vornehmem, einen Heiltraum zu haben, dann mag dieser gewünschte Heiltraum vielleicht erst in vierzehn Tagen oder gar einem Monat erscheinen. In der Traumwelt herrschen andere Zeitdimensionen als in der Welt des Tagesbewusstseins.

Seit Beginn unserer Kultur im klassischen Griechenland wurde für etwa zweitausend Jahre im Kult des Asklepios (dem griechischen Heilgott, der Vorläufer des Äskulap der Römer) mit Träumen geheilt. Während dieser Zeit war der Traum das einzige Heilmittel.
Der Kranke begab sich zu einem der Tempel des Asklepios, wie zum Beispiel auf der Insel Kos, wo er dann nach rituellen Säuberungen in den Schlafsaal (Abaton) geleitet wurde, um auf der Bank (Kline genannt, wovon das Wort Klinik abgeleitet ist) zu träumen. Bewegten sich die Augen des Träumers im Schlaf, wussten die umhergehenden Priester, dass die betreffende Person träumt. Sie weckten sie anschließend, um mit ihr den von Asklepios gesandten Heiltraum zu besprechen.

In diesem Fall wirkte die kulturelle Einstellung dem Traum gegenüber wie eine Affirmation. Wenn man davon überzeugt ist, dass im Krankheitsfall die erfolgreiche Kur durch den Heiltraum angezeigt wird, dann lässt sich solch ein Heiltraum nur schwer vermeiden.
Unsere heutige Kultur hat allerdings den tiefverwurzelten Glauben der Griechen an den Heiltraum verloren. Schon allein aus diesem Grund sind Heilträume wahrscheinlich heute seltener. Hinzu kommt, dass wir heutzutage keine in-

stitutionalisierte Traumkultur mehr besitzen, wodurch Einstellungen wie »Träume sind Schäume« relativ weit verbreitet sind.

Der vorausweisende Traum

»Träume warnen uns oft […]; aber ebenso oft scheinen sie es nicht zu tun. Deshalb sollte man sich nicht auf eine gütige Hand verlassen, die uns immer rechtzeitig vor Gefahren zurückhält. Oder, um es positiver auszudrücken: Es scheint, als ob eine gütige Macht manchmal am Werk sei, manchmal aber auch nicht. Die mysteriöse Hand kann sogar den Weg ins Verderben zeigen; Träume zeigen sich mitunter als Fallen, jedenfalls scheint es so. Sie verhalten sich oft wie das delphische Orakel, das dem König Krösus sagte, wenn er den Halys-Fluss überschritte, würde er ein großes Königreich zerstören. Als er den Fluss überschritten und dann in der Schlacht eine vollständige Niederlage erlitten hatte, entdeckte er, dass sein eigenes Reich gemeint gewesen war.«[2]

Ob es sich bei einem Traum um einen vorausweisenden Traum handelt, ist immer erst im Nachhinein zu sagen. Es scheint mir, wie Rudolf Steiner es in seinem Zitat ausdrückt, als ob fast jeder Traum vorausweisende Tendenzen aufweist. Allerdings braucht das, worauf der vorausweisende Traum hinweist, nicht unbedingt etwas Wichtiges und Existenzielles für den Träumer zu sein. Ein Traum kann ohne weiteres auf relativ lapidare Dinge oder Situationen vorausweisen.
Dass Träume Voraussagen enthalten können, war schon der ältesten Traumdeutung bekannt. Das aus zwölf Tontafeln (Keilschrift) bestehende »Assyrische Traumbuch« aus der Zeit Hammurapis (auch: Hammurgbi, König von Babylon

1728–1686 v. Chr.) stellt eindeutig den vorausweisenden Charakter der Träume dar – genauso wie später auch die Bibel und der babylonische Talmud.

Ein Beispiel

Ich hatte vor kurzem einen Traum, in dem ich von einem blauen Auto träumte, in dem eine Frau mit einem giftgrünen Hut mit einer Feder saß.
Zwei Tage nach diesem Traum stand ich auf der Autobahn im Stau, und zu meiner Verblüffung sah ich neben mir ein metallisch blaues Auto mit einer älteren Dame als Fahrerin, die einen grünen Hut mit einer kleinen Feder an der Seite trug.
Es schien keine besondere Bedeutung zu haben, dass ich diese Frau traf. Wir haben uns auch nach dem Stau nie mehr wiedergesehen.

Auf der anderen Seite gibt es vorausweisende Träume, die sehr wichtig für die Zukunft des Träumers oder der Träumerin sind. Ich meine beobachtet zu haben, dass diese Träume

1. klarer erinnert werden als der normale Alltagstraum,
2. oft aufgrund ihrer optischen Qualität überscharf wirken durch
   - besonders scharfe Kontraste,
   - hervorstechend leuchtende Farben und
   - eine ungewöhnliche Tiefenschärfe,
3. den Träumer besonders intensiv emotional berühren (ohne unbedingt dramatisch zu sein).
   Das heißt, vorausweisende Träume, die auf etwas Wesentliches für den Träumer verweisen, machen schon durch ihre spezielle Qualität auf sich aufmerksam.

Trotz allem sollte jeder vorausweisende Traum zunächst einmal wie ein normaler Alltagstraum behandelt werden. Schauen wir uns dazu noch einmal den Beispieltraum von der Frau mit dem giftgrünen Hütchen an:
Zunächst konnte ich natürlich diesem Traum nicht ansehen, dass er auf etwas vorausweisen würde. Er besaß nicht die oben angeführten besonderen Qualitäten, die ihn als einen speziellen Traum ausweisen würden. Dieser vorausweisende Traum präsentierte sich also zunächst wie ein normaler Alltagstraum, und dementsprechend habe ich ihn dann auch sogleich interpretiert.

Exkurs: Die Farbe im Traum

Auffallend sind bei diesem Traum die deutlichen Farben Blau und Giftgrün. Normalerweise erinnere ich wie die meisten Menschen in unserer westlichen Kultur nur selten Farben bei meinen Träumen. Wahrscheinlich träumt man – neuesten Forschungen aus amerikanischen Traumlaboratorien zufolge – fast immer farbig. Diese Farben vergisst der Träumer jedoch schnell, so dass er das Gefühl hat, er würde immer nur schwarz-weiß träumen.
Fragt man in unserer Kultur die Menschen, wie sie meistens träumen, dann antwortet die überwiegende Mehrheit, dass sie das Gefühl hat, in Grautönen, vergleichbar der Schwarzweißfotografie, zu träumen. Das Erinnern farbiger Träume stellt eine Ausnahme dar.
Wenn wir Farben im Traum erinnern, dann betonen diese Farben ganz besonders den Symbolwert des farbigen Objekts.
Wir gelangen so zu folgenden Merksätzen der Traumdeutung:

Farbig geträumte Symbole sind immer vor allen anderen Symbolen in der Traumdeutung zu betrachten.
Ein farbig geträumtes Symbol ist mit größter Sorgfalt zu betrachten, denn es drückt etwas besonders Wichtiges für den Träumer aus.
Bei einem farbigen Symbol im Traum liegt der Schlüssel zur Deutung immer zunächst in der Farbsymbolik.

Nun konkret zu unserem Beispieltraum:
Das Blau des Traumautos erinnerte mich spontan an den blauen Himmelsmantel von Maria, der die weibliche Seele symbolisiert. Die Verbindung von Blau und Auto betont zugleich die Beweglichkeit der Seele. Die Seele wird in diesem Traum als ein Fahrzeug gesehen, das uns bequem von einem (emotionalen) Ort zum anderen bringt. Das Auto zeigt den Übergang zu etwas Neuem an, und diese Veränderung ist in der seelischen Qualität zu suchen (bei einem roten Auto wäre es zum Beispiel die körperliche Qualität). Wie bei der Karte »Der Wagen« im Tarot stellt sich beim Traumsymbol Auto auch immer die Frage nach dem Lebensweg des Träumers oder der Träumerin. Hier kommt es auf die Beseelung dieses Weges an; man soll ihn nicht unbewusst von der Hektik des Tages getrieben gehen.
Das zweite farbige Traumsymbol ist der giftgrüne Hut. Giftgrün lässt mich erst einmal aufhorchen. Ich habe spontan Giftgrün in mein Traumtagebuch eingetragen, und es ist die spontane Beschreibung eines Traums, die bei der Interpretation zählt. Wenn eine Farbe so genau wie in diesem Traum beschrieben wird, dann ist sie sehr wichtig, und das mit ihr verbundene Symbol ist von besonderer Bedeutung für den Träumer.
Unser Blick wird also auf den Hut und damit auf den Kopf

gelenkt. Hier entsteht das Gift, und dies habe ich sogleich als die Vergiftung durch die einseitige intellektuelle Sicht der Welt verstanden. Die »giftige intellektuelle Weltsicht« bringt mich aus dem Gleichgewicht, da sie mein »Seelenfahrzeug« steuert. Dies ist für mich die wichtige und zugleich aber auch erschütternde Mitteilung dieses Traums.

Wie kam ich nun durch diesen Hinweis auf mein seelisches Gleichgewicht?
Die Farbe Grün bildet nach Goethes Farbenlehre die harmonische Verbindung des farbigen Repräsentanten der Finsternis (Blau) und desjenigen des Lichts (Gelb). Diese Harmonie von Licht und Finsternis ist im *Gift*grün gestört.

Man könnte die farbig erinnerten Träume als eine eigene Kategorie der Alltagsträume ansehen, die immer in besonders eindringlicher Weise auf spezielle Symbole aufmerksam machen wollen. Der farbig erinnerte Traum oder das farbig erinnerte Traumsymbol faszinieren eindringlicher als die normalen schwarz-weißen Alltagsträume.

Bedeutung der Farben im Traum	
Rot	Körper, Erdung, Leidenschaft
Gelb	Geist, die intellektuelle Qualität, Kommunikation
Blau	Seele, die Gefühlsqualität mit ihren Höhen und Tiefen
Grün	der Ausgleich zwischen Licht und Finsternis, Symbolfarbe des Lebens und der Natur
Violett	Vergeistigung und Ruhe, aber auch Eitelkeit und Symbolfarbe der Emanzipation

Aber zurück zum vorausweisenden Traum: Es wäre ein großer Verlust gewesen, wenn ich diesen Traum vom blauen Auto und dem giftgrünen Hut nicht als einen farbigen Alltagstraum betrachtet hätte. Unter dem Aspekt des vorausweisenden Traums betrachtet, bietet er keine wichtigen Informationen für mich. Meiner Beobachtung nach ist dies sehr typisch für vorausweisende Träume: Sie besitzen auch immer unter anderem eine wesentliche tiefenpsychologische Bedeutung für den Träumer. Zudem weist solch ein vorausweisender Traum in fast jedem Fall eine ganz spezielle optische Qualität auf, wenn die Vorausdeutung wirklich eine existenzielle Qualität für den Träumer besitzt.

Im Gegensatz zu unserer heutigen Zeit waren im Mittelalter vorausweisende Träume nicht nur mehr oder weniger gang und gäbe, sie wurden auch politisch eingesetzt. Erstaunlicherweise hatten die Herrschenden wie beispielsweise Heinrich I. von England (1100–1135) und der deutsche Kaiser Karl IV. (1316–1378), die Päpste Innozenz III. (1160–1216) und Gregor IX. (1227–1241) immer Träume, die ihrem machtpolitischen Konzept entsprachen. Diese »vorausweisenden« Träume wurden als sichtbar gewordene Sprache Gottes angesehen und somit als realer als die Wirklichkeit erachtet. Da die Träumer meistens die Macht besaßen, ihren Traum nicht nur zu verbreiten, sondern auch umzusetzen, trat die »Voraussage« dann auch oftmals ein.
Letztlich wurde von den herrschenden Klassen im Mittelalter erwartet, dass sie aufgrund ihrer Stellung und den damit verbundenen Aufgaben bestimmte vorausweisende Träume haben. Es herrschte eine Atmosphäre, in der ein weltlicher oder geistlicher Herrscher mit solchen Träumen rechnete, sie erhoffte und sie geradezu ersehnte. Daraus lässt sich ihr häufiges Auftreten erklären und die Leichtigkeit, mit der sie behalten wurden.

Die Einstellung gegenüber solchen voraussagenden Träumen lässt uns heute argwöhnen: Erfüllten sie sich, so bewies dies die voraussagende Kraft der Träume der Herrscher. Erfüllten sie sich aber nicht, dann zürnte Gott dem Volk wegen irgendeiner Übertretung seiner Gebote und bestrafte es. Die Gültigkeit des vorausweisenden Herrschertraums blieb jedoch in jedem Fall unangetastet.
Unser Zweifel an diesen vorausdeutenden Träumen wird zusätzlich dadurch erhöht, dass die mittelalterlichen Träume der Herrschenden wie die Träume der Bibel eigenartig literarisch fingieren und nicht authentisch wirken.

Geht unsere heutige westliche Kultur davon aus, dass sich der Traum im irrealen Reich des Nachtbewusstseins abspielt, er also eine individuelle Manifestation der individuellen Seele ist, galt der Traum im Mittelalter dagegen als Botschaft einer realen anderen Welt an den Träumer. Die adeligen Heiligen und weltlichen Herrscher bekamen Botschaften gesandt, um besser regieren und Entscheidungen fällen zu können. Solch ein Traum wurde letztlich immer als vorausweisend betrachtet, zeigte er doch dem Mächtigen, was er zu erwarten hatte. So wurde der Traum als die realere Realität angesehen, da er die Zukunft kannte.
In der Mythologie klingt diese Auffassung in der Gestalt des Druiden Merlin aus der Artussage an, der in der Zeit rückwärts lebt und deswegen auch genau weiß, was zukünftig geschehen wird. Merlin ist jener anderen Realität verbunden, was aus seiner Abstammung von einer Jungfrau und dem Teufel zu erklären ist. Der der Traumwelt verwandte Merlin verdeutlicht im Grunde, dass es auf der Ebene des Nachtbewusstseins und unserer Träume keine Zeit gibt. Im Traum sind immer alle Zeitstadien vorhanden, Gegenwart, Zukunft und Vergangenheit sind zugleich anwesend. So betont Freud in seinen späten Überlegungen zum Traum (1932), dass es im

Traum nichts gibt, was einer Zeitvorstellung entspricht. Es stellt eine sprachliche Schwierigkeit dar, angesichts von Zeitlosigkeit noch in bestimmten Begriffen von Zeit zu sprechen. Und dennoch wird jeder Träumer zumindest eine Ahnung dessen besitzen, was es mit dieser Zeitlosigkeit im Traum auf sich hat, da sie einfach jeden Traum wie eine Ahnung von einer anderen Welt durchweht. Diese Zeitlosigkeit lässt in jedem Traum die Zukunft anwesend sein.
Die Zeitlosigkeit im Traum wird in Märchen wie »Die Elfen« und in Sagen wie die vom Mönch des Klosters Heisterbach deutlich ausgedrückt: Eine Person geht in den das Nachtbewusstsein symbolisierenden Wald und schlummert dort eine kurze Weile, wie es ihr scheint. Als sie nach dem Aufwachen zurückkehrt, bemerkt sie, dass hundert oder mehr Jahre vergangen sind.

Wie paradox sich die Zeit im Traum verhält, kann jeder bisweilen beim Wecken durch einen Wecker beobachten: Das akustische Wecksignal ruft den kurz vor dem Signalton stattfindenden Traum hervor. Ursache und Wirkung sind hier also verkehrt, die Zeit läuft sozusagen rückwärts. Durch dieses Phänomen der rückwärtslaufenden Zeit ist die voraussagende Funktion des Traums zu erklären.
Um sich das verdeutlichen zu können, hilft die Vorstellung von Paralleluniversen: Man stellt sich vor, dass unsere Wirklichkeit in viele Universen aufgeteilt ist, die alle ihre eigene Realität und somit auch Zeitachse aufweisen. Im Traum ist es nun möglich, von unserem Universum mit seiner streng linearen Zeit in ein anderes Universum »umzusteigen«, in dem die Zeit rückwärtsfließt oder in dem Vergangenheit, Zukunft und Gegenwart nicht geschieden sind. Dieses Einsteigen in ein anderes Universum entspricht dem, was die Theosophen (Madame H. P. Blavatsky) als das Lesen in der Akasha-Chronik bezeichnen.

Es gibt noch eine andere, wenn auch sehr ähnliche Möglichkeit zu erklären, wie der Traum etwas voraussehen kann. Nach dem englischen Biologen Rupert Sheldrake kann man eine Kommunikation der Natur annehmen. Den Kanal dieser Kommunikation stellen die sogenannten morphogenetischen Felder dar. Es ist ohne weiteres vorstellbar, dass wir uns mit einer besonderen Sensibilität und Offenheit im Traum auf diese Felder einschwingen. Wer an der Kommunikation der Natur teilnehmen kann, der kann auch Ereignisse voraussehen, weil die genaue Kenntnis des Hier und Jetzt auch die Zukunft erkennen lässt.

Es hängt natürlich auch von der Geisteshaltung der Gesellschaft ab, inwieweit man von einer vorausweisenden Funktion der Träume ausgeht und diese wichtig nimmt oder nicht.
Viele nordamerikanische Indianerstämme ließen zum Beispiel ihr ganzes Leben vom Traum bestimmen, der ihnen sagte, wann sie jagen sollten und welches Tier sie erlegen würden und wann sie aussäen und wohin sie weiterziehen sollten. Das europäische Hochmittelalter war ähnlich positiv gegenüber dem vorausweisenden Traum eingestellt, bis die Kirche im Spätmittelalter sich mehr und mehr auf die Aussage von Papst Gregor II. (715–731) besann, der im Gegensatz zur Bibel die Träume als Kommunikation mit dem Teufel ansah. Später entstand dann die Überzeugung, dass die Beschäftigung mit den Träumen Hexenwerk sei. Hierbei ist nicht zu verkennen, dass Gregor II. einen wichtigen Aspekt unserer Träume erkannt hat, nämlich die Verbildlichung der Schattenprojektion. Der Teufel als der Schatten Gottes stellt ja die Personifikation der verdrängten Anteile unserer Seele dar. Deswegen sagt man auch in der Schweiz, dass der vom Alptraum heimgesuchte Träumer vom Teufel geritten worden sei. Auch der Theologe Eugen Drewermann macht dar-

auf aufmerksam, dass die religiöse Achtung des Traums eine starke heidnische Tradition besitzt.
Einer der berühmtesten vorausdeutenden Träume des Mittelalters betraf die Geburt von Bernard von Clairvaux (1092–1153). Seine Mutter Aleth träumte während ihrer Schwangerschaft, dass sie einen kleinen weißen Hund gebären würde, der sehr laut bellen würde. Die Mutter des heiligen Dominikus (Gründer des Dominikaner-Ordens, 1170–1221) träumte in derselben Situation, dass sie einen kleinen Hund gebären würde, der eine Fackel im Maul trägt. Diese Symbolik wurde zu Lebzeiten der beiden großen Kirchenmänner dahingehend gedeutet, dass Gott den Müttern gezeigt hatte, dass ihre Söhne wie Wachhunde sein Wort und die Kirche beschützen würden.

Die Schwangerschaft ist eine Zeit, in der vorausweisende Träume auch noch heute relativ häufig sind. Das erklärt sich sicherlich daraus, dass die Mutter ganz auf die Zukunft, nämlich auf die Geburt des Kindes, ausgerichtet lebt. Schon der englische Ethnologe Bronislaw Malinowski beobachtete zu Beginn dieses Jahrhunderts bei den Naturvölkern der Südsee und anderen ursprünglichen Kulturen, dass die Schwangerschaft immer durch einen Traum angekündigt wird, in der der Geist der Ahnin die Inkarnation ankündigt und die Frau so auf die Geburt vorbereitet.

Neben der Schwangerschaft ist auch die Zeit vor Krankheiten häufig von vorausdeutenden Träumen geprägt. Amerikanische Traumforscher konnten zeigen, dass in der Zeit unmittelbar vor Krankheitsbeginn meistens symbolische Hinweise auf die kommende Krankheit auftreten.

Zu Ihrer Beruhigung sei gesagt, dass wenn Sie von Ihrem eigenen Tod oder dem einer Ihnen bekannten Person träumen, wenn Sie Unglück und Krieg im Traum sehen, eine Trennung erleben, reich werden oder verarmen, so bedeutet dies fast niemals, dass Ihnen oder Ihren Bekannten das im alltäglichen Leben wirklich geschehen wird. Es handelt sich dabei um gängige Traumsymbole, die keine vorausdeutende Funktion im Traum haben. Wenn sie dennoch als solche betrachtet werden (wie es in gewissen Kreisen des New Age heute modern ist), steht dahinter eine Haltung der Verdrängung beziehungsweise der Abwehr des wirklichen Trauminhalts.

Es gibt allerdings auch echte Warnträume. Carl Gustav Jung beschreibt zwei solcher Warnträume, die er anschließend kommentiert.

Im ersten Traum sah sich ein Bergsteiger, der in zweifelhafte Affären verwickelt war, vom Gipfel eines hohen Berges in die Leere treten. Ein halbes Jahr später trat er wirklich in die Leere und stürzte tödlich ab.

Im zweiten Fall erfreute sich eine stolze Frau an sexuellen Tagträumen während ihrer Spaziergänge im Wald. Sie wurde kurze Zeit darauf im Wald von einem Sexualverbrecher angegriffen.

Jung meint, dass die Träume angedeutet hatten, dass die Frau ein geheimes Verlangen nach solch einem Erlebnis gehabt habe, genauso wie der Bergsteiger unbewusst nach einem Ausweg aus seinen Affären suchte. Keiner der beiden hatte den Preis für solche Regungen seines Unbewussten einkalkuliert.

»Träume kündigen somit manchmal Situationen an, lange bevor diese wirklich eintreten. Dies kann man nicht unbedingt als Wunder bezeichnen. Viele Krisen in unserem Leben haben eine lange, unbewusste Geschichte. Wir nähern uns ihnen Schritt für Schritt, ohne der Gefahren gewahr zu werden. Doch was wir durch unser Bewusstsein nicht wahrnehmen, wird häufig vom Unbewussten erkannt und durch Träume mitgeteilt.«[3]

Jung betont also deutlich, dass psychodynamische Prozesse sich in vorausweisenden Träumen ausdrücken. Hätten die jeweiligen Träumer das Problem früher erkannt, wäre es wahrscheinlich gar nicht zu diesen Unglücksfällen gekommen.
Träume lassen gut erkennen, welche Lösungsansätze das Nachtbewusstsein dem Träumenden anbietet, mit denen er seine Zukunft gestaltet und weiterhin gestalten wird. So kommt es nicht selten vor, worauf der Freud-Schüler Wilhelm Stekel (1868–1940) immer wieder verwies, dass ältere Menschen so handeln, wie sie es schon in ihrer Jugend in einem Traum sahen. Man fühlt sich geradezu herausfordert, den Spruch zu prägen: Sage mir, was du träumst, und ich sage dir, wie dein Leben demnächst aussehen wird.

Da die Zukunft von inneren Einstellungen abhängig ist, die sich im Traum widerspiegeln, kann diese Zukunft durch Veränderung unserer inneren Einstellungen verändert werden. Vorausdeutende Träume sind also nicht vorausdeutend, weil unsere Zukunft absolut determiniert ist, sondern weil innere Einstellungen zu bestimmten vorhersehbaren Zielen führen.

Der archetypische Traum

Große oder archetypische Träume werden besonders klar und gut erinnert. In Bezug auf die optische Qualität sind sie den vorausweisenden Träumen vergleichbar, die auf existenzielle Situationen aufmerksam machen.
Im Unterschied zu den vorausweisenden Träumen herrscht in ihnen allerdings eine ganz spezielle Atmosphäre vor. Sie erinnert sehr an die Stimmung der Mythen und Märchen. Einen solchen großen Traum kann der Träumer fast in jedem

Fall wie ein Märchen oder eine mythologische Erzählung aufschreiben, und er verwendet vielfach Bilder, die an die Visionen mittelalterlicher Seher wie Hildegard von Bingen (1098–1179), Johannes Tauler (1300–1361), Julian von Norwich (1342–1418) und Jakob Böhme (1575–1624) erinnern.

Diese in archetypischen Träumen erlebten Visionen finden wir auch in außereuropäischen Kulturen. Sie spielen eine besonders wichtige Rolle bei den Indianern. Wenn in der Tradition der nordamerikanischen Indianer ein Stammesmitglied auf die Visionssuche ging, dann wurden hierbei häufig solche großen Träume erlebt, die auch im euro-asiatischen Schamanimus eine wichtige Rolle zur Bestimmung und Weisung des Schamanen spielen.

Nach der Jung-Schülerin Marie-Louise von Franz sind die Träume, und ganz speziell die großen Träume, »nicht nur für das Leben des Einzelnen von Bedeutung«, sondern sie stellen »Teile eines großen Schicksalsgewebes« dar, das eine allgemein menschliche Struktur aufzuweisen scheint. Diese allgemein menschliche Struktur spiegelt sich in den Archetypen wider, die in diesen großen Träumen besonders deutlich zu erkennen sind. Man könnte solche Träume als ein symbolisches Gewebe archetypischer Bildelemente ansehen.

Der große Traum stellt den einzigen Traumtyp dar, der weitgehend überpersönlich gedeutet werden sollte. Das Selbst, das nach Jung als seelisches Zentrum unsere Träume erfindet und anordnet, greift beim großen Traum auf die tiefste Ebene des Nachtbewusstseins zurück, nämlich auf diejenige der überpersönlichen Archetypen. Solch einen archetypischen Traum sollte man niemals selbst deuten.

Früher wurde dessen Deutung von den weisen Männern oder Frauen, meistens den Schamanen, vorgenommen, heute wendet sich der Träumer am besten an einen Psychotherapeuten oder lässt den Traum unangetastet und respektiert ihn als ein Geheimnis.

Angesichts eines solchen Traums horcht man in sich hinein und erfreut sich der Großartigkeit der Bilder, die keiner Interpretation durch einen Laien oder Unbefugten bedürfen. In den Zeiten der Pubertät und des Lebensendes kommen große (und teilweise vorausdeutende) Träume häufiger vor. Nach einem solchen archetypischen Traum sieht man sein Leben und seine Umwelt anders, als man es vorher getan hat. Diese Träume können eine tiefe Veränderung im Träumer hervorrufen, auch wenn sie nicht gedeutet werden.

Der Klartraum

Unter dem Klartraum, der auch der bewusste oder der luzide Traum genannt wird, verstehen wir einen Traum, bei dem der Träumer sich während des Ablaufs des Traums bewusst ist, dass er träumt. Klarträume entstehen zum einen spontan, können aber auch mit Hilfe bestimmter Techniken und Übungen hervorgerufen werden.
Fast jeder Mensch kann sich an mindestens einen seiner Träume erinnern, bei dem er sich im Traum völlig klar darüber war, dass er sich in einem Traum befindet. Es gibt sogar Menschen, die gewohnheitsmäßig bewusst träumen. Jeder, der seine Träume relativ regelmäßig erinnern kann, ist fähig zu erlernen, sein Tagesbewusstsein im Traum aufrechtzuerhalten. In vielen europäischen und asiatischen Weisheitsschulen lernt man unter anderem, wie diese Aufrechterhaltung des Tagesbewusstseins auch während des Schlafs möglich ist.
Das luzide Träumen kann auf eine lange Tradition besonders im buddhistischen und hinduistischen Kulturkreis zurückblicken, in dem man sich durch luzides Träumen auf das Leben nach dem Tod einzustellen versucht. Als Teil des Traumyoga und als meditative Disziplin ist es schon seit über

zweitausend Jahren bekannt, spätestens seit der Yoga-Philosoph Patanjali die Lehrgedichte über das Yoga schrieb. Einige westliche Historiker behaupten, dass die Hexerei und die Magie des Westens ebenfalls auf Zeremonien und Ritualen beruht, die im Klartraum vollzogen wurden.

Das Erlernen der Technik des Klarträumens ist nicht schwierig, es stellt sich jedoch die Frage, was ich mit dieser Fähigkeit praktisch anfangen möchte.
Die erste Frage, die sich jeder stellen sollte, bevor er das luzide Träumen erlernt, lautet:

Weshalb will ich luzid träumen?

Wie alle Techniken der Traumarbeit besitzt das luzide Träumen Vor- und Nachteile. Die Vorteile des bewussten Träumens liegen darin, dass man beim Klarträumen übt, sein Bewusstsein und seine Aufmerksamkeit selbst im Schlaf noch aufrechtzuerhalten. Dies gelingt allerdings meistens nur dann, wenn wir auch am Tage eine größtmögliche Bewusstseinsklarheit beibehalten können. Wenn wir uns zum Beispiel den Tag hindurch unserer selbst bewusst sind, ohne träumend und phantasierend abzuschweifen – dann betreiben wir Meditation im engeren Sinne.

Zunächst einmal ist das bewusste Träumen nichts anderes als eine besonders gute Traumerinnerung. Uns wird schon während des Traums klar, dass wir träumen, deswegen können wir bewusste Träume auch besonders gut erinnern. Allerdings zielen die meisten praktizierenden Klarträumer auf mehr als auf eine vollständige Traumerinnerung ab: Sie möchten in ihre Träume bewusst eingreifen und diese verändern. Diese Veränderung oder Manipulation des Traums ist dann sehr sinnvoll,

1. wenn man zum Beispiel unter wiederkehrenden Angst- oder Alpträumen leidet, so dass der Schlafrhythmus empfindlich gestört wird,
2. wenn man spezielle Verhaltensweisen abstellen möchte, die einen im alltäglichen Leben belasten,
3. wenn man bestimmte Verhaltensweisen einüben möchte, die sehr komplex sind,
4. wenn man bestimmte Inspirationen und Einsichten bekommen möchte oder
5. wenn man angstfrei Sexualität mit seinem Traumpartner genießen möchte.

Im Fall der wiederkehrenden Alp- und Angstträume halte ich das luzide Träumen für das wichtigste therapeutische Hilfsmittel. Hier kann der Träumer lernen, bewusst die angstmachende Situation im Traum aufzulösen und sich dabei als jemand erfahren, der aktiv mit Bedrohungen umgehen kann.

Ist man in einem starren Rollen- oder Zwangsverhalten gefangen, dann gibt der bewusste Traum die Möglichkeit, diese Verhaltensweisen zu verändern und abzuwandeln. Dazu muss man vor dem bewussten Träumen alternative Verhaltensweisen planen, die man dann im Traum durchzuführen sucht. Es ist erstaunlich, dass Verhaltensweisen, mit denen man im Traum experimentiert, danach deutlich leichter im Wachbewusstsein angenommen werden können. Der bewusste Traum stellt also ein mögliches Trainingsfeld zum Einüben neuer Verhaltensweisen im Alltagsleben dar.

Es ist auch möglich, einen Traum dahingehend zu planen, dass man ganz bestimmte Probleme in ihn hineinnimmt. So habe ich zum Beispiel den Aufbau und die Strukturierung dieses Arbeitsbuches der Traumdeutung in einer Reihe von Träumen entwickelt. Die Voraussetzung für eine solche

Traumarbeit ist jedoch einmal, dass man sicher luzid träumen kann und dass man sich im Wachbewusstsein ausführlich mit dem entsprechenden Problem beschäftigt hat. Ist dies der Fall, kann man sich einen Traum mit Hilfe von Affirmationen bestellen, der einen in die Welt des zu lösenden Problems einführt. Dadurch werden starre Sichtweisen und die sogenannte »Betriebsblindheit« überwunden.
Ferner ist es möglich, durch luzides Träumen sein Leben innerhalb gewisser Spielräume vorauszuplanen. Wie in einem Kalender kann man in seinem Leben vor- und zurückblättern, wodurch man einen guten Überblick über seinen Lebensweg mit dessen Wiederholungen und genutzten und ungenutzten Chancen bekommt.
In Amerika ist es heutzutage »in«, in Zeiten der Aids-Angst neue Wege des Safersex zu suchen. Da nun die wenigsten Menschen Zugang zu der »virtual reality« (computergesteuerte Scheinrealität, bei der man sich auch den Idealpartner programmieren kann) besitzen, bietet sich das luzide Träumen an, um sich den idealen Sexpartner in der eigenen Vorstellung zu entwerfen. Da im Traum jede durchgeführte Handlung auch physiologisch wie im alltäglichen Leben abläuft, kann Sexualität auf diesem Weg ohne weiteres sehr befriedigend sein.
Außerdem bietet sich das Experiment mit der Sexualität im luziden Traum auch aus therapeutischer Sicht an, wenn beispielsweise Sexualhemmungen wie Frigidität und Impotenz vorliegen.
Die Ausübung von Sexualität mit dem Idealpartner im luziden Traum hat eine lange Tradition. Im euro-asiatischen Schamanismus pflegt der Schamane in streng kontrollierten tagträumerischen Visionen, die den luziden Träumen gleichen, einen sexuellen Kontakt mit seiner sogenannten Geistgattin. Diese Geistgattin ist es, die den Schamanen durch ihre Sexualität mit ihm unterweist und ihn so zu einer be-

deutenden kulturellen Persönlichkeit werden lässt. Auch viele andere Praktiken des Schamanismus sind dem luziden Träumen eng verwandt.

Gelingt uns ein willentliches, bewusstes Träumen, dann können wir nicht nur auch am Tage bewusster leben, sondern wir können zugleich störende Verhaltensweisen, Blockaden und Ängste abbauen. Wir haben mit dem luziden Traum ein weites Experimentierfeld vorliegen, das wir nur zu nutzen brauchen.

Dies ist jedoch nur die eine Seite des bewussten Träumens, der aber auch viele Nachteile gegenüberstehen.
Zunächst wird beim Ansatz des luziden Träumens dem Individuum die Chance genommen, im Traum gerade mit denjenigen Anteilen seiner Psyche konfrontiert zu werden, die nicht erkannt und nicht gelebt werden. Indem man einen Traum bewusst plant, setzt man die Logik und die Einsichten des Tagesbewusstseins über diejenigen des Nachtbewusstseins. Mit anderen Worten: Der männliche Archetyp dominiert hier den weiblichen genauso, wie es in unserer patriarchalisch geprägten Gesellschaft gang und gäbe ist. Das luzide Träumen läuft also sehr leicht Gefahr, die Strukturen des Alltagslebens zu verhärten, anstatt diese aufzuweichen. So wird beim luziden Träumen auch sehr leicht der Leistungsdruck des Tages in einer Nachtschicht noch in den Traum hinein verlängert.
Selbst wenn man das luzide Träumen als eine Sonderform der Verhaltensmodifikation ansieht, bleibt immer noch die Frage, ob man auf die Entlastungsfunktion des normalen Alltagstraums einfach verzichten kann. Wenn Patricia Garfield betont, dass es darauf ankommt, so oft wie möglich luzid zu träumen und somit bewusst regulierend auf das eigene Verhalten einzuwirken, so fehlt hier das Urvertrauen auf

die unbewusst regulierende und heilende Funktion des Nachtbewusstseins. Der luzide Träumer kommt leicht in die Situation, dass er glaubt, sein eigenes Verhalten völlig unter Kontrolle bekommen zu müssen, und er verliert darüber schnell den realistischen Blick auf seine Begrenzungen als menschliches Wesen. C. G. Jung würde in diesem Fall von der Inflation reden, »da das Ich die ihm gesetzten Begrenzungen überschreitet und zu weit in den Bereich des Selbst vordringt«[4]. Das Ich gibt sich also gottähnlich, und aus meiner Sicht geht es in der Traumarbeit und Traumdeutung letztlich um eine demütige Haltung und die Erkenntnis, dass es noch etwas Höheres und Weiseres als unser begrenztes »bewusstes« Ich gibt.

Wägt man die Vor- und Nachteile des luziden Träumens gegeneinander ab, so glaube ich, dass man zu folgender sinnvollen Einstellung gegenüber dem luziden Träumen gelangen kann:

Man träumt nur dann luzid, wenn man ein ganz bestimmtes, fest umrissenes Problem lösen möchte.
Man sollte nie länger als zwei Wochen hintereinander luzid träumen. Der Alltagstraum sollte mit Abstand die meiste Zeit des Traumerlebens auch des luziden Träumers prägen.
Bevor man sich vornimmt, luzid zu träumen, sollte man sich besonders auch mit den Nachteilen des luziden Träumens vertraut gemacht haben.
Luzides Träumen ist sinnvoll, wenn es unter therapeutischer Anleitung durchgeführt wird.

Luzides Träumen ist oftmals eine Gefahr für intellektuell ausgerichtete Menschen, da es deren einseitige Intellektualität noch verstärkt. Es kann dagegen sehr hilfreich für sehr emotional ausgerichtete Menschen sein, da es sie lehrt, bewusst mit ihren Emotionen umzugehen und diese zu verändern.
Das luzide Träumen ist im Grunde weder gut noch böse, es kommt darauf an, wie unser Bewusstsein es verarbeitet.

Die Voraussetzung zum Erlernen des bewussten Träumens ist eine konstante regelmäßige Traumerinnerung von mindestens einem Traum pro Nacht. Hat man diese Grundvoraussetzung erfüllt, ergeben sich grundsätzlich drei Wege:

1. Man benutzt die Affirmationstechnik,
2. man benutzt die Bindfadentechnik oder
3. man benutzt eine Mind-Machine.

Es gibt noch weitere Techniken des luziden Träumens, die jedoch für uns westliche, meist relativ unbewusste Menschen nur sehr schwer zu erlernen sind. Man kann zum Beispiel durch Meditationstechniken versuchen, die Grenze zwischen Wachsein und Einschlafen bewusst zu erleben, um dort sein klares Bewusstsein aufrechtzuerhalten. Solche Geistesklarheit setzt jedoch eine intensive und langjährige Meditationserfahrung voraus, so dass dieser Weg hier nicht anzuraten ist.

Bei der Affirmationstechnik benutzt man als Affirmation, sich in seinen Träumen bewusst zu sein, dass man träumt. Die Modell-Affirmation, die Sie individuell abändern können, sieht folgendermaßen aus:

Ich bin mir in meinen Träumen vollkommen bewusst,
dass ich träume.

Diese oder Ihre eigene Affirmation muss wortwörtlich so oft am Tage wiederholt werden, wie Sie an sie denken. Mindestens sollten Sie sie jedoch morgens nach dem Aufwachen, mittags und abends in tiefer Entspannung dreimal im Stillen wiederholen. Es ist wichtig, nicht mit dem Gedanken an diese Affirmation einzuschlafen. Wir wollen nämlich die Affirmation nicht in unser Nachtbewusstsein hineinzwingen, sondern sie dem Nachtbewusstsein anbieten. Wir geben dem Nachtbewusstsein eine Chance, diese Affirmation aufzunehmen.
Bei der Benutzung von Affirmationen in der Traumarbeit kommt es weitgehend auf unsere innere Haltung an, ob und wie schnell diese wirken. Es ist hierbei gleichgültig, ob es sich um bewusstes Träumen oder beispielsweise um die Steigerung unserer Traumerinnerung handelt, immer müssen wir von ganzem Herzen wünschen, dass die entsprechende Affirmation wirkt. Wir müssen also an sie glauben, dann wirkt sie erstaunlich durchschlagend und schnell.

Eine andere Methode ist die Bindfadenmethode, die ich häufig in meinen Traumworkshops anwende. Man bindet sich dabei als Rechtshänder einen Bindfaden um das Handgelenk seiner rechten Hand, als Linkshänder um das Handgelenk seiner linken Hand (weil die entsprechende Hand einem sehr gegenwärtig ist).
Und zwar bindet man diesen Bindfaden derart, dass man ihn bemerkt, er aber nicht störend wirkt. Gleichzeitig untersucht man seine Träume auf bestimmte wiederkehrende Symbole und Situationen. Wenn diese Symbole und Situationen auftreten, macht man sich klar, dass man träumt, und man wird sich dabei seiner Hand bewusst.

Dies klingt viel schwieriger, als es in Wirklichkeit ist. Normalerweise kann man auf diese Weise unter Anleitung das luzide Träumen in zwei Wochen sicher erlernen. Es ist auch möglich, die Bindfadenmethode mit der Affirmationstechnik zu verbinden.

Luzides Träumen wurde besonders in den USA an der Stanford University von Stephen La Berge untersucht, der eine spezielle elektronische Traummaschine entwickelt hat. Diese Traummaschine, Dream-Light genannt, entstand aus den sogenannten Mind-Machines.

Dream-Light zum Beispiel lässt den Träumenden sozusagen in seinem Traum aufwachen. Diese für den Traum umgebaute Mind-Machine nimmt über eine Augenbinde die Augenbewegungen wahr, um dann im Stadium der Augenbewegungen (REM-Phase) bestimmte akustische (und optische) Impulse auf das Gehirn des Träumers auszusenden. Der Träumer bleibt zwar in der Schlafphase, jedoch wird gleichzeitig sein Tagesbewusstsein angeregt. Obwohl es bei der Arbeit mit solchen Maschinen nicht nötig ist, sich vorzubereiten, würde ich jedoch eine mentale Vorbereitung empfehlen, bei der man sich abends bewusst macht, dass man einen bewussten Blick in sein Nachtbewusstsein tun wird. Außerdem sollte sich der Träumer darüber im Klaren sein, was er mit dieser Traumbewusstheit anfangen möchte.

Meiner Beobachtung nach fördern auch normale Mind-Machines und Hemi-Synch-Kassetten (Audio-Kassetten, die durch akustische Impulse das Gehirn des Hörers stimulieren) nicht nur die Fähigkeit, sich seiner Träume ausführlicher und öfter zu erinnern, sondern auch eine bestimmte Bewusstheit im Traum.

In den Vereinigten Staaten gibt es heutzutage derart viele luzide Träumer, die mit elektronischen Maschinen und Kassetten arbeiten, dass sie eine eigene Zeitschrift »Nightlight« gegründet haben.

Unabhängig davon, mit welcher Methode man das luzide Träumen einüben möchte, sollte man auf jeden Fall sämtliche Erfolge und Fehlschläge schriftlich fixieren und über deren Ursache meditieren.
Zunächst sollte man nur bewusst seine Träume wahrnehmen. Das beobachtende Ich muss nämlich erst langsam daran gewöhnt werden, seine übliche Denk- und Sichtweise aufzugeben. Das Nachtbewusstsein spricht eine andere Sprache als das Tagesbewusstsein, und an diese Sprache muss sich der Träumer erst gewöhnen.
Wenn Sie nun bewusst träumen können, dann ist es Ihnen auch möglich, aktiv in Ihre Träume einzugreifen. Seien Sie jedoch vorsichtig, bei jeder zu starken Willensanstrengung im Traum werden Sie unweigerlich aufwachen. Sie müssen versuchen, einfühlsam und sanft Ihr Traum-Ich zu alternativen Verhaltensweisen zu bewegen.
Menschen, die zum ersten Mal luzid träumten, beschreiben dieses Erlebnis oft euphorisch als »zuvor nie richtig wach gewesen zu sein«. Bei dieser Euphorie sollten Sie jedoch nicht stehen bleiben, denn sie kann Sie wieder in die Unbewusstheit führen.

An dieser Stelle möchte ich einen Exkurs über das Volk der Temiar Senoi einfügen:
Als in Deutschland und besonders in den USA das luzide Träumen mehr und mehr Anhänger fand, bezogen sich immer mehr Therapeuten und Forscher auf das Volk der Temiar Senoi (kurz Senoi genannt). Dieses Volk hatte angeblich sein ganzes Sozialsystem auf der Technik des luziden Träumens aufgebaut. Die übereifrigen Amerikaner wie zum Beispiel die Autorin Patricia Garfield und besonders der Therapeut Strephon K. Williams bezogen sich in ihren Arbeiten auf dieses Volk. So solle es dort keine Aggressivität geben und das Alltagsleben in völliger Harmonie verlaufen. Stre-

phon K. Williams nennt sein Institut sogar die Jung-Senoi-Schule.

Es stellte sich jedoch in den achtziger Jahren aufgrund ethnologischer Nachfolgeforschungen heraus, dass die Traumtechniken der Senoi von dem britischen Ethnologen Herbert Noone und dem Psychologen Kilton Stewart »erträumt« worden sind. Es treffen vielmehr auch bei den Senoi Bronislaw Malinowskis Forschungsergebnisse zu, dass Naturvölker am Alltagstraum wenig Interesse zeigen.

Dennoch stellt der Traum von den Senoi eine schöne Gesellschaftsutopie dar, die die Hoffnung dokumentiert, mit Hilfe des bewussten Träumens zu einer menschenwürdigeren Gesellschaft zu gelangen.

Wenn auch die Senoi augenscheinlich nicht die Traumkultur entwickelt hatten, die Noone und Stewart auf dieses Volk projizierten, so gibt es dennoch Kulturen, in denen das Erzählen der Träume und teilweise auch luzides Träumen als fester Bestandteil zum täglichen Leben gehört. Diese Traumkulturen finden wir bisweilen noch heute bei den nordamerikanischen Indianern. Der Stamm der Irokesen ist besonders für seine lebendige Traumkultur bekannt. Auch die Tradition der Visionssuche der nordamerikanischen Indianer steht dem luziden Träumen sehr nahe.

Tabellarische Auflistung der unterschiedlichen Traumtypen

Tagtraum	hoher Bewusstheitsanteil, sonst wie Alltagstraum
Alltagstraum	ein symbolischer Traum, dessen Symbole auf individuelle tiefenpsychologische Probleme des Träumers verweisen, tritt als – normaler: nicht bunter und – farbiger: bunter Traum auf
wiederkehrender Traum	ein Alltagstraum, der regelmäßig in einer bestimmten oder ähnlichen Form wiederkehrt
Alptraum	ein überaus beängstigender Traum
Heiltraum	ein Traum, der dem Träumer Hinweise auf Heilungsmöglichkeiten gibt und/oder ihn mit seinem inneren Heiler bekannt macht
Flugtraum	ein Traum, in dem man sich fliegend erlebt und die Welt von oben betrachten kann; in diese Kategorie gehören auch die Träume, bei denen man das Gefühl hat, vom Boden abzuheben, um einer Bedrohung zu entgehen
vorausweisender Traum (antizipierender Traum)	ein Traum, der auf kommende Ereignisse verweist, was jedoch erst im Nachhinein erkannt werden kann
großer Traum (archetypischer Traum)	ein Traum, der der Vision nahesteht und von archetypischer Symbolik geprägt ist
Klartraum (luzider Traum)	ein Traum, bei dem der Träumer sein Bewusstsein aufrechterhält

Schlüsselfragen zu den einzelnen Traumtypen

Es ist sehr hilfreich für die Deutung eines Traums, sich bei den unterschiedlichen Traumtypen folgende Fragen zu stellen, die einen schnell auf das Zentrum der Deutung verweisen.

Alltagstraum

Der Alltagstraum ist derjenige Traumtyp, der am häufigsten auftritt und dessen Symbolik auf die Lebenskonflikte des Träumers verweist.

Zu dem Alltagstraum gehören folgende Traumtypen:
Der sexuelle Traum:
Was möchte ich integrieren?
Was möchte sich mit mir verbinden?
Lebe ich meine Sexualität befriedigend aus?

Der Nackt- und Kleidungstraum:
Was versuche ich zu verstecken?
Welche Rolle möchte ich im Leben spielen?
Was ist mir gerade sehr peinlich?
Kann ich mich anderen so zeigen, wie ich bin?
Bin ich zu sehr mit meinem Image beschäftigt?

Geburts- und Schwangerschaftstraum:
Was entsteht gerade an Neuem in meinem Leben?
Was ändert sich gerade in meinem Leben?
Was möchte ich ausdrücken?
Was möchte ich mehr in meinem Leben entwickeln?

Prüfungstraum:
Wie gehe ich mit meinen Problemen im täglichen Leben um?
Welche Taktik benutze ich bei der alltäglichen Lebensbewältigung?

Träume vom Essen und Trinken:
Achte ich genügend auf meine Nahrung (besonders auch im übertragenen Sinn verstanden)?
Kann ich alles, was ich aufnehme, auch verdauen?

Träume von Menschenmengen:
Habe ich das Gefühl, dazuzugehören?
Passe ich mich leicht an?
Gelingt es mir, mich abzugrenzen?

Aufforderungsträume

Ein Aufforderungstraum ist ein Traum, der mich deutlich auffordert, etwas Bestimmtes in meiner jetzigen Situation zu unternehmen.

Welche konkrete Änderungsmöglichkeit schlägt mir dieser Traum vor?

Abschlussträume

Ein Abschlusstraum ist ein Traum, der mir hilft, eine Situation in meinen Leben abzuschließen.

Wie hat sich das Problem nun aufgelöst?

Wiederkehrender Traum

Unter einem wiederkehrenden Traum versteht man einen Traum, der in der gleichen oder ähnlichen Weise den Träumer beständig in mehr oder weniger großen Abständen heimsucht. Er besitzt meistens die Struktur eines normalen Alltagstraums oder eines Angsttraums.

Was oder wer möchte in diesem Traum unbedingt auf sich aufmerksam machen?
Was übersehe ich seit einiger Zeit in meinem Leben?
Was haben alle diese wiederkehrenden Träume gemeinsam?

Vorausweisender Traum

Der vorausweisende Traum ist ein Traum, dessen Bilder etwas zeigen, das später im Leben des Träumers wirklich in dieser oder ähnlicher Weise geschehen wird. Man kann einen vorausweisenden Traum meistens nur im Nachhinein als solchen erkennen. Es gibt wenige Ausnahmen, die dann jedoch von ihrer optischen Qualität her überscharfe Bilder aufweisen und nicht so schnell wie ein normaler Traum vergessen werden.
Der vorausweisende Traum wird zunächst wie ein normaler Alltagstraum behandelt.

Der vorausweisende Traum tritt in seltenen Fällen als Warntraum auf.
Warntraum:
Was soll ich unbedingt in nächster Zeit vermeiden?

Angst- oder Alptraum

Der Angst- oder Alptraum ist derjenige Traumtyp, bei dem uns im Traum derart starke Ängste heimsuchen, dass wir uns selbst wecken. Diese Ängste rufen oftmals physiologische Reaktionen hervor, so dass wir schwitzend, zitternd oder schreiend erwachen.

Wie gehe ich mit meinen Ängsten im alltäglichen Leben um?
Was bedrängt mich gerade?
Was wird durch die angstmachende Situation symbolisiert?

Verfolgungstraum:
Was symbolisiert mein Verfolger in meinem alltäglichen Leben?
Was soll ich mir genauer ansehen?
Womit soll ich mich unbedingt auseinandersetzen?

Katastrophentraum:
Was ändert sich gerade in meinem Leben?
Wie gehe ich mit meinen Aggressionen um?

Flugtraum

Unter einem Flugtraum versteht man einen Traum, bei dem der Träumer das Gefühl hat, zu fliegen.

Positiv erlebter Flugtraum:
Nehme ich mein Leben zu schwer?
Genieße ich meine Sexualität?

Negativ erlebter Flugtraum (zum Beispiel: Absturz):
Kann ich mich fallen lassen?
Bin ich hingabefähig?

Fluchttraum

Ein Fluchttraum ist derjenige Traum, bei dem ich durch Fliegen oder andere übermenschliche Techniken aus einer mir unangenehmen Situation fliehe.

Wovor schließe ich meine Augen im alltäglichen Leben?
Wem weiche ich in meinem Alltagsleben aus?

Heiltraum

Ein Heiltraum ist derjenige Traum, in dem entweder ein Heiler oder eine Heilerin auftritt oder in dem direkt oder indirekt eine Kur verkündet oder aufgezeigt wird.

Welche Verhaltensweisen machen mich krank?
Was soll ich aufgeben?
Was soll ich in meinem Leben konkret ändern?
Wie sieht meine Kur praktisch aus?

Großer oder archetypischer Traum

Unter einem großen oder archetypischen Traum versteht man einen Traum, dessen Bilderwelt von Archetypen geprägt ist und der auf überpersönliche Probleme verweist.

Fallen mir Märchen oder Mythen ein, an die mich die Traumbilder erinnern?

Luzider Traum oder Klartraum

Der luzide Traum oder Klartraum ist ein Traum, bei dem es dem Träumer bewusst ist, dass er träumt. Diese Träume treten teilweise spontan auf, werden jedoch in den meisten Fällen bewusst vom Träumer hervorgerufen und geplant.
Warum möchte ich bewusst träumen?
Was möchte ich durch den bewussten Traum in meinem alltäglichen Leben ändern?
Welches neue Verhalten möchte ich einüben?

Tagtraum

Unter einem Tagtraum versteht man eine träumerische Haltung, die während des Tagesgeschehens eingenommen wird. Man ist sozusagen nicht vollkommen »da«, sondern lässt seiner Phantasie freien Lauf.

Tagträume werden wie normale Alltagsträume gedeutet und behandelt.

Die praktische Deutung eines Traums

Am 24. Juli 1895 gelang es Sigmund Freud in seinen Ferien, zum ersten Mal einen Traum vollständig zu deuten. Dieser Traum »Irmas Injektion« ging in die Geschichte der Traumdeutung als erster vollständig und systematisch gedeuteter Traum ein.
Freud träumte in diesem Traum von Irma, einer hysterischen Hausfreundin der Familie. Die sexuelle Bedeutung dieses Traums ist heute, etwa einhundert Jahre nach dem Beginn der Traumdeutung, nur noch schwerlich zu übersehen. Außerdem gibt uns dieser Traum eine gute Einsicht in Freuds Verhältnis zu Frauen.

Freuds Niederschrift dieses Traums:

Die Halle – viele Gäste, die wir empfangen, darunter Irma. Ich nahm sie gleich beiseite, so als wolle ich auf ihren Brief zu sprechen kommen, und machte ihr Vorwürfe, dass sie die Lösung nicht akzeptiert hatte.
Ich sagte: »Wenn du noch Schmerzen hast, ist es deine eigene Schuld.«
Sie antwortete: »Wenn du nur wüsstest, was ich für Schmerzen im Hals, Leib und Magen habe, es schnürt mich zusammen.«
Ich erschrak und sah sie an, sie sah bleich und gedunsen aus. Ich erschrak beim Gedanken, dass ich doch eine organische

Affektion übersehen hatte. Ich nahm sie zum Fenster und sah ihr in den Hals, sie sträubte sich ein wenig wie Frauen, die falsche Zähne haben. Ich dachte mir, sie hat es doch nicht nötig. Dann machte sie den Mund gut auf. Was ich im Halse sah, einen weißen Fleck und verschorfte Nasenmuscheln. Ich rief schnell Dr. M. hinzu, der die Untersuchung wiederholte und bestätigte.

Dr. M. sah anders aus als gewöhnlich, er war bleich, hinkte und trug keinen Kinnbart. Auch mein Freund Otto stand neben ihr, und mein Freund Leopold betastete ihre Brust und sagte, dass sie eine Dämpfung links unten habe. Er zeigte da auf eine infiltrierte Hautpartie an der linken Schulter (was ich wie er spürte, trotz des Kleides); Dr. M. sagte, es sei eine Infektion, aber es mache nichts. Es wird noch Dysenterie hinzukommen und das Gift sich ausscheiden. Wir wussten unmittelbar, woher die Infektion rührte. Kurz zuvor hatte ihr Freund Otto eine Injektion gegeben, als sie sich unwohl fühlte. Mit einem Propylpräparat … Propylen … Propionsäure … Trimethylamin (und ich sehe die chemische Formel dick gedruckt vor mir) … man sollte solche Injektionen nicht so leichtfertig geben … Und wahrscheinlich war auch die Spritze nicht rein.

Freud zerlegte diesen ausführlichen Traum Stück für Stück, das heißt, Satz für Satz, und kam anhand dieses Traums zu dem Ergebnis, dass der Inhalt dieses Traums, wie auch aller anderen, die Verwirklichung eines Wunsches sei, und dass der Wunsch seinerseits die Motivation für diesen Traum darstelle. An diesem Punkt begann die systematische, wissenschaftliche Traumdeutung. Dass der Motor des Traums ein verdrängter Wunsch ist, sollte Freuds Schriften bis zu seinem Tode prägen.

Ein völlig anderer, typisch amerikanischer Zugang zum Traum findet zu Beginn dieses Jahrhunderts in New York statt:

Am 15. Oktober 1905 erschien in der Sonntagsausgabe des New Yorker »Herald« erstmalig der Comic »Little Nemo«. Dieser beliebte und erfolgreiche Comic machte die Welt des Traums zum ersten Mal breiten Kreisen der USA bekannt. Der Comic-Zeichner Winsor McCay hatte zwar Freuds Traumdeutung nicht gelesen, aber zu Beginn dieses Jahrhunderts standen die Zeichen besonders günstig für die Entdeckung und Deutung der Traumwelten.

Der kleine Junge Little Nemo hat beständig außergewöhnliche Träume, von denen McCay 246 in 14 Jahren zeichnerisch darstellt. Little Nemo fällt des Öfteren im Traum aus dem Bett, aber trotz seiner wilden Träume agiert sein Traum-Ich immer erstaunlich gut und edel. Das Interessante an diesem einflussreichen Traum-Comic ist die Beziehung des Traums auf die soziale mittelständische amerikanische Umgebung des Jungen.

Mit diesem Comic war die nonverbale, zeichnerische Deutung des Traums zum ersten Mal in der Geschichte gelungen. Was man in den Bildern von Hieronymus Bosch und William Blake schon angedeutet sieht, wird in diesem Comic systematisch ausgebaut: Eine Traumdarstellung und Traumdeutung durch phantasievolle Bilderwelten.

Sprachliche und nicht-sprachliche Formen der Deutung

Wenn wir an die Traumdeutung denken, nehmen wir geradezu immer automatisch an, dass es sich hierbei um eine verbale Deutung handelt. Ein Traum kann jedoch nicht nur durch Niederschreiben und durch eingehende Überlegungen, Notizen und Gespräche gedeutet werden.

Als ich vor kurzem in Österreich ein mehrtägiges Traumseminar hielt, befand sich in der Gruppe eine Frau, die durch ausdrucksvolles Tanzen den Gehalt und die Bedeutung eines Traums für sich ausdrückte. Auch ich selbst verbinde häufig Körperübungen aus dem Yoga oder den sanfteren Formen der Bioenergetik mit der Traumarbeit.
Ich bemerkte, dass ich mich meiner Träume oder zumindest einzelner Elemente meiner Träume plötzlich geradezu blitzhaft erinnere, wenn ich mich ganz langsam und sehr bewusst in bestimmte Körperpositionen begebe. Ich drehe mich zum Beispiel in eine Yoga-Position (Asana), und während ich in dieser Körperposition verharre und mehr und mehr bewusst entspanne, steigen nicht nur vergessene Traumteile oder ganze Träume auf, sondern ich spüre auch wieder das mit diesen Traumelementen verbundene Gefühl. Wenn ich dieses Gefühl halte und noch ein wenig verstärke, führt es mich häufig zu einem Traumverständnis, das ich erspüre und das nicht analytisch ausgerichtet und von Worten geprägt ist. Ich habe das untrügliche Gefühl, dass solch ein synthetisches Traumerspüren mir meinen Traum tiefer und schneller verdeutlicht, als es alle noch so ausgefeilten verbalen Deutungen vermögen.

Vieles im Traum kann man zweifellos mit der gesprochenen und geschriebenen Sprache erfassen, aber ebenso viel entzieht sich auch der Verwortung. Im Grunde bemerken Sie dies bereits, wenn Sie einen nächtlichen Traum niederschreiben: Sie haben hierbei vielleicht oftmals das Gefühl, dass Sie Ihren Traum nicht richtig oder zumindest nicht vollständig erfasst haben.
Dennoch wird selbstverständlich die sprachliche Arbeit mit dem Traum nicht durch nonverbale Arbeitsmethoden vollständig abgelöst werden. Wenn der erinnerte Traum niedergeschrieben oder erzählt wird, dann wird er hierbei in ein

anderes Medium, in das der Sprache, übertragen. Durch diese Übertragung des an sich rein bildhaften Traums in die geschriebene oder gesprochene Sprache findet die erste Deutung statt. Wenn man ein Medium mit Hilfe eines anderen ausdrückt, ist damit immer schon eine Deutung und ein Verständniszuwachs verbunden.

Es ist beispielsweise bei der ersten Annäherung an einen Traum sehr sinnvoll, diese mittels bestimmter Grundfragen zu gestalten. Ein ganz einfacher verbaler Zugang zum Traum besteht darin, zunächst einmal folgende Fragen zu stellen:

Sagt mein Traum etwas über meine Beziehung aus?
Wenn dies der Fall ist:
Sagt er auch etwas über meine Sexualität aus?
Sagt er auch etwas über meine Vater- oder Mutterbeziehung aus?
Ruft er Kindheitserlebnisse in mein Gedächtnis zurück?

Sagt er etwas über meine Beziehung zum Geld aus?

Macht mein Traum mich auf Heilungs- oder Änderungsmöglichkeiten aufmerksam?
Zeigt mir dieser Traum etwas, das ich in meinem Alltagsleben versäume zu leben?
Warum habe ich hier und jetzt diesen Traum geträumt?

Für mich spielt die sprachliche Arbeit mit den Träumen nach wie vor die wichtigste Rolle in der Traumarbeit, aber ich sehe auch deren Grenzen und das weite Feld der Möglichkeiten, diese Arbeit kreativ zu erweitern. Bei der sprachlichen Traumdeutung verfällt man leicht in die Haltung, die Traumbilder einseitig als Symptom eines krankhaften (neurotischen) oder zumindest doch unharmonischen Zustands anzusehen. Die nonverbalen Deutungen betonen meistens viel stärker den kreativen Charakter der Traumbilder, den schon Albrecht Dürer (1471–1528) beschrieb, wenn er sagte:

»Ach, wie oft seh ich große Kunst und gut Ding im Schlaf, desgleichen mir wachend nicht fürkommt.«

Es geht meiner Erfahrung nach viel weniger darum, ob man seine Träume sprachlich oder nicht-sprachlich deutet, sondern es ist vielmehr wichtig, mit welcher Bewusstseinsklarheit man seine Träume versteht. Man sollte, wenn möglich, sich seine Träume bewusst machen, da für den Vorgang der Entfaltung des Individuums (Individuation) ein achtsames Bewusstsein unablässig ist. Unsere Entwicklung ist im höchsten Maße von der Intervention eines wachen Bewusstseins abhängig. Dies ist die einzige Rechtfertigung für die Traumdeutung. Allerdings muss dieses wache Bewusstsein nicht unbedingt sprachlich formuliert werden. Es gibt ja auch ein Körperbewusstsein und ein Bewusstsein des Gefühlszentrums, das von den Sufis »Weisheit des Herzens« genannt wird. Eine sprachliche Deutung, die vom intellektuellen Zentrum geprägt ist, muss nicht in jedem Fall von einem wacheren Bewusstsein gekennzeichnet sein als eine nonverbale Traumdeutung, die vom emotionalen Zentrum geprägt ist.
Bis zu einem gewissen Grad kann man auch träumen und dabei sein Bewusstsein erweitern und sich entwickeln, und zwar ohne den Traum zu deuten und ihn zu verstehen. Allerdings ist diese Bewusstseinserweiterung und diese Entwicklung meist genauso flüchtig wie der Traum selbst.

Die »objektive« Traumbetrachtung

Folgende Grundeinstellung möchte ich in der Traumarbeit vermitteln:
Ehe wir analytisch an einem Traum hin- und herdeuten, sollten wir ihn einfach nur betrachten und auf uns wirken lassen. Setzen Sie sich nicht unter Druck, alle Ihre Träume verbal und analytisch exakt deuten zu müssen.
Ein Traum, der Ihrem verbalen Verständnis gegenüber Widerstand zeigt, sollte mit nonverbalen Techniken, wie sie in diesem Kapitel beschrieben werden, gedeutet werden.
In den seltenen Fällen, in denen ein Traum sowohl den analytischen als auch den nonverbal-synthetischen Techniken Widerstand bietet, sollte man ihn so objektiv wie möglich betrachten. Wichtig ist dabei, jegliche moralische Wertung zu vergessen und nichts verändern zu wollen. Man beobachtet »nur«, so objektiv wie möglich, den Reigen seiner Projektionen im Traum.

Die große Schwierigkeit bei dieser Technik der objektiven Traumbetrachtung liegt darin, sich von allen hohen Zielen bei der Traumarbeit zu befreien. Diese Traumbetrachtung muss man wunschlos durchführen. Solange man noch den Wunsch der Verbesserung oder Veränderung seiner Persönlichkeit hat, kann man nicht objektiv schauen, und wenn man nicht objektiv schauen kann, kann man sich auch nicht seiner Träume bewusst werden. Man bleibt so auch während der Deutung im Zustand des Schlafs.
Diese Haltung, die sehr viel Disziplin und lange Übung erfordert, wird Sie langfristig und tief greifend zum Positiven verändern. Sie werden auf Dauer durch solch eine Traumbeobachtung Ihre Projektionen nicht nur bewusster wahrnehmen, sondern auch mehr und mehr zurücknehmen können.

Allerdings bin ich der Ansicht, dass man für solch eine objektive Traumbetrachtung unbedingt einen Lehrer benötigt. Die objektive Traumdeutung kann dann ihr Potenzial ganz entfalten, wenn – was häufig geschieht – im Traum eine tiefe Verletzung angesprochen wird. Dies ist häufig bei Angst- und Alpträumen der Fall. Die beängstigenden Traumbilder und das mit ihnen verbundene Geschehen müssen genauso angeschaut werden, wie es geschehen ist. Die Verletzung muss ganz und gar akzeptiert werden, ohne dass defensive Verdrängungsmechanismen zum Zuge kommen. Dies ist besonders wichtig bei Unfall- und Vergewaltigungserlebnissen, die oft in Träumen wiederkehren, um angeschaut und damit aufgelöst statt verdrängt zu werden.
Hier ist noch einmal zu betonen, dass diese Art der Traumarbeit unbedingt mit einem erfahrenen Therapeuten durchzuführen ist. Laien können mit der objektiven Traumbetrachtung sehr viel Schaden anrichten.

Die nonverbale oder künstlerische Traumarbeit

Malen und Zeichnen

Benutzt man den künstlerischen Ausdruck in der Traumarbeit, so lenkt man die Energien bewusst in das Unbewusste zurück, wo sie entstanden sind. Der Träumer befindet sich sozusagen in kooperativer Zusammenarbeit mit dem Unbewussten, wenn er an dessen Produkten (den Symbolen) arbeitet. Letztlich ist jede Traumdeutung als Kunst anzusehen, die aus der Intuition und der Erfahrung genauso wie aus dem bewussten Wissen schöpft.
Der Träumer kann seinen Traum ebenso wie ein Kunstwerk betrachten. Das liegt nicht zuletzt daran, dass Werke der bil-

denden Kunst wie der Traum sich in Bildern ausdrücken. Wenn wir einen Traum vorliegen haben, dann hängt unsere Sichtweise dieses Traums zum großen Teil davon ab, was wir von dem Traum erwarten. Dieser Erwartungshorizont wiederum wird von unserer Erfahrung mit anderen Träumen, die wir vorher hatten, geprägt. Jedes Bild – ob nun im Traum oder in der Kunst – bekommt seine Bedeutung durch jene Bilder, die wir vorher sahen. Weicht solch ein Traumbild nun sehr von unserem Erwartungshorizont ab, dann wird der Traum entweder verdrängt, das heißt vergessen, oder er wird als Angst- beziehungsweise Alptraum erlebt.

Träumen ist im Grunde etwas sehr Regressives, denn man geht auf die Stufen seiner Kindheit und noch weiter zurück. In unseren Träumen werden wir ja nicht nur häufig in unsere Kindheit zurückgeführt, sondern wir denken in ihnen auch in magisch beseelten Bildern, die unsere Kinderwelt von damals beherrschten. Diese Bilder entstammen zudem noch dem ältesten Gehirnteil des Menschen, nämlich dem Stammhirn. Aus dieser Sicht ist es schon einleuchtend, dass die Träume leichter mit Bildern als mit einer modernen abstrakten, an der Technik ausgerichteten Sprache zu erfassen sind.

Unter analytischen Psychologen ist es sehr beliebt, künstlerische Techniken in die Traumdeutung einzubeziehen. Wenn Sie diesen Weg wählen sollten, ist es äußerst wichtig, Ihren künstlerisch-ästhetischen Anspruch zu vergessen. Wählen Sie das Malen oder Zeichnen, um einen Traum zu erfassen, dann geht es hierbei um künstlerische Techniken, die in den Dienst der Selbsterkenntnis gestellt werden. Die Selbsterkenntnis und nicht Ihr künstlerisches Können steht im Vordergrund. Wenn Sie ein ästhetisch ansprechendes Bild schaffen wollen, behindern Sie Ihren freien und spontanen Ausdruck und legen ihn durch äußerliche Normen in Ketten. Ein solches Bild ist zwar wie die Bilder des russischen Malers Marc Chagall (1887–1985) von Ihrem persönlichen Traum inspiriert, es lässt jedoch keine tief gehenden individuellen Deutungen mehr zu. Es ist ein ästhetisches Objekt und nicht mehr subjektiver spontaner Ausdruck Ihrer Psyche.

Wenn Sie Ihren Traum mit Hilfe von Malen und Zeichnen ergründen wollen, dann malen oder zeichnen Sie, so gut oder schlecht Sie es können, ein Traumsymbol oder eine Traumszene oder versuchen Sie, in Ihrem Bild die Traumstimmung wiederzugeben. Sie brauchen hierzu keinerlei spezielle Begabung, weder technische Kenntnisse noch ein ausgebildetes Talent. Das Einzige, was Sie mitbringen müssen, ist eine Freude am Malen oder Zeichnen. Sie versenken sich am besten wie ein Kind selbstvergessen in die künstlerische Tätigkeit und sind »mit roten Bäckchen und Glitzeraugen« dabei. Versehen Sie jedes Bild mit einem Titel und dem Datum und dem Titel des zugehörigen Traums, auf den sich das Bild bezieht.

Für den Bildaufbau folgen Sie Ihren spontanen Einfällen. Grundsätzlich bieten sich folgende Formen an:

1. Sie wählen sich Ihr wichtigstes Traumsymbol aus,
2. Sie gestalten eine bestimmte, emotional hoch geladene Traumszene,
3. Sie teilen Ihr Zeichenpapier in mehrere Felder ein, in denen Sie den Ablauf des Traums darstellen oder
4. Sie geben abstrakt durch eine Farb- oder Formkomposition die Stimmung des Traums wieder.

Zu dieser künstlerischen Art der Traumarbeit benutzen Sie am besten Bunt- und/oder Filzstifte, da Sie mit solchen Zeichenstiften zügig ohne großes Üben ein Bild produzieren können. Da bei Farb- und Filzstiften der Strich bereits farbig ist, malt man mit ihnen automatisch gefühlsbetonter, als wenn man zum Beispiel einen Bleistift benutzen würde. Ist Ihnen speziell der farbliche Ausdruck wichtig, dann benutzen Sie am besten Wachsmalstifte oder Ölkreide, mit denen Sie leicht farbig gesättigte und nuancenreiche Bilder malen können. Mit Pastellkreide kann man sehr gut seine Gefühle in fließenden Farben ausdrücken und zugleich eine differenzierte Farbigkeit erzeugen. Allerdings müssen diese Bilder mit Fixativ fixiert werden.

Zum Zeichnen eignet sich ein weicher Bleistift oder Zeichenkohle (am besten in Bleistiftform) beziehungsweise Rötelstifte.

Malmaterialien zur künstlerischen Gestaltung eines Traums	
Buntstife, Filzstifte	leichte Handhabung, fördern zügiges Malen, farbiger Strich
Wachsmalstifte, Ölkreide	besondere Betonung der Farbigkeit, schwerer zu benutzen als Bunt- und Filzstifte
Pastellkreide	Gefühlsausdruck kann fließend gestaltet werden
Bleistift, Zeichenkohle	eignet sich besonders zum Zeichnen und Skizzieren von Traumfiguren und Traumszenen

Wenn Sie nun Ihr »Traumbild« fertiggestellt haben, meditieren Sie mit offenen Augen auf dieses Bild, und lassen Sie dabei alle diejenigen Gefühle und Einsichten in sich hochsteigen, die sich bemerkbar machen möchten. Dies bedeutet konkret, dass Sie sich vor Ihr Bild setzen und sich dieses Bild

konzentriert anschauen, ohne es zu bewerten. Wenden Sie Ihre Konzentration nicht von dem Bild ab, und werden Sie sich Ihrer Gefühle völlig bewusst.
Jetzt wird Ihr Traum durch das Medium Bild zu Ihnen sprechen.
Es gibt hierbei folgende Schlüsselfragen:

Wie wirkt das Bild auf Sie?
Wie haben Sie sich beim Malen gefühlt?
Was ist Ihnen beim Malen klargeworden?

Nehmen Sie sich Zeit für die Beantwortung dieser Fragen und wenden Sie sich dann wieder Ihrem Traum zu, den Sie sicherlich jetzt mit völlig anderen Augen sehen werden.

Die analytische Betrachtung der Traumbilder

Sie können Ihr Bild oder Ihre »Traumzeichnung« auch analytisch betrachten. Die analytische Betrachtung der Traumbilder ist jedoch nur dann anzuwenden, wenn Sie einen Traum therapeutisch nutzen wollen. Meiden Sie auf jeden Fall die analytische Betrachtung von Träumen, wenn Sie diese kreativ nutzen wollen. Die kreative Nutzung von Träumen in der Wissenschaft und in der Kunst zur Produktion neuer Ideen und Zusammenhänge wird oft durch ein klares analytisches Verständnis des Traums gehemmt. Wer seine Träume als Maler, Schriftsteller, Filmemacher oder im Bereich der Videoanimation und Produktwerbung nutzen möchte, sollte sie nicht analysieren. Wer sich jedoch selbst über seine Träume verstehen möchte und wen es interessiert zu sehen, wie weit die vorgefertigten äußeren Bilderwelten, die uns durch Werbung, Fernsehen und Illustrierte ins Haus geliefert werden, sich in seinem Inneren verfestigen, der sollte in jedem Fall seine Träume analysieren. Schon C. G. Jung bemerkte vor der Zeit des Fernsehens, dass es nicht ganz gleichgültig ist, welche Bilder uns fesseln. Er bedauert, dass wir nicht einfach alles anschauen können, ohne geschädigt zu werden.

Eine kreative Nutzung von Träumen geht von der rechten Gehirnhälfte aus, die bildhaft und synthetisch denkt. Die analytische Betrachtung der Träume stützt sich auf die Aktivität der linken Gehirnhälfte, die abstrakt, verbal und analytisch vorgeht. Ideal ist natürlich die Verbindung beider Denkweisen, die sich hilfreich ergänzen können. In unserer Gesellschaft bekämpfen sich allerdings häufig diese beiden Denkarten.
Die analytische Sicht der Welt hat seit der Jahrhundertwende, als Freud seine »Traumdeutung« veröffentlichte, mehr und mehr die synthetische oder ganzheitliche Sicht der Welt verdrängt.
Aus therapeutischer Sicht und Gründen der Selbsterkenntnis ist die klare analytische Sichtweise des Traums sehr wichtig, da sie Unbewusstes ins Bewusstsein hebt. Sie folgt dem Freudschen Motto:

»Wo Es war, muss Ich werden.«

Dies ist der Standpunkt einer kritischen Theorie, die das Bewusstsein (Ich) über das Unbewusste (Es) stellt.

Wenden wir uns jetzt der konkreten analytischen Betrachtung der gemalten oder gezeichneten Traumbilder zu. Dazu schauen Sie sich zunächst einmal an, welches Format Sie spontan ausgewählt haben.

Das Format

Das Querformat

Das Quer- oder Breitformat drückt eine bestimmte Natürlichkeit aus. Träume, die spontan in diesem Format wiedergegeben werden, verweisen zumeist auf eine gute Erdung des Träumers oder der Träumerin. Solche Menschen besitzen eine Tendenz, sich selbst und ihre Umwelt nicht zu eng zu sehen. Der im Querformat gestaltete Traum ist von einer gewissen Weite geprägt, hier werden viele unterschiedliche Aspekte gesehen und miteinander verbunden. Die deutsche Psychotherapeutin Ursula Baumgart sieht in der Benutzung des Querformats einen Hinweis auf einen relativ ungehemmten Ausdruck der eigenen Triebenergien.

Das bislang Gesagte bezieht sich auf die tatsächliche Ausnutzung des Formats. Traumbilder im Querformat mit eindeutiger Höhenausprägung verweisen oftmals auf eine ungestillte Sehnsucht nach Weite. Hier leidet man häufig unter der Enge seines alltäglichen Lebens. Gerade in diesem Fall sind die kreativen Hinweise des Traums besonders zu beachten, indem man versucht, die Lehre des Traums in sein alltägliches Leben zu übernehmen und die Traumbilder konkret auf sich zu beziehen.

Auf der Grundlage der alchemistischen Elementenlehre verbinden wir Träume, die spontan im Querformat gezeichnet oder gemalt werden, mit dem Element der Erde und damit auch mit dem weiblichen Archetypen.

Das Hochformat

Träume, die spontan im Hoch- oder Längsformat gestaltet werden, verweisen auf die Geistigkeit des Träumers. Man schaut in die Höhe und möchte sich aus dem beengenden Erdendasein befreien. Wer das Hochformat für sein Traumbild wählt, schafft Raum für seine geistigen Höhenflüge.

Solche Bilder betonen meistens den Bereich der Luft, den schon die mittelalterlichen Alchemisten als den Raum des Geistes ansahen. Hier herrscht der männliche Archetyp, der im Gegensatz zum weiblichen Archetyp seinen Gott beziehungsweise seine Erlösung im Himmel sucht.
Man könnte auch, streng an Freuds Triebmodell ausgerichtet, den oberen Teil des Traumbildes als die Ebene des Über-Ich sehen. Dort wohnen die gesellschaftliche Moral, die Normensysteme beziehungsweise die Autorität des Vaters. Das Patriarchat sah immer den Normen gebenden Gott im Himmel.
Im mittleren Teil des Traumbildes sehen wir die Dynamik des Ich beziehungsweise das Bewusstsein des Träumers. Das ist der Ort der Persönlichkeit.
Der untere Teil verdeutlicht das Unbewusste als den Wohnort der Triebe und der undomestizierten Kreativität. Hier befindet sich das Reich der Mütter, in das beispielsweise der intellektuelle deutsche Held, Goethes Heinrich Faust, auf seinem Entwicklungsweg hinabsteigen muss. Das ist die Welt der archetypischen Bilder, in der sich Faust auch sogleich in die Göttin Helena als den Archetyp der Schönheit verliebt.

Querformat
weiblich Natürlichkeit Erdung Weite
Hochformat
männlich Intellektualität Geistigkeit Über-Ich (Beschränkung)

In seltenen Fällen wird bei der Benutzung des Hochformats für Traumbilder besonders der untere Teil des Bildes betont. Dies ist immer ein Zeichen dafür, dass man entweder um Erdung ringt oder um eine differenzierte Auseinandersetzung mit seiner Triebenergie und/oder seiner weiblichen Seite (Anima).

Der Raum

Wenn Sie nach Ihrem Traum ein Bild gemalt haben, kann die Betrachtung der Aufteilung des Raums einiges über die Beherrschung Ihres inneren, psychischen Raums aussagen. Schauen Sie sich an, was Sie auf der linken, was Sie auf der rechten Seite, was Sie oben und was Sie unten dargestellt haben. Wahrscheinlich gibt dies genau die optische Struktur Ihres Traums wieder, die Sie jedoch nicht bewusst behalten und reproduziert haben.

»Rechts« und »links« bezeichnen hier immer die Seiten vom Betrachter des Bildes aus gesehen. Hierbei gibt es nur eine Ausnahme: wenn der Träumer sich selbst im Bild darstellt. In diesem Fall sieht man rechts und links aus der Perspektive des Träumers.

Die rechte Seite

Die rechte Seite gibt im Traum als auch im Traumbild die Bewegung und Öffnung auf den anderen hin wieder. Hier finden wir hauptsächlich diejenige Problematik, die durch die Auseinandersetzung mit anderen Menschen entsteht. Auf dieser Seite wird der Schritt vom Ich aufs Du hin getan. Die klassische Psychoanalyse sieht die rechte Seite in Traum und Traumbild als die männliche Seite des Handelns an. Hier steht die männliche Tat, die aktiv auf die Schaffung einer bestimmten Zukunft ausgerichtet ist.

Die rechte Seite gibt also den männlichen Archetyp wieder (Animus). In der Antike nahm man allgemein an, dass die

Knaben aus dem rechten und die Mädchen aus dem linken Hoden gezeugt werden.
Auch in der modernen Graphologie sagt man, dass die Schrift des Extravertierten stets nach rechts läuft, und zwar weg von seinem Inneren und hin zur Außenwelt. Das gilt auch für den Traum und dessen Fixierung im Bild.

Die linke Seite

Die linke Seite gibt im Traum als auch im Traumbild das eigene Innere des Träumers wieder. Diese Seite ist eng dem weiblichen Archetyp (Anima) verbunden. Sie ist nach innen gewandt, intuitiv und sinnlich. Der Psychoanalyse zufolge geht der Blick nach links in die Vergangenheit. Auf dieser Seite ist passives Ausruhen angesagt.
Man sagt, dass der Introvertierte sich nach links in sich selbst zurückzieht und dabei die Außenwelt flieht.

Die obere Seite

Nach antiker Auffassung symbolisiert das Oben immer den Kopf des Menschen, der als der Sitz des Geistes angesehen wird.
Die obere Seite in Traum und Traumbild ist dem männlichen Archetyp verwandt. Hier werden die Leistungen des Tagesbewusstseins angesprochen. Das ist das Reich der Luft, in dem der Geist und der Intellekt zu finden ist. Diesem Oben wohnt auch immer etwas Überpersönliches inne.
Achten Sie bei Ihrem Traum und Traumbild darauf, wie die obere Seite ausgestaltet ist. Handelt es sich zum Beispiel um ein differenziertes Gestalten des Himmels wie bei einem Astwerk der Bäume oder um eine Belebung wie bei den Vögeln im Himmel?
All dies sagt auf symbolische Weise etwas über Ihre Einstellung gegenüber Ihrem Tagesbewusstsein aus.
Sind die Oberlängen im Bild unverhältnismäßig groß, dann

betont der Träumer zu sehr seine intellektuelle Seite auf Kosten seiner Gefühlswelt. Zugleich besitzt er aber auch meistens eine positive Einstellung zu seiner männlichen Seite. Wir sprechen wie in der modernen Graphologie von einer speziellen Ausprägung von Oberlängen, wenn zum Beispiel der Kopf einer Figur, Baumkronen oder der Horizont übernatürlich viel Platz im Bild einnehmen.

Die untere Seite

Die untere Seite in Traum und Traumbild ist dem weiblichen Archetyp verbunden. Aus dieser Quelle stammt die Kreativität, die Intuition und das Gefühl, aber auch die Triebenergie und die erleuchtende Ekstase. Dies ist der Ort des Nachtbewusstseins und Geheimnisses.

Betrachten wir die untere Seite unseres Traumbildes, sollten wir uns immer fragen, ob die dargestellten Figuren und Gegenstände geerdet sind oder ob sie frei im Raum schweben. Frei im Raum schwebende Formen symbolisieren eine Abgehobenheit, das heißt eine fehlende Verbindung mit der alltäglichen Alltagswelt und ihren Anforderungen und Notwendigkeiten. Mit einer Bodenlinie verbundene Formen verweisen auf eine gute Erdung, also darauf, dass der Träumer meist gut sein Alltagsleben meistern kann.

Die Überbetonung der Unterlängen in einem Traumbild weist auf eine Tendenz zur Betonung des Trieblebens auf Kosten von Gefühl und Intellekt hin.

Es ist interessant, dass Menschen, die nachdenken, nach rechts oben schauen, und besinnt man sich auf seine Gefühle, geht der Blick automatisch nach links unten. Dies legt den Gedanken nahe, dieses Raumeinteilungsschema im Traum als ein archetypisches Schema anzusehen, das dem Menschen angeboren ist.

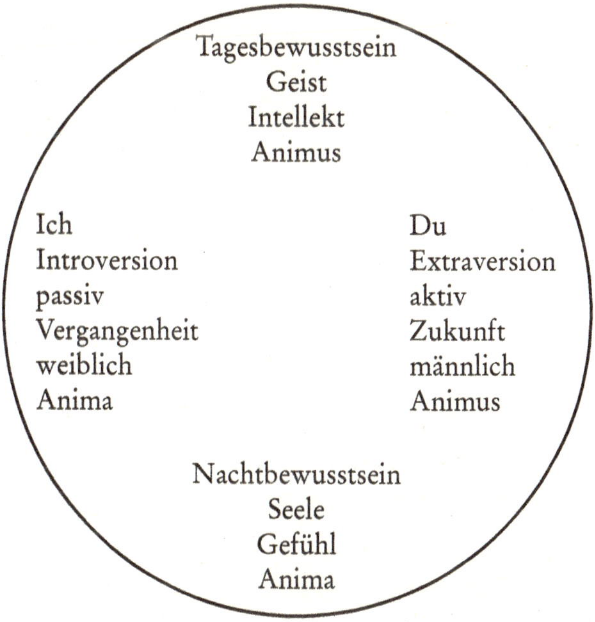

Während des Betrachtens von Traumbildern meiner Klienten fiel mir auf, dass in dieser Aufteilung des Traum-Raums auch das Schema von Horoskopen wiederzufinden ist. Man kann sein Taumbild also wie ein persönliches Horoskop lesen. Die Abbildung oben zeigt uns deutlich die gleichen räumlichen Strukturen von Traum und Horoskop.

Die Formen

In Ihren Traumbildern wie in Ihren Träumen können Sie folgende Formen unterscheiden:

Die Bedeutung der Formen in Traum und Traumbild	
männlicher Archetyp	weiblicher Archetyp
eckig starr isoliert	rund dynamisch verbunden

Die eckigen, spitzen, starren und isoliert stehenden Formen drücken in Ihrem Traumbild Ihre zielgerichtete Willensenergie aus. Sie können an der Strich- oder Pinselführung den genauen Charakter dieser Energie ablesen.
Unterbrochene Striche, die aus vielen Ansätzen bestehen, verweisen auf eine zögernde und vorsichtige Haltung. Großzügig in einem Schwung gezogene Linien deuten auf große Energien beim Durchführen der eigenen Ziele.
Runde, dynamische, rhythmisch wiederkehrende und vielfach verbundene oder verwobene Formen zeigen häufig das Bedürfnis nach Vereinigung und tiefer Verbindung – meist auf der seelischen Ebene – an.

Eng mit dieser Linienführung ist auch die Gestaltung des Taumbildes verbunden. Wenn Sie Ihr Bild gemalt haben, dann wird Ihnen sofort klar sein, ob es gut organisiert ist oder nicht. Herrscht ein Durcheinander vor und sind die einzelnen Symbole unverbunden und scharf voneinander abgegrenzt, oder ist alles miteinander vielfältig verbunden und verwoben? Bei der unverbundenen Darstellung von Symbolen hält Ihnen Ihr Traum den Spiegel vor, der Ihnen Ihre Zerrissenheit zeigt – besonders dann, wenn Sie sich sehr harmonisch und ausgeglichen wähnen. C. G. Jung sagte in seinem unveröffentlichten »Deutschen Seminar« zu den Bildern des Nachtbewusstseins:

»Wenn einfache, geometrische Formen auftreten, die eine gewisse Armut der Gestaltung aufweisen, handelt es sich in der Regel um den Fall, in dem das Individuelle in allen möglichen Begehren und Befürchtungen aufgelöst ist. Das Bild hat dann den Zweck, den untergeordneten, chaotischen Zustand zu beschwören und in einen einfachen, übersichtlichen zu verwandeln.«[1]

Die ideale Form, die einen positiven Entwicklungsprozess anzeigt, stellt die Mandalaform dar. Das Mandala (Sanskrit: der Kreis) bildet die perfekte seelische Urordnung ab. Immer dort, wo in Ihrem Traum ein Kreis auftaucht, kann eine Mandalaform gesehen werden. Das ist besonders immer dann der Fall, wenn dieser Kreis zusätzlich in irgendeiner Weise symmetrisch strukturiert ist.
Grundsätzlich symbolisiert der Kreis den ursprünglichen weiblichen Archetypen, wie wir ihn in der ummauerten Stadt und der Burg als schützende Orte finden.
Wenn Sie einen Traum in Form eines Mandalas malen oder zeichnen, ordnen und deuten Sie damit automatisch diesen Traum. Sie können sich auch bewusst vornehmen, die verschiedenen Symbole eines Traums in Mandalaform anzuordnen.

Die Dimension der Traumbilder
Wir sprachen im vorigen Kapitel über den Archetypen des Schattens, jener dunklen Seite des Menschen, die ihm Dimension gibt, die ihn eigentlich erst zum Menschen werden lässt. Friedrich Nietzsche umschreibt den Schatten als »das Menschlich-Allzumenschliche«, dem wir auf Schritt und Tritt in jedem Traum begegnen.
Alles, was Dimension hat, wirft einen Schatten. Und schauen Sie sich einmal Ihre Traumbilder daraufhin an, ob sie wirklich zumindest ansatzweise perspektivisch ausgestaltet

sind und ob es in ihnen Schatten gibt. Je mehr Sie den Schatten fürchten und ihn zu verdrängen suchen, umso häufiger wird er sich Ihnen im Traum zeigen. Der Schatten möchte wahrgenommen werden; wenn er unbeachtet bleibt, wird er bösartig und wird Sie schädigen.
Nicht-perspektische Traumbilder und solche, die keinen Schatten aufweisen, sondern eher geometrisch gestaltet sind, sollten als Übung in perspektivische Traumbilder umgewandelt werden.
Sie werden sehen, dass Sie durch diese Malübung Angst abbauen und Vitalität dazugewinnen. Allerdings ist hierbei Disziplin gefragt: Sie müssen dies nämlich für etwa ein halbes Jahr mit jedem von Ihnen gemalten Traumbild durchführen. Verdeutlichen Sie sich, dass mit diesem Umwandeln der Bilder auch Sie an Dimension gewinnen – das sollte Motivation genug sein.

Die Farben

Die Farben sind noch stärker als die Formen ein archetypischer Ausdruck psychischer Emotionalität, die den Träumer bewegt hat. Ihr Sättigungsgrad, ihre Leuchtkraft, Intensität und Klarheit gibt einen unmittelbaren Aufschluss über die Art und Stärke der durch den Traum angesprochenen Emotionen. Hierbei ist auch immer zu berücksichtigen, wie sich eine Farbe gegen andere Farben absetzt. Schon auf den ersten Blick können Sie an Ihrem Traumbild erkennen, ob dessen Farbgestaltung harmonisch oder gespannt ist.

Wie die verwandten Formen bei der Gestaltung eines Traumbilds, so verdeutlichen auch die benutzten Farben die Symbolik der verschiedenen Traumelemente. Ein tabellarischer Überblick über die drei Grundfarben mag an dieser Stelle genügen, um Ihnen eine Idee zu vermitteln, was Sie aus den verschiedenen Farben ableiten können und wie diese zu deu-

ten sind. Die verschiedenen Farben und deren Abtönungen ergeben sich auch in Bezug auf ihren psychologischen Gehalt aus der Mischung der drei Grundfarben.
Eine genauere und eingehendere Auseinandersetzung mit den Bedeutungen der Farben bietet Goethes Farbenlehre. In der sechsten Abteilung über die sinnlich-sittliche Wirkung der Farben finden Sie alle Informationen, die Sie zum psychologischen Verstehen und Begreifen der Farben in der Traumarbeit benötigen.

Die Bedeutung der Farben im Traum und Traumbild

Farbe	Symbol für
Rot	Element Feuer Männlichkeit (Animus) Körper Leidenschaft und Sünde, Aktivität, Revolution, Intensität und Vitalität Kindlichkeit (Regression) Krieg, Aggression und Mut
Gelb	Element Luft Geist, Licht Einsicht, Vernunft und Intellekt, Wahnsinn, Neid und negative Gefühle (besonders Misstrauen, Verrat, Zweifel)
Blau	Element Wasser Weiblichkeit (Anima) Seele Finsternis Gefühl, Sehnsucht und Schutz (die inneren Welten), Treue das Geheimnisvolle, Ferne und Tiefe Ruhe und Tod, Furcht und Trauer

Die analytische Betrachtung der Traumbilder im Überblick

Dies sind nur einige Anregungen, worauf Sie bei der analytischen Betrachtung der von Ihnen gemalten Traumbilder achten können. Wenn Sie regelmäßig Ihre Träume malen oder zeichnen, wird Ihnen die Bildersprache Ihrer Malereien und Zeichnungen immer geläufiger werden. Dies hat zugleich den Effekt, dass Sie auch die Bildersprache Ihrer Träume besser verstehen werden.

Sie werden sehen, dass Sie manchmal den Rahmen sprengen und am liebsten über Ihr Blatt hinaus malen wollen, und dann wieder gibt es Träume, die Sie ganz klein auf das große Blatt malen. All das ist schon eine Deutung des Traums, der letztlich nicht viel mehr hinzuzusetzen ist.

Beachten Sie auch, von welcher Seite Sie Ihren Traum zu malen begannen: von der dunklen nachtbewussten linken Ecke aus oder von der hellen Seite des klaren Tagesbewusstseins? Oder haben Sie von der Mitte her Ihr Traumbild entfaltet?

Zur schnellen Information über den malerischen und zeichnerischen Umgang mit Träumen mag Ihnen die folgende Tabelle helfen, die die Ausführungen der letzten Abschnitte übersichtlich zusammenfasst. Hierbei benutze ich den Ausdruck Traumbilder in zweierlei Hinsicht, nämlich sowohl als die Bilder des geträumten als auch die Bilder des gemalten oder gezeichneten Traums.

Format	
Querformat	Weiblichkeit Erdung, Weite, Natürlichkeit, Triebhaftigkeit
Hochformat	Männlichkeit Luft, Intellekt und Geist

Raumaufteilung	
rechte Seite	männlich, extravertiert, aktiv, auf die Zukunft gerichtet
linke Seite	weiblich, introvertiert, passiv, an der Vergangenheit orientiert
obere Seite	männlich, Tagesbewusstsein, Geist und Intellekt
untere Seite	weiblich, Nachtbewusstsein, Seele und Gefühl
Farbe	
Rot	männlich, Feuer, Körper, Aktivität, Krieg, kindlich
Gelb	Licht, Luft, Geist, Intellekt, negative Gefühle
Blau	weiblich, Wasser, Seele, Gefühl, Sehnsucht
Formen	
männliche Formen	
eckig	zielgerichtet, klar, deutlich
starr	Ausdruck des Willens und der Anstrengung
isoliert	analytisch, eigenständig, stark
weibliche Formen	
rund	intuitiv, geborgen, ewig (ohne Anfang und Ende)
dynamisch	beweglich, kreativ, lebensbejahend
verbunden	synthetisch, sozial

Ich bin sehr ausführlich auf die Traumdeutung mittels Malen und Zeichnen eingegangen, da dies die verbreitetste Technik der Traumdeutung mit künstlerischen Mitteln darstellt. Außerdem ist diese Art der Traumdeutung für jeden interessierten Laien leicht möglich.

Man kann allerdings jeden künstlerischen Ausdruck und jede künstlerische Technik in den Dienst der Traumdeutung stellen. So hatte zum Beispiel im Jahre 1713 der italienische Musiker Giuseppe Tartini einen Traum in einem Musikstück verarbeitet, das später unter dem Titel »Teufelssonate« nicht nur als seine beste Komposition angesehen, sondern auch weltberühmt wurde.

Sehr extravagant nutzt der Held des Romans »Das Parfüm« seine Träume für die Umsetzung betörender Geruchskreationen.

Der Ausdrucksmöglichkeit eines Traums sind also keine Grenzen gesetzt. Und jeder künstlerische Ausdruck eines Traums beinhaltet zugleich dessen Deutung.

Relativ verbreitet in der Traumdeutung sind Betätigungen wie das Töpfern und das Tanzen. In beiden Formen kommt es auf die körperliche Geste an, die im Fall des Töpferns erhalten bleibt, indem sie sich materialisiert, sich beim Tanz dagegen verflüchtigt. In beiden Fällen nimmt sich vorzugsweise die Intelligenz des Körpers des Traums an, wobei der Körper normalerweise weniger lügt als der Intellekt. Der Körper drückt direkter und sinnlicher die Essenz eines Traums aus, als es unserem Intellekt möglich ist.

Probieren Sie einfach einmal solche Ihnen wahrscheinlich ungewohnten Ausdrucksmöglichkeiten aus und beobachten Sie, ob Sie auf diese Weise Ihre Träume erfahren und erleben können.

Die verbale, künstlerische Traumarbeit

Die häufigste Form der Traumdeutung ist die verbale, da sie am leichtesten und schnellsten durchzuführen ist. Außerdem gibt sie einem das Gefühl, am Ende der Traumdeutung etwas »in der Hand zu haben«. Zumindest kommt man durch sie meistens zu einem kommunizierbaren Ergebnis, das viele Träumer wie einen großen Goldschatz begierig suchen.
Man benötigt jedoch in der Traumdeutung nicht unbedingt solche Ergebnisse, die man aufschreiben und dann doch wieder vergessen kann. Die Erfahrung eines Traums durch einen Tanz oder ein Traumbild an der Wand können einen oft tiefer mit dem Traum verbinden als alle Worte, die über ihn gesprochen werden.
Dennoch ist diese verbale Traumdeutung schon allein deswegen sehr wichtig, da wir mit ihr sehr leicht und übersichtlich unsere Entwicklung dokumentieren können. Wir können uns die Träume immer wieder schnell in unserem Traumtagebuch ansehen und so große Linien in unserem Leben erkennen. Außerdem ist der Traum durch seine verbale Aufbereitung am einfachsten kommunizierbar.

Der Traum als Drama

Wenn Sie Ihre Träume ganz genau betrachten, werden Sie bemerken, dass viele Träume wie ein Theaterstück aufgebaut sind. Falls dies nicht sofort ersichtlich ist, liegt es daran, dass die meisten Träume von uns unvollständig erinnert werden. Das heißt, was wir als Traum ansehen, sind eigentlich nur Teile eines größeren Traums, sogenannte Traumfragmente. Erinnern wir jedoch einen Traum sehr ausführlich, werden

wir bemerken, dass solch ein Traum wie das klassische griechische Drama nach Aristoteles aufgebaut ist.
Verblüffend ist, dass der Träumer in diesem Drama alle Personen zugleich darstellt:

den Dichter,
den Schauspieler (das Traum-Ich und letztlich auch alle anderen Personen),
den Chor (sozusagen das Über-Ich im griechischen Drama),
den Regisseur,
den Souffleur und auch
den Zuschauer.

Der griechische Philosoph Aristoteles (384–324 v. Chr.) unterschied im klassischen Drama folgende drei Stufen:

1. Die Exposition: Das ist die Einleitung, in der Ort, Zeit und beteiligte Personen einführt werden. Hier wird das Thema des Stücks aufgezeigt. Die Exposition zeigt also dem Zuschauer, worum es geht.
2. Die Peripetie: Haben wir nun den Stoff verstanden und uns an die Handlung gewöhnt, dann plötzlich, oft aus heiterem Himmel, wird dem Geschehen eine völlig unerwartete Wendung gegeben. Es geschieht etwas, mit dem man nicht gerechnet hat. Das heißt, das klassisch griechische Drama nach Aristoteles spielt mit dem Erwartungshorizont des Zuschauers, den es durchbricht. Es führt uns also an der Nase herum.
3. Die Lysis: Da die klassischen Griechen Menschen waren, die um das Geistige rangen, muss das Drama auch immer zu einer Lösung kommen. Nachdem die Spannung während der Peripetie bis ins Unerträgliche gesteigert wird, muss diese Spannung in der Lysis am Schluss des Dramas wieder aufgelöst werden. Es muss also eine Moral von der

Geschichte geben, die für den Zuschauer einen Lerngewinn darstellt.

Indem der Zuschauer diese Schritte emotional nachvollzieht, wird er gereinigt (die sogenannte Katharsis). Seine Emotionen werden »besser«, klarer und deutlicher.
Wenn wir nun diese Aussagen auf einen normalen Alltagstraum beziehen, werden wir bemerken, dass er genau nach dieser Struktur verläuft.

Exposition: Die Darstellung des bewussten Standpunkts des Träumers.
Zunächst werden Sie in die Handlung, den Ort und die Zeit des Traums eingeführt, und die Hauptpersonen werden vorgestellt. Die Dinge werden gezeigt, wie sie sind, die Ausgangssituation wird beschrieben.

Peripetie: Wie der Träumer handelt und fühlt.
Hier spitzt sich die gesamte Traumdynamik auf einen Höhe- oder Wendepunkt zu, an dem meistens etwas Unverhofftes geschieht. Dies ist der Teil des Traums, in dem die Verwicklungen und Verstrickungen stattfinden. Dieser zweite Traumteil befasst sich mit der Frage, wie der Träumer die Situation wohl meistern und wie er die Verstrickungen auflösen wird.

Lysis: Die Auflösung oder das Ende.
Am Schluss kommt es zur Vermittlung der Traumbotschaft oder zur Katastrophe.
Man kann auch sagen, dass Ihnen am Schluss der Traum noch einmal den Spiegel vorhält, um an Ihre Verantwortung zu appellieren und Sie zum Handeln zu motivieren.

Diese Dramenstruktur finden Sie nicht nur in einem einzigen Traum wieder. Stattdessen reflektieren die einzelnen

Träume einer Serie wie in einem Hologramm wiederum nur die Struktur der gesamten Serie. Träume einer Nacht, Träume zu einem Thema über einen Zeitraum von Tagen bis zu ein bis zwei Wochen sind ebenfalls unter dieser Struktur zu erfassen.

Wenn Sie einen einzelnen Traum als Drama betrachten wollen, hilft es sehr, wenn Sie zumindest einen Ausschnitt des Traums relativ ausführlich behalten haben. Falls Sie einen Traum, wie es oft der Fall ist, nur kurz erinnern, so dass Sie zum Beispiel diese Erinnerung in einem Satz niederschreiben können, eignet er sich nicht so gut für diese Technik. Diesen Traum kann man entweder in den Zusammenhang einer Traumserie stellen oder man versucht, ihn zuvor ausführlicher zu erinnern, ehe man ihn unter der Ordnung des Dramas betrachtet.

Es ist sehr hilfreich, wenn Sie diese Ordnung in einem Traum erkennen, da Sie von ihr ein griffiges Deutungsschema ableiten können. Ihr nächtlicher Traum verliert nämlich sein unbekanntes Wesen, wenn Sie ihn zunächst ganz systematisch untersuchen.

Wenn Sie morgens Ihre Träume erinnert und aufgeschrieben haben, hilft es, alle diese aufgeschriebenen Träume und Traumteile zunächst einmal zu ordnen. Schauen Sie sich hierzu an, welche Traumteile am selben Ort spielen, in welchen Traumteilen die gleichen Personen vorkommen und welche Traumteile sich auf die gleiche Zeit beziehen. Versuchen Sie nun die Traumteile mit gleichen Elementen aufeinander zu beziehen. Prüfen Sie, ob sie sich in die oben beschriebene Dramenstruktur einfügen lassen. Dies ist meistens der Fall. Kommen Sie mit dieser Verfahrensweise nicht zurecht, wenden Sie sich einer anderen Deutungsmethode zu. In diesem Fall empfiehlt es sich, die weiter unten beschriebene Dialogmethode anzuwenden.

Und vergessen Sie nicht: Je dramatischer die auftretenden

Traumbilder sind, umso mehr wollen sie auf sich aufmerksam machen und Sie zur Veränderung Ihrer Lebensweise drängen.

Die Exposition oder die Einleitung

Der Ort

Machen Sie sich deutlich, welche Informationen Sie über den Ort und die Zeit des Traums bekommen haben und welche Personen in ihm vorkommen.
Sie können davon ausgehen, dass die Orte, die Ihr Traum berührt, von wesentlicher Bedeutung für Sie sind:
Ihnen bekannte Orte wollen Sie oft Gefühle oder Situationen erinnern lassen, die mit diesen Orten für Sie verbunden sind. Hier spielt die Vaterstadt,
das Elternhaus,
die Schule,
der Ort der ersten Liebe beziehungsweise der Entjungferung,
Orte, die mit Trennungen, Kränkungen oder Unfällen verbunden sind,
eine besondere Rolle.
Ihnen unbekannte Orte sind symbolisch zu deuten. Da ist der Berg als der Ort des Überblicks, der aber auch auf die Mühen des Aufstiegs oder auf Gipfelerlebnisse (Ekstasen) verweisen kann. Da ist die unbekannte Stadt als bedrohlicher Ort, der sogenannte Großstadt-Dschungel, und da finden wir das idyllische Land, wo wir uns ausruhen dürfen. Fremde Kulturbereiche, ferne und nahe Länder sind ebenfalls symbolisch zu sehen, wenn Sie nichts Persönliches mit diesen Orten verbindet.

Die Zeit

In Bezug auf die Zeit können wir erst einmal unterscheiden, ob es sich um die Vergangenheit, Gegenwart oder Zukunft handelt.

Die Vergangenheit verweist auf Ihre persönlichen Erfahrungen, die Sie in dieser Zeit machten und die Ihr Traum Sie erinnern lassen möchte. Vielleicht geht es da um die Kühnheit und Unbeschwertheit Ihrer Jugend, die Ihnen jetzt so guttäte. Oder der Traum zeigt Ihnen Ihre positive Entwicklung an, indem er auf Situationen verweist, mit denen Sie früher überhaupt nicht zurechtkamen und die Sie heute bestens meistern. Vielleicht liegt hier auch ein Hinweis auf eine demütigere Haltung versteckt.

Spielt der Traum in der Gegenwart, fordert er Sie immer auf, die verschiedenen Traummotive und den Traum als Ganzes auf Ihr augenblickliches Alltagsleben zu beziehen. Bilden Sie zum Beispiel Parallelen zwischen der Handlung des Traum-Ich – das sind Sie im Traum – und Ihrer Handlung in der Situation, in der Sie gerade stehen. Fragen Sie bei allen Symbolen, was diese in Bezug auf Ihre jetzige Situation bedeuten könnten.

Träume, die in der Gegenwart spielen, relativieren häufig unser starres Tagesbewusstsein, das zu einseitig auf Effektivität, Ziele und Zwecke ausgerichtet ist, so dass es nicht mehr ausreichend beweglich unsere Situation einschätzen kann. Die spielerische Ausrichtung des Traums kann uns neue Impulse und Ideen vermitteln.

Träume, die in der Zukunft spielen, sind entweder vorausdeutende Träume, wie sie im vorigen Kapitel beschrieben wurden, oder sie beziehen sich auf eine symbolisch aufzufassende Zeitdimension. Das ist die Zeit, in der wir noch (fast) alle Möglichkeiten besitzen, die Zeit unserer Ziele, aber auch unseres Lebensendes.

Die Personen
Bei den Personen treten grundsätzlich uns bekannte und uns unbekannte Personen auf.
Uns bekannte Personen wie der Partner, die Kinder, der Chef, der Untergebene, der Liebhaber und alle anderen Personen, mit denen wir schon einmal in Kontakt getreten sind, können zum einen
auf diese Person selbst verweisen oder auch
auf Anteile von uns selbst hindeuten.
Ist die Person als solche gemeint, sprechen wir von der *Objektstufe;* symbolisiert die Person Anteile von uns selbst, sprechen wir von der *Subjektstufe.*

Objektstufe	**Subjektstufe**
Die Beziehung zu einer realen Person im alltäglichen Leben wird angesprochen.	Die im Traum dargestellte Person symbolisiert Anteile des Träumers, die hier personifiziert werden.
Sigmund Freud	Gestaltpsychologie Frederic Perls

Definition der Objekt- und Subjektstufe nach Jung:

»Unter Deutung auf der O[bjektstufe] verstehe ich diejenige Auffassung eines Traums [...], bei der die darin auftretenden Personen oder Verhältnisse auf objektiv-reale Personen oder Verhältnisse bezogen werden. Dies im Gegensatz zur Subjektstufe, bei der die im Traum vorkommenden Personen und Verhältnisse ausschließlich auf subjektive Größen bezogen werden. Die Freudsche Traumauffassung bewegt sich ausschließlich auf der Objektstufe, insofern die Traumwünsche als auf reale Objekte bezüglich gedeutet oder auf Sexualvorgänge bezogen werden [...]«[2]

Dem wäre der Vollständigkeit wegen hinzuzufügen, dass sich die Traumdeutung der Gestaltpsychologie ausschließlich auf der Subjektstufe bewegt, da jedes Objekt und jede Situation als Symbol für innerpsychische Kräfte des Träumers angesehen wird.

Bei uns bekannten Personen schauen wir uns zunächst an, ob wir auf der Objektstufe zu einem bestimmten Traumverständnis gelangen. Solche Träume sollten wir als Aufforderung sehen, unser Verhältnis zu der entsprechenden Person grundlegend zu klären. Hier sind meist Partner- oder Autoritätsprobleme angesprochen. Einen deutlichen Hinweis darauf, dass geträumte Personen auf der Objektstufe gemeint sind, erhalten wir, wenn wir sie fotografisch genau im Traum sehen können.
Steht uns also eine geträumte Person nahe und haben wir einen wichtigen emotionalen Bezug zu ihr, dann sollten wir diese Person zunächst einmal als das betrachten, was sie für uns im alltäglichen Leben ist. Dies ist die klassische Betrachtung auf der Objektstufe, bei der die geträumte Person als konkrete Realität aufgefasst wird. Wenn Sie also von Ihrem Freund oder Ihrer Freundin, von Mutter oder Vater, vom Chef oder Geliebten träumen, dann können Sie zunächst annehmen, dass Ihr Verhältnis zu dieser Person auch wirklich gemeint ist. Wenn Sie Ihre Träume mit denen Ihres Partners vergleichen, werden Sie die enge Verbindung Ihrer beider Traumstrukturen nicht übersehen können. Es ist, als ob der Partner in Ihrem Nachtbewusstsein eine bestimmte, nicht zu übersehende Rolle spielt. Träume, die Paare haben, sind immer auch Ausdruck ihrer Verbundenheit, so wie das Auftreten des Partners im eigenen Traum auch immer auf unser verinnerlichtes Bild des Partners verweist. Dieses Bild trägt den Stempel sowohl Ihres Partners als auch Ihrer eigenen Seele. Partner stecken sich sozusagen gegenseitig an.

Bei uns unbekannten Personen kann nur die Subjektstufe gemeint sein. Allerdings würde ich auch bei Träumen, die auf der Objektstufe einen Sinn ergeben, zugleich eine Deutung auf der Subjektstufe anschließen. Meiner Erfahrung nach gibt es keine rein objektstufigen Träume. Wir begegnen in jeder Person unseren Projektionen und somit uns selbst. Unsere Kinder, unsere Partner, die Vorgesetzten und Untergebenen sind immer auch Abbilder unserer eigenen Seiten, und das besonders, wenn wir im Konflikt mit ihnen stehen. So sind Kinder im Traum fast immer auf der Subjektstufe als Neuanfang, neue Chance und positive Zukunftsaussichten zu sehen. Auch Autoritätspersonen wie Lehrer, Vorgesetzte, Staatsmänner, Polizisten und unsere eigenen Eltern verweisen meistens auf unseren eigenen Umgang mit der Autorität. So kann man auch letztlich jede weibliche Person im Traum als Anima und jede männliche als Animus deuten.

Schwester und Bruder stehen im Traum häufig für unsere Schattenseite, die wir auf keinen Fall sehen wollen.
Treten Personen mit bestimmten Berufen im Traum auf, so sind sie fast immer auf der Subjektstufe symbolisch als Anteile von uns selbst zu deuten. So verweist zum Beispiel der Bauer auf Natürlichkeit, die uns meistens fehlt, wenn wir von ihm träumen. Der Dachdecker macht uns auf unseren Intellekt oder Geist aufmerksam und der Optiker auf unsere Blindheit in bestimmten Bereichen. Diese Reihe kann beliebig fortgesetzt werden.
Nicht nur Personen, sondern auch die im Traum häufig auftretenden Tiere und selbst Gegenstände können immer auf der Subjektstufe gedeutet werden.

Tiere

Bei allen Tieren im Traum stehen zunächst einmal das Tierische und der Instinkt im Vordergrund, und zwar oftmals mit

der Aufforderung, dass Ihr Tagesbewusstsein diese Instinktkräfte nutzen sollte. Tiere treten immer dann im Traum auf, wenn Sie Ihre Instinktseite vernachlässigen. Je vernachlässigter diese Instinktseite ist, umso wilder und häufig auch boshafter ist das Tier, das Ihren Instinkt symbolisiert.
Wir können zunächst einmal zwischen domestizierten Haustieren und wilden Tieren unterscheiden. Allgemein kann man Tiere gemäß ihrer natürlichen Eigenschaften deuten und diese so genau wie möglich auf sich beziehen.

Haustiere, meist Zeichen geschwächten Instinkts	
Hund	der treue Freund, »Bruder Tier« oder Alter Ego (das andere Ich) des Menschen, je domestizierter, umso deutlicher ein Zeichen des Instinktverfalls; alchemistisches Symbol der Verwandlung, bringt auch Tod und Wahnsinn, da er auf die Sodomie verweist (die zerstörerische Verbindung zwischen Mensch und Tier); im klassischen Griechenland ein Wort für den Penis und Bild der niederen Sexualität; Unterwerfung, Gier, Treue, Aggression, mythologisch das Symbol des Bösen, vergleiche Cerberus, der Höllenhund
Pferd	Lebenskraft, Potenz, Energie, Schnelligkeit; Symbol des Lebens- und Todestriebes nach Freud
Kuh	Muttersymbol, das selten im Männertraum auftritt; Nahrung, Geduld
Schwein	Triebhaftigkeit, Gier, Fruchtbarkeit und Glück; vergleiche Circe, die die Männer des Odysseus in Schweine verwandelt, d. h. deren tierische Seite befreit
Katze	die Katze ist ein kleines Raubtier und steht, am Übergang zu den wilden Tieren, archetypisch dem Weiblichen verbunden; sie symbolisiert das Gefühl, Zärtlichkeit, aber auch Unabhängigkeit und Falschheit

wilde Tiere, Symbol der Triebstärke und des ungebrochenen Instinkts	
Schlange	eines der vieldeutigsten Traumsymbole; Symbol der Sexualität, Falschheit, List, Angst, Vollkommenheit, Heilung; der Schatten des Weiblichen, aber auch phallische Zeugungskraft; der Erdgeist (Midgardschlange), Symbol des Todes und der Wiedergeburt, Orakeltier (der Mensch, der im Märchen eine Schlange isst, vermag die Sprache der Tiere zu verstehen); allgemeines Symbol des Geistes (weil sie so schnell wie der Luftgeist ist, weder Hände noch Füße besitzt und ihre Haut wechselt)
Drache	ersetzt mythologisch oft die Schlange und besitzt so zum einen das gleiche Bedeutungsspektrum; außerdem Glückssymbol; hier sollten Sie sich immer fragen, ob Sie zu viel horten und nicht loslassen können
Löwe	der König der Tiere; Mut, Trieb, Stärke, Wachsamkeit, Macht; entspricht häufig dem Symbol der Sonne: Lebensenergie und Geist, Wandlungssymbol der Alchemie
Tiger	nach Jung Symbol der weiblichen Triebwelt; kraftvolle (weibliche) Sexualität, Freude, aber auch tödliche Aggression
Vogel	Symbol des Geistigen, der Leichtigkeit und des Überblicks; warnt vor Abgehobenheit
Bär	nach Jung Symbol des Schattens der männlichen Stärke, aber auch Symbol der weiblichen Trieb- und Gefühlswelt; große, oft tödliche Kraft, Täuschung; Erdung und Naturnähe

wilde Tiere, Symbol der Triebstärke und des ungebrochenen Instinkts	
Fisch	Symbol des Lebens aus der Tiefe unserer Gefühle; Fruchtbarkeit, Gier, Sensibilität: nach Jung ein Ganzheitssymbol wie die Schlange, drückt immer auch das Geheimnisvolle aus
Nagetiere, symbolisieren unangenehme Gefühle, Sorgen und Ängste	
Ratten	nagende Zweifel, negative Gedanken; Klugheit und Überlebenswille
Mäuse	Symbol der Fruchtbarkeit, List, aber auch der Gewissensbisse; Bereitschaft zur Empfängnis (in jedem Sinn) und der Sehnsüchte des Eros
Waldtiere, meistens Symbole unserer Gefühlswelt (der Wald als das Nachtbewusstsein)	
Reh	Symbol für Weiblichkeit; Zartheit, Sanftheit, Verletzlichkeit, Scheu
Hase	Fruchtbarkeit und Angst
Fuchs	List, Klugheit, Berechnung; häufig Symbol des Geliebten; gilt als Seelenführer (Psychopompos)

Es ist beim Verständnis auf der Subjektstufe hilfreich, eine Liste der Personen und Gegenstände des Traums aufzustellen und hinter jedem Eintrag »in mir« zu schreiben. Zum Beispiel:

der Chef in mir,
die Katze in mir,
der Stein in mir.

So beziehen wir automatisch die Symbole auf unser eigenes Inneres.

Hier stellt sich die Frage, ob ein Traummotiv eher konkret oder symbolisch aufgefasst werden sollte. Jung empfiehlt, bei der Frage der Subjekt- oder Objektstufe seinem Gefühl zu folgen, da der Sinn eines Traums sowieso nicht durch Logik allein gefunden werden kann.
Trotz einer starken Betonung der Deutung auf der Subjektstufe muss jedoch gesagt werden, dass wir auch nicht in das Extrem verfallen dürfen, alle Träume ausschließlich subjektstufig zu deuten. Damit würden wir nämlich unser alltägliches Leben relativieren und es mehr oder weniger bewusst als Illusion betrachten. Bei der Vernachlässigung des inneren Lebens in unserer Kultur darf nicht übersehen werden, dass wir zweifelsohne auch in einer objektiven Welt leben.
Wir kommen so zu folgendem Schema der Exposition:

Exposition		
Ort	bekannt	
	unbekannt	
Zeit	Vergangenheit	
	Gegenwart	
	Zukunft	
Personen	bekannt	Objektstufe Subjektstufe
	unbekannt	Subjektstufe

Nachdem Sie sich in Ihrem Traum über Ort, Zeit und Personen klargeworden sind, wenden Sie sich seinem Handlungsverlauf zu. Sie stellen sich jetzt die Frage, wo das Handlungsgeschehen umschlug, eine unvorhergesehene Richtung nahm, oder wo der Höhepunkt und die größte Spannung des Traums liegen. Versuchen Sie so genau wie möglich die Stelle zu beschreiben, an der ein Umschlag in der Traumhandlung stattfindet. Das ist meistens die Stelle, die man am besten von einem Traum erinnert, da sie sehr stark emotional aufgeladen ist.

An der Peripetie finden oft Verwandlungen statt; hier kann man plötzlich fliegen oder sich gar nicht mehr von der Stelle rühren. All diese Situationen sind wieder symbolisch zu betrachten.

Die weiterleitende Frage lautet an dieser Stelle: Was verändert sich wohin?

Was ist die Funktion dieser Veränderung im Traum?

Was bedeutet es für Sie, wenn Sie plötzlich abheben und fliegen können? Achten Sie bei der Deutung immer auf Ihr Gefühl. Was verändert sich durch die Fähigkeit zu fliegen emotional für Sie?

Welche neuen Möglichkeiten besitzen Sie dadurch im Traum?

Im zweiten Schritt sollten Sie die Antworten auf diese Fragen immer auf Ihr Alltagsleben beziehen. Was hieße es für mein Alltagsleben, wenn ich plötzlich fliegen könnte? Will mir der Traum dadurch die Notwendigkeit größerer Beweglichkeit zeigen oder dass ich mehr Überblick benötige?

Verwandlungen, die wir auch von vielen Märchen her kennen, zeigen auf der symbolischen Ebene die Notwendigkeit einer Veränderung an. Viele Ichs wohnen in uns, und im Bild der Verwandlung ist oft der Hinweis gegeben, dass es jetzt anliegt, ein anderes (oftmals unterdrücktes) Ich sich ausdrücken zu lassen. Wir leben sonst zu einseitig und eindimensional und gehen so an unserem Lebensglück vorbei, das in der Vielfalt und nicht in der erstarrten Einseitigkeit liegt.

Die Lysis oder die Lösung

Wie sieht denn nun die Lösung des Traums aus? Früher sagte man: »Was ist die Moral von der Geschicht'?«
Hier stellt sich die Frage: Wie werden die Probleme des Traums gelöst und welche Probleme bleiben ungelöst?

Der Schluss des Traums wird leider oftmals nicht erinnert, weil die Peripetie so viel emotionale Energie an sich bindet, dass der Träumer hier leicht aufwacht. Ich stehe mit dieser Ansicht im Gegensatz zu Freud, der annahm, dass der Traum der Hüter des Schlafes sei. Meines Erachtens werden wir häufig durch die große emotionale Energie besonders des Höhe- oder Umschlagspunktes der Träume aus dem Schlaf geweckt. Der Traum stört also sehr häufig den Schlaf, oftmals gar so sehr, dass wir von ihm aufwachen.
Können wir uns an die Einleitung und den Umschlagspunkt des Traums gut erinnern, was oft der Fall ist, dann können wir auch den Schluss unseres Traums durch Entspannungs- und Trancetechniken wie das Autogene Training oder Visualisierungen bewusst im Nachhinein erleben.

Wir legen uns dazu am besten flach auf den Boden (auf eine Decke) oder auf unser Bett, schließen unsere Augen und versuchen uns so tief wie möglich zu entspannen. Ich pflege zur Entspannung die Technik des Autogenen Trainings zu benutzen. Man kann sich aber auch ohne jegliche spezielle Technik entspannen, indem man sich einfach tiefer und tiefer

in seine Unterlage sinken und seine Gedanken kommen und gehen lässt. Halten Sie keinen Gedanken fest, aber versuchen Sie auch nicht, den Strom Ihrer Gedanken zu unterbinden. Was Sie bekämpfen, machen Sie nur stärker! Wenn Sie eine tiefe Entspannung empfinden, dann stellen Sie sich vorsichtig und langsam den Traum vor, dessen Ende Sie jetzt erleben wollen. Schauen Sie sich dazu genau die beteiligten Personen und die Umgebung an. Normalerweise wird jetzt der Traum deutlich vor Ihren geschlossenen Augen ablaufen. Betrachten Sie die Traumszenen so bewusst und genau wie möglich. Sie können Sie vorwärts- und zurücklaufen lassen, anhalten und beschleunigen. Wenn Ihnen der Traum durch dieses Herumspielen deutlich geworden ist, dann lassen Sie ihn von vorne nach hinten ablaufen. Beobachten Sie, welche Bilder sich nach seinem Ende einstellen. Sehen Sie entspannt, ohne einzugreifen, gelassen zu, wie sich die Bilder und Situationen weiterentwickeln.
Man kann einen Traum auch durch automatisches Schreiben zu Ende führen. Bei dieser Technik schreiben Sie in einem meditativen Zustand Ihren Traum nieder und schreiben einfach über die Traumerinnerung hinaus weiter. Schreiben Sie spontan nieder, was Ihnen zum Ende des Traums einfällt, und blenden Sie dabei Ihren Intellekt so weit wie möglich aus.
Ihre Phantasie wird Ihnen auf jeden Fall nach dem erinnerten Traummaterial weitere Bilder und Lösungsvorstellungen bieten. Dies geschieht besonders dann sehr leicht und geradezu bruchlos, wenn Sie sich mit einem Lebewesen aus Ihrem Traum identifizieren. Oder sehen Sie den Traum noch einmal mit den Augen des Traum-Ich.

Das Traum-Ich ist diejenige Figur im Traum, mit welcher der Träumer sich während des Traums identifiziert. Aus der Sichtweise dieser Figur erlebt er seinen Traum.

Es ist wichtig, sich nicht nur mit seinem Traum-Ich zu identifizieren, sondern alle Standpunkte der auftretenden Traumpersonen einnehmen zu können. Damit integrieren Sie abgespaltene Gefühlsanteile von sich, und Ihr Ich wird wieder beweglicher.

Ihre Phantasie wird Ihnen immer eine Lösung des Traums anbieten. Es ist wichtig, diese Lösung einfach zu akzeptieren und nicht allzu sehr zu hinterfragen. Jeder Zweifel wirkt sich nämlich wie so oft an dieser Stelle hemmend aus. Nehmen Sie also die angebotene Lösung als diejenige Ihres Traums an, und betrachten Sie nun Ihren Traum mit dieser Lösung als Ganzes.
Das Ende eines Traums ist deswegen so wichtig, weil mit den Figuren, die auf der Traumbühne erschienen, etwas geschehen ist, so dass sie sich verändert haben. Es ist sehr aufschlussreich, diese Änderungen zu betrachten.

Um die Behandlung eines Traums als Drama zu verdeutlichen, mag uns der bekannte Traum des thrakischen Feldherrn Themistokles (514–449 v. Chr.) dienen:

Ihm träumte, dass sich eine Schlange um seinen Körper wand, die, als sie seine Kehle erreicht hatte, sich in einen Adler verwandelte. Dieser Adler trug das sich fürchtende Traum-Ich auf seinen Flügeln davon und setzte es auf einem goldenen Heroldsstab ab, wobei alle Furcht des Traum-Ich verschwand.

Die Exposition gibt als Zeit die Gegenwart an, die Lebewesen im Traum sind Themistokles (das Traum-Ich), die Schlange und der Adler. In der Anfangshandlung schlängelt sich die Schlange am Hals des Traum-Ich hoch.
Die Peripetie ist von der unerwarteten Verwandlung der

Schlange in den Adler gekennzeichnet. Das Traum-Ich fürchtet sich.
Die Verwandlung der Schlange in den Adler ist ein altes mythologisches Symbol für den Prozess der Bewusstseinsentwicklung. Es ist bei einer sich andeutenden Bewusstseinsentwicklung häufig zu beobachten, dass der Träumer sich vor einer zunehmenden Bewusstheit seiner selbst fürchtet.
Die Lysis löst die Situation auf, indem das Traum-Ich auf den Heroldsstab niedergesetzt wird, wodurch seine Furcht verschwindet.
Dass es bei dem Traum des Themistokles um die Gegensätze von Geist und Trieb geht, ist nur schwerlich zu übersehen. Dieser Gegensatz wird dadurch gelöst, dass Themistokles sich auf seine Macht besinnt, die durch den goldenen Heroldsstab symbolisiert wird. Das Gold des Heroldsstabes zeigt an, dass es sich hierbei um seinen eigenen Seelengrund handelt, um ein unvergängliches Ziel. Die Spannung von Leidenschaft und Macht hat durch ihre innere Reibung das Seelengold entstehen lassen, auf das sich Themistokles verlassen kann. Er vermag nun aus seinem Inneren heraus angstfrei zu leben.
Themistokles hat sich nach diesem Traum in das Priesteramt und das Leben mit seiner Familie zurückgezogen.
Träume, die so deutlich auf die dramatische Struktur bezogen werden können, sind meistens umfangreichere Träume, die durch relativ viel Handlung gekennzeichnet sind.

Der Traum als Geschichte

Wir haben eben gesehen, wie unsere Träume häufig der Struktur des Dramas folgen, und natürlich kann man seine Träume auch als Drama niederschreiben. Aber nicht nur die dramatische Struktur können wir in unseren Träumen ent-

decken, sondern letztlich stecken in den nächtlichen Träumen alle möglichen literarischen Formen. Sie möchten nur aus dem Traum befreit werden und sogleich schenken sie uns verblüffende Einsichten.
So ist es sehr reizvoll, seine Träume in der Weise zu deuten, dass man sie als Kriminal- oder Liebesgeschichte, als Märchen, Science-Fiction-Roman oder Kurzgeschichte, Pornographie oder als kleine Erzählung niederschreibt. Die Voraussetzung hierzu ist, dass man

1. Spaß am Schreiben hat und
2. bereit ist, sich mindestens eine Stunde lang mit seinem Traum auseinanderzusetzen.

Wem das Schreiben zu fremd oder zu mühselig ist, der kann seine Traumgeschichte auch direkt auf einem Tonband aufnehmen, wobei zugleich der Vortrag dramatisch gestaltet werden kann.

Haben wir beim Traum als Drama eine analytische Vorgehensweise ausführlich besprochen, so werde ich jetzt beim Traum als Geschichte den synthetischen Weg einschlagen.
Bei diesem Weg benutzen wir die einzelnen Elemente des Traums, ohne sie zu analysieren, als Material für unsere Geschichte. Das heißt mit anderen Worten, dass der Traum uns das Grundgerüst bietet, das wir im Weiteren literarisch ausschmücken. Bei dieser literarischen Ausschmückung lassen wir uns vollständig von unserer Intuition leiten und versuchen die Aussage und die Stimmung des Traums so prägnant wie möglich zuzuspitzen. Wir können hierbei ohne weiteres maßlos übertreiben, Traumpersonen karikieren und neue Elemente dem Traum hinzufügen. Wichtig ist nur, dass der geträumte Traum die Grundlage für alle unsere literarischen Spielereien bleibt.

Übrigens gingen viele bekannte Schriftsteller von ihren Träumen aus, die sie dann bis ins Detail ausgestalteten. Ein gutes Beispiel hierfür stellt die (von Jung sehr häufig zitierte) Geschichte »Der seltsame Fall des Dr. Jekyll und Mr. Hyde« des schottischen Dichters Robert Louis Stevenson (1850–1894) dar, die zu den aufregendsten Erzählungen der Weltliteratur gezählt wird. Auch der österreichische Dichter Franz Kafka (1883–1924) benutzte seine Träume, aus denen seine Romane »Der Prozess« und »Das Schloss« hervorgingen. Ferner sei hier noch daran erinnert, dass Dantes »Göttliche Komödie« den Traum einer Fahrt zu den verschiedenen Höllen und in die Sphären des Himmels darstellt, wie auch der berühmte englische Roman »Pilgrim's Progress« (1678) in Traumform abgefasst wurde.

Wenn Sie auch kein Schriftsteller sind, so können Sie sich doch einmal zur Übung einen Traum von sich aussuchen, mit dessen Verständnis Sie einige Schwierigkeiten hatten oder auch noch haben. Sie versuchen diesen Traum als psychologisch interessante Erzählung auszugestalten. Hierzu eignen sich gut unvollständig erinnerte Träume, da Ihre Phantasie bei der literarischen Bearbeitung dieser Träume einen deutlichen Anfang und ein Ende schafft.
Ebenso wie bei der Traumvollendung mit Hilfe von Entspannungstechniken stellen wir uns den Traum oder seine Bruchstücke in tiefer Entspannung genau vor. Wir verdeutlichen uns den Ort, die Zeit und die beteiligten Personen, die Stimmung des Traums, und wenn wir dies alles deutlich vor unserem inneren Auge sehen, setzen wir uns hin und beginnen zu schreiben. Suchen Sie sich diejenige literarische Form aus, die den Charakter Ihres Traums am besten wiedergibt.

Der Traum als Geschichte	
Kriminalgeschichte	eignet sich für Verfolgungsträume und Träume, in denen gestohlen und gemordet wird; alle Träume, in denen Gewalt vorkommt, kann man so verarbeiten
Liebesgeschichte	eignet sich für romantische Träume, die viele männliche und weibliche Symbole aufweisen, auch für sexuelle Träume geeignet
Märchen	eignet sich besonders für archetypische Träume, in denen sprechende Tiere, Verwandlungen und ähnliche Märchenmotive vorkommen
Science-Fiction-Geschichte	für Träume mit ausgeprägtem technischen Inhalt geeignet und solche, die in der Zukunft spielen
Pornographie	eignet sich besonders für alle erotischen Träume, und letztlich kann jeder Traum in dieser Form gestaltet werden
Geistergeschichte	eignet sich für Träume, in denen übersinnliche und unerklärliche Erscheinungen vorkommen
Erzählung	jeder Traum kann in Form einer Erzählung wiedergegeben werden; eignet sich besonders für Träume, in denen viel geschieht

Wenn Sie Ihre Geschichte möglichst spontan niedergeschrieben haben, verdeutlichen Sie sich Ihre Gefühle, die Sie während des Schreibens und unmittelbar danach hatten. Und

nun deuten Sie Ihre Geschichte, so wie Sie es während Ihrer Schulzeit gelernt haben. Was will Ihnen Ihre Geschichte sagen?
Normalerweise macht einem diese Deutung keine Schwierigkeiten, und es fällt einem nach dem Niederschreiben der Geschichte leicht, deren Sinn zumindest intuitiv zu erfassen. Es braucht hier wohl nicht mehr besonders betont zu werden, dass der Sinn Ihrer Geschichte mit dem Sinn Ihres Traums gleichbedeutend ist.
Es ist nicht unbedingt nötig, den Sinn Ihrer Geschichte in Worten auszudrücken, denn das Niederschreiben selbst hat Ihnen schon den Traum und die Geschichte verständlich gemacht. Interpretieren Sie Ihre Geschichte und somit auch Ihren Traum nicht wie im Deutschunterricht, gelangen Sie zu einem intuitiv geleiteten Traumverständnis.
Gleichgültig, ob Sie logisch oder intuitiv geleitet zu einem Traumverständnis kommen, der letzte Schritt jeglicher Traumdeutung besteht darin, die Traumlehre auf Ihr Alltagsleben zu beziehen. Jede Deutung bleibt unvollständig und unbefriedigend, wenn Sie nicht die Lehre oder den Impuls des Traums auf Ihr Alltagsleben beziehen können.
Um die Lehre des Traums in Ihr Alltagsleben zu integrieren, ist es oft notwendig,

1. sich die Aufgabe, die Ihnen der Traum stellt, so präzise wie möglich zu verdeutlichen,
2. die daraus folgende Traumarbeit in Form einer zu bewältigenden Aufgabe zu formulieren,
3. sich ein zeitliches Ziel zu setzen, bis wann Sie diese Aufgabe umsetzen wollen.

Eine Erweiterung dieser Technik, einen Traum als Geschichte aufzuschreiben, besteht darin, uns nach dem Niederschreiben der Geschichte zu fragen, welche anderen, zum

Beispiel kreativeren Einstellungen die Hauptperson beziehungsweise das Traum-Ich hätte zeigen können. Sie können unter dieser Fragestellung eine weitere Geschichte zu Ihrem Traum schreiben.
Falls Sie an dieser Stelle analytisch vorgehen wollen, stellen Sie eine Liste auf, welche Eigenschaften Ihres Traum-Ich beziehungsweise Ihrer Hauptperson Sie ablehnen und ändern wollen und welche Eigenschaften Sie als positiv ansehen und ausbauen wollen. Hierbei hilft Ihnen oft auch die Frage, was denn nun konkret Ihr Traum-Ich und der Held Ihrer Geschichte getan und was er nicht getan hat.

Malen, Zeichnen, Töpfern und die literarische Gestaltung eines Traums gehören zu den nicht-interpretativen Methoden der Traumarbeit, die ursprünglich von der Gestaltpsychologie (Fritz Perls und Nachfolger) und der analytischen Psychologie Jungs (besonders der Aktiven Imagination) beeinflusst worden sind. Man erlebt bei diesen Techniken, wie Sie sicherlich bei der literarischen Bearbeitung Ihres Traums bemerkten, den Traum noch einmal und wird sich seiner Gefühle dabei besonders bewusst. Nach solch einer Traumarbeit kann man meist nicht sagen, was man denn nun konkret verstanden hat, und dennoch ist es einem klar, dass man sich verändert und etwas verstanden hat.
Der Vorteil dieser Methoden liegt darin, dass sie unsere rechte Gehirnhälfte ansprechen, die in unserem normalen Alltagsleben meist zu kurz kommt. Alle diese nicht-interpretatorischen Methoden können letztlich auf eine kurze und effektive Art verdichtet werden, indem wir nämlich auf unseren Traum meditieren. Wir halten einfach inne, schließen unsere Augen und meditieren kurz auf einen nächtlichen Traum oder ein Traumbild. Das ist alles! Zwei Minuten genügen, und wir nehmen uns dabei weder vor, den Traum zu verstehen, noch in irgendeiner Weise von dieser Traum-

meditation zu profitieren: Wir meditieren einfach auf unseren Traum – nicht mehr und nicht weniger. Das bedeutet, wir betrachten mit der uns größtmöglichen Klarheit den Traum vor unserem inneren Auge.

Die verbale, nicht-künstlerische Traumarbeit

Die Fragetechnik

Wer kennt nicht die Situation, dass er des Nachts einen Traum hatte, den er überhaupt nicht versteht. Wir haben nicht einmal einen Ansatzpunkt oder eine Ahnung, was dieser Traum bedeuten könnte. Dies ist die ideale Situation, die Fragetechnik (oder auch »Dialogtechnik der Traumarbeit« genannt) anzuwenden.

Diese Technik der Traumdeutung beruht auf dem gesunden Menschenverstand. Wenn wir Informationen benötigen, fragen wir am besten bei dem Betroffenen direkt nach. Auf den Traum bezogen bedeutet dies, dass wir die Personen und alle Traumsymbole nach ihrer Bedeutung und ihrem Sinn in diesem Traum befragen können.

Eine derartige Befragung hilft uns,

1. zunächst unverständliche Träume leichter zu verstehen,
2. die wichtigsten Probleme eines Traums zu erfassen,
3. zu verstehen, warum wir gerade hier und jetzt diesen Traum träumen,
4. Selbsttäuschungen abzubauen,
5. Irrationales zu akzeptieren und
6. unterschwellige Wut und Angst abzubauen, die meist auf alte (verdrängte) Verletzungen zurückgehen.

Zunächst schauen wir, welche Personen in dem betreffenden Traum vorkommen, denn es fällt uns leichter, Traumpersonen als Traumgegenstände zu befragen. Ein derartiger Dialog entspricht den Verhaltensweisen in unserem alltäglichen Leben, in dem wir gewohnt sind, unsere Mitmenschen nach Informationen zu befragen.

C. G. Jung, der sich eingehend mit dieser Fragetechnik beschäftigt hat, ging davon aus, dass sich die Person des Träumers aus vielen unterschiedlichen Ichs zusammensetzt. Diese Ichs erscheinen im Traum als verschiedene Personen, die teilweise das Traum-Ich bekämpfen und es teilweise unterstützen. Die verschiedenen Personen in einem Traum sind also nichts weiter als Projektionen der unterschiedlichen Ichs, die im Inneren des Träumers im Widerstreit liegen. Da durch diesen Streit innere Spannungen erzeugt werden, die das Individuum nicht aushalten kann, projiziert es diese Prozesse nach außen und erlebt sie so im Traum zum Beispiel als ihn bekämpfende Personen.

Wir suchen uns für diese Dialoge zunächst einmal die Personen des Traums aus, die wir dann eine nach der anderen befragen. Es empfiehlt sich, mit derjenigen Traumperson zu beginnen, die am stärksten emotional aufgeladen ist.

Zu dieser Befragung begeben wir uns in einen tief entspannten Zustand und stellen uns die Traumperson, die wir befragen wollen, so genau wie möglich vor. Haben wir deren Bild deutlich vor unserem inneren Auge, können wir mit der Befragung beginnen.

Es ist wichtig, sowohl bei den Fragen als auch beim Registrieren der Antworten so ehrlich und offen wie möglich zu sein. Hier liegt die schwierige Aufgabe, sich selbst nicht zu belügen. Sie werden bemerken, dass Offenheit und Ehrlichkeit Sie dazu führen, durch diese Befragungen nicht nur stark emotional entlastet zu werden, sondern auch Ihr Herz voll und ganz ausschütten zu können.

Besonders fruchtbar ist die Frage- und Dialogtechnik mit einer Traumperson dann, wenn diese uns feindlich und aggressiv gegenübertritt. Mit solchen beängstigenden Widersachern gehen Sie am besten (nicht nur) im Traum freundlich und liebevoll um. Sie werden sich dazu zwingen müssen, doch versuchen Sie einmal, Ihren Widersacher zu umarmen und zu küssen. Sie werden sich wundern: Der aggressive Feind wird sich auflösen, oder er verwandelt sich in eine liebenswürdige Person. Dieser Widersacher verbildlicht Ihre eigene verzauberte Aggressivität, die Sie wie im Märchen mit dem Kuss und der Liebe entzaubern.
Sie können im Traum lernen, Ihre eigene Negativität zurückzunehmen und sie stattdessen in etwas Positives zu verwandeln. Wenn Ihnen dies in der Traumarbeit gelingt, werden Sie diese Fähigkeit auch in Ihrem Alltagsleben einsetzen können.
Wenn Sie aggressive Traumpersonen befragen oder sich mit ihnen unterhalten, treten Sie ihnen paradox, das heißt mit unerwartetem Verhalten gegenüber, und in fast jedem Fall werden Sie nicht nur die Aggressivität in Liebe oder teilweise auch Trauer umwandeln, sondern Sie selbst werden im Alltagsleben in vergleichbaren Situationen weniger eingeschüchtert reagieren.
Außer den Traumpersonen kann man besonders gut Tiere im Traum befragen, aber auch jeden Gegenstand, den Sie in Ihrem Traum sahen. Ihre Mutter, ein fremdes Kind, einen Baum und einen Vogel, ein Flugzeug, ein Auto und das Meer; dies alles sind Projektionen Ihrer eigenen inneren Welten, mit denen Sie kommunizieren können.
Ist die Befragung in Gang gekommen, dann weiten Sie diese Befragung zu einem Gespräch aus. Unterhalten Sie sich mit Ihrem Traum über alles, was Sie wissen möchten, und Sie werden sich wundern, welche Antworten Sie bekommen werden. Achten Sie darauf, dass Sie während dieses imaginä-

ren Gesprächs Ihr Gefühl nicht unterdrücken. Wenn Sie nicht mehr gefühlsmäßig reagieren, sollten Sie das Gespräch abbrechen.

Sollte Ihr Gespräch länger dauern, halten Sie zwischendurch immer wieder inne, um dieses Gespräch niederzuschreiben, denn viele Punkte eines solchen Dialogs werden genauso schnell wie ein Traum vergessen.

Fragen Sie sich nie, wer Ihnen in diesem Dialog antwortet. Sie werden verblüfft sein, dass Sie normalerweise immer eine Antwort bekommen, die oft weit über das hinausgeht, was Sie erwartet, gehofft oder gedacht haben. Aus vielen dieser Antworten spricht eine Art höheres Wissen, weswegen es auch so wichtig ist, genau zuzuhören und die Antworten niederzuschreiben.

Falls dennoch in dem Dialog unerwartete Probleme auftreten, machen Sie diese Probleme zum Thema des Dialogs. Fragen Sie Ihr Gegenüber, warum das Gespräch abbricht und was Sie tun können, es zu beleben. Es ist wichtig, alle Widerstände, die auftreten, beharrlich anzugehen. Es ist allerdings ebenso wichtig, den Dialog sofort zu beenden, wenn es zu einer Lösung gekommen ist. Traumpersonen lieben es nicht, über das Wetter zu reden, und lehnen auch den sogenannten Smalltalk ab.

Eine kleine Auswahl an Fragen, die sich zum Einstieg in einen Traumdialog bewährt haben:

Wer (oder was) bist du?

Warum erscheinst du mir (heute) in meinem Traum?

Was hast du mir zu sagen?

Was soll ich tun?

Was soll ich ändern?

Wie fühlst du dich?

Warum geschieht mir gerade dies?

Nach einem Traumdialog fragen Sie sich:

Was hat mich in diesem Gespräch emotional bewegt?
Was habe ich gelernt, und welche Einsichten wurden mir vermittelt?
Ist dieses Gespräch zu Ende geführt worden?

Wurde das Gespräch abgebrochen, können Sie es ein anderes Mal wieder aufnehmen. Man sollte jedes Gespräch mit einem Traumsymbol abschließen, da sonst die Energien, die aufgelöst werden möchten, nicht aufgelöst werden und aus dem Nachtbewusstsein heraus einem viel Kraft rauben. Alles, was nicht deutlich abgeschlossen wurde, wirkt nämlich aus dem Unbewussten heraus weiter und bestimmt somit auch unsere Träume. Ein Vorgang, der deutlich abgeschlossen wurde, wirkt energetisch nicht mehr weiter, da seine Energien aufgelöst wurden.
Pragmatiker bitten am Ende des Dialogs den Gesprächspartner um eine spezielle Aufgabe, die sie im Alltagsleben durchführen können. Wollen Sie dies nicht tun, schreiben Sie zumindest das Gespräch nieder, und überlegen Sie sich anhand Ihrer Aufzeichnungen genau, wie Sie das Gelernte umsetzen wollen.

Ist Ihnen schon einmal aufgefallen, dass jeder Traum selbst auch schon einen Dialog darstellt?
Man kann jeden Traum als einen Dialog zwischen dem Traum-Ich und den Kräften des Nachtbewusstseins charakterisieren. Dabei versucht häufig das Nachtbewusstsein den Erfahrungshorizont unseres Traum-Ich und somit auch unseres Ich zu überschreiten. Unser Ich- oder Tagesbewusstsein hat das Traum-Ich auf allen seinen Wegen geduldig zu begleiten und nicht in den Dialog zwischen Traum-Ich und Nachtbewusstsein störend einzugreifen. Dieses Eingreifen

findet einzig bei der Technik des luziden Träumens statt – und selbst dort empfinde ich es oft als sehr fragwürdig.

Die Beobachtung des Traum-Ich

Alle Ihre Träume weisen ein Traum-Ich auf, da Sie als der Träumer immer, und wenn auch nur als Beobachter, an Ihren Träumen beteiligt sind. Meistens sind Sie jedoch in die Traumhandlung integriert und handeln als eine Person wie im alltäglichen Leben – nur gestaltet sich alles oftmals viel dramatischer.

Wenn Sie Ihr Traum-Ich beobachten, richten Sie im Gegensatz zu den meisten anderen Traumdeutungstechniken Ihre Aufmerksamkeit auf die Handlungen und nicht auf die Symbole des Traums. Deshalb ist diese Technik sehr leicht zu handhaben. Der Traum mag Ihnen noch so unverständlich erscheinen, die Handlungen Ihres Traum-Ich können Sie jederzeit und ohne irgendwelche Vorkenntnisse leicht beobachten und beschreiben.
Der erste und einfachste Schritt zur Beobachtung des Traum-Ich liegt im genauen Registrieren, wie das Traum-Ich handelt und was es unterlässt. Fragen Sie sich bei jedem Traum, ob sich Ihr Traum-Ich aktiv oder passiv verhält. Dabei ist ferner zu beobachten, ob Ihr Traum-Ich bestimmten Situationen ausweicht oder ob es sich Konfrontationen stellt. Sie werden erstaunliche Parallelen zu Ihrem Alltagsleben feststellen.
In Zeiten, in denen Sie sich eher passiv fühlen, wird auch Ihr Traum-Ich passiv sein und nur als Beobachter Ihre Träume registrieren. Dies kann so weit führen, dass Ihr Traum-Ich gar nicht mehr körperlich anwesend ist, sondern lediglich eine Art Registrierungsinstanz darstellt.

In Zeiten, in denen Sie sich gut und ausgeglichen fühlen, wird Ihr Traum-Ich aktiv handeln und viel erleben. Ihre Träume sind dann dramatischer und voller Abenteuer.

Bei der Beobachtung Ihres Traum-Ich gehen Sie am besten in folgenden sieben Schritten vor:

1. Sie schreiben so genau wie möglich auf, was Ihr Traum-Ich während des Traums getan hat, und enthalten sich dabei jeglicher Interpretation. Versuchen Sie, so objektiv wie möglich das Verhalten des Traum-Ich zu registrieren.
2. Beschreiben Sie so genau wie möglich, wie sich Ihr Traum-Ich in den verschiedenen Situationen des Traums gefühlt hat. Vermerken Sie, ob es seine Gefühle ausdrückte oder nicht.
3. Suchen Sie sich wichtige Stellen des Traums aus (zum Beispiel den Höhepunkt) und formulieren Sie jetzt das Verhalten des Traum-Ich in allgemeiner Art.
   Wenn das Traum-Ich zum Beispiel vor einem Angreifer davonlief, formulieren Sie dies folgendermaßen: »Das Traum-Ich flieht vor der Auseinandersetzung mit bedrohlichen Situationen.«
4. Sie versuchen die Motivationen und die Standpunkte, denen das Traum-Ich Ihrer Meinung nach folgt, aufzulisten. In unserem Beispiel würden Sie aufschreiben: »Das Traum-Ich hält es für besser, Gefahren und Angriffen auszuweichen.« Wenn Sie dem weiter nachgehen, kommen Sie zu der Aussage: »Das Traum-Ich ist ängstlich, weil es sich zu schwach oder unterlegen fühlt, um sich erfolgreich mit Angriffen auseinanderzusetzen.«
5. Nun unterscheiden Sie genau, welche der von Ihrem Traum-Ich gezeigten Verhaltensweisen positiv, erfolgreich und lebensbejahend sind und welche nicht. Hierbei ist es wichtig, die Funktion der gezeigten Verhaltensweisen Ih-

res Traum-Ich ohne jegliche moralisierende Wertung zu untersuchen.
Es gibt bei dieser Einschätzung eine Faustregel: Konfrontierendes und aktives Verhalten ist meist positiv zu sehen, Flucht- und Ausweichverhalten ist ebenso wie Passivität meist negativ zu bewerten.

6. Die negativen, erfolglosen und lebensfeindlichen Verhaltensweisen, die das Traum-Ich zeigte, werden nun in positive Verhaltensweisen umformuliert. Aus dem fliehenden Traum-Ich wird in diesem Schritt ein sich konfrontierendes Traum-Ich, das keine Angst hat.
7. Im letzten Schritt erstellen Sie eine Liste, in der auf der einen Seite die realen Verhaltensweisen Ihres Traum-Ich und auf der anderen Seite die positiven neuen Formulierungen aufgelistet werden:

Liste der Gefühle und Verhaltensweisen des Traum-Ich	
Verhalten des Traum-Ich	positives Umformulieren
negative Formulierung	positive Formulierung
Das Traum-Ich flieht vor Gefahren und fühlt sich schwach.	Das Traum-Ich konfrontiert sich mit der Gefahr und fühlt sich stark.
Das Traum-Ich versteckt seine Gefühle.	Das Traum-Ich zeigt offen seine Gefühle.

Man kann nun, um das positiv umformulierte Verhalten zu verfestigen, das ganze Traumgeschehen abermals innerlich erleben (zum Beispiel in einer Visualisierung) und/oder niederschreiben, wobei sich das Traum-Ich jetzt allerdings gemäß des neuen, positiven Verhaltens verhält.

Bisweilen zeigt uns das Traum-Ich auch schon von selbst positive Ansätze für ein verändertes Verhalten. Um von dem

Traum-Ich zu lernen, schreibt man möglichst genau auf, wie es handelt oder was es zu tun unterlässt. Hierbei achten Sie darauf, ob kreative, neuartige Ansätze in der Verhaltensweise Ihres Traum-Ich zu beobachten sind. Dieses Verhalten versuchen Sie dann in Ihrem alltäglichen Leben auszuprobieren.

Es ist ohne weiteres möglich, dass Sie auf den ersten Blick keine kreativen Neuansätze im Verhalten Ihres Traum-Ich bemerken können. Versuchen Sie sich in diesem Fall bewusst zu werden, welche inneren Einstellungen, Motive und Überlegungen die Verhaltensweisen Ihres Traum-Ich steuern. Dies bringt Sie häufig auf verstecktere Neuansätze in den Verhaltensweisen Ihres Traum-Ich, die Sie anderweitig leicht übersehen könnten.

Zeigt Ihr Traum-Ich keinerlei Neuansätze oder gar ein völlig passives Verhalten, können Sie versuchen, diese Haltung zu ändern. Man geht nämlich davon aus, dass das Traum-Ich weitgehend die Verhaltensweisen des Träumers im alltäglichen Leben wiedergibt. Das Traum-Ich hält uns wie auch jedes andere Traumsymbol einen Spiegel vor. Aber nicht nur das Traum-Ich ist von unserem Alltagsverhalten abhängig, auch unser Alltagsverhalten scheint umgekehrt von unserem Traum-Ich abhängig zu sein. Moderne verhaltenspsychologische Untersuchungen konnten diese gegenseitige Abhängigkeit von Traum-Ich und Alltagsverhalten deutlich belegen. Hieraus folgt, dass eine Änderung des Verhaltens des Traum-Ich oft unmittelbar eine Änderung unseres Alltagsverhaltens zur Folge hat.

Beispielsweise ist es möglich, einen Menschen aus seinem Phlegma durch die Aktivierung seines Traum-Ich zu befreien. Unser Traum-Ich scheint nämlich den Traum für Probehandlungen zu benutzen. Es probiert aus, welche Verhaltensweisen welchen emotionalen Effekt besitzen und ob ein bestimmtes Verhalten den Träumer zum Ziel führen wird. Dies ist bereits in einer der ältesten Mythologien, die wir kennen, verarbeitet: Im Gilgamesch-Epos bereitet sich Gilgamesch, der Herrscher von Uruk, in drei Träumen auf den Kampf gegen den Walddämon Chumbaba, dem Bösen, vor. Die Verhaltensweisen des Traum-Ich kann man zum einen durch luzides Träumen, wie im zweiten Kapitel über die Traumtypen beschrieben, ändern, und zum anderen mit Hilfe von Affirmationen.

Positive Beeinflussung des Traum-Ich durch luzides Träumen

Bei der Verhaltensänderung des Traum-Ich durch luzides Träumen versucht der Träumende, während des Traumvorgangs sinnvolle Handlungen aufzubauen. Zu Beginn ist es egal, was man tut, wichtig ist erst einmal ausschließlich die Aktivierung des Traum-Ich. Später, wenn diese Aktivierung leicht gelingt, kann man versuchen, sein Traum-Ich vorher geplante, sinnvolle Handlungen durchführen zu lassen. Ein vormals passives Traum-Ich wird auf einmal in das Geschehen eingreifen, genau wie zum Beispiel ein überaktives Traum-Ich sich zurückzuziehen sucht. Nutzen Sie in diesem Fall den luziden Traum als Experimentierfeld für neues Verhalten aus.
Es fällt übrigens auf, dass durch eine eingehende Beschäftigung mit seinen Träumen das Traum-Ich automatisch aktiver wird. So gibt es amerikanische Traumtherapeuten, die es sich zum Ziel machen, das Traum-Ich eines Patienten zu aktivieren. Ich halte diese therapeutische Vorgehensweise allerdings für zu einseitig.

Positive Beeinflussung des Traum-Ich durch Affirmationen

Wollen Sie mit Affirmationen das Verhalten Ihres Traum-Ich ändern, sollten Sie zunächst eine genaue Vorstellung davon entwickeln, wie genau die alternative Verhaltensweise aussehen soll. Sind Sie sich darüber im Klaren, dann müssen Sie in einem zweiten Schritt eine Affirmation bilden, die Sie sich wortwörtlich abends im Bett dreimal hintereinander vorsagen, um dann an etwas anderes zu denken und einzuschlafen. Diese Affirmation wirkt aus Ihrem Nachtbewusstsein und wird Ihr Traum-Ich aktivieren. Allerdings wirkt sie meistens nicht gleich heute und auch selten morgen; Sie müssen sich in Geduld üben und sich beständig diese Affirmation vorsagen. Sie wird längerfristig sicherlich wirken.
Als Modell-Affirmation mag folgender Satz gelten, der individuell abgeändert werden kann:

Ich greife aktiv in mein Traumgeschehen ein.

Um die Veränderungen im Verhalten Ihres Traum-Ich genau beobachten zu können, müssen Sie Vergleiche zwischen dessen jetzigem und seinem früheren Verhalten anstellen.
Sie werden bemerken, dass schon allein durch diese systematische Beschäftigung mit Ihrem Traum-Ich sich dessen Verhalten verändern wird. Es wird aktiver in Ihren Träumen agieren; denn ein kräftiges und selbstbewusstes Traum-Ich ist zugleich ein aktives.
Neben den Handlungen Ihres Traum-Ich können Sie auch die Dynamik der Traumbilder in Ihren Träumen beobachten. Sie werden dabei einen merkwürdigen musikalischen Fluss feststellen, der dadurch erzeugt wird, dass bestimmte Bilder und Motive eine Zeitlang auftauchen und von Traum zu Traum variiert werden, um sich nach einiger Zeit zu ver-

ändern und dann in andere Bilder überzugehen. Wenn Sie über einen längeren Zeitraum betrachten, welche Bilder und Motive in Ihrem Traumleben zu welchen Zeiten die Führung übernehmen, können Sie mittels dieser Analyse sehr gut Ihre innere Entwicklung verstehen.

Fall- oder Flugträume

Nicht selten kann man in seinen Träumen beobachten, dass das Traum-Ich fällt oder fliegt. Wie geht man mit solchen Träumen um?

Zunächst zum Fallen:

Erinnern Sie sich an die Zeit, als Sie ein Baby waren und langsam begannen, das Laufen zu lernen? In dieser Zeit sind Sie wahrscheinlich am häufigsten in Ihrem Leben hingefallen. Sehen wir dies nun symbolisch, können wir sagen, dass man gerade dann mit dem Fallen konfrontiert wird, wenn man sich mit etwas Neuem beschäftigt, sozusagen neuen Boden unter den Füßen bekommt. Das Symbol des Fallens zeigt also immer an, dass Ihr Traum-Ich, und somit auch das Ich Ihres Wachbewusstseins, in neue Gebiete eindringt, neue Erfahrungen macht und etwas Neues ausprobiert. Fallträume treten also immer als Zeichen dafür auf, dass Sie Ihre Grenzen erweitern und sich in Neuland begeben. Dies heißt auch, dass Sie gegen Ihre Grenzen und die Tendenz Ihres Traum-Ich, festhalten zu wollen, ankämpfen; Sie verlieren die Kontrolle über das, was Sie tun – und dies ist gut so. Denn Ihr Traum-Ich probiert hier neues Verhalten aus, das Ihr Wach-Ich hoffentlich übernehmen wird. Ein Aspekt der Flugträume besteht also sicherlich in dem Bedürfnis, die eigenen Grenzen auszuweiten und zu überschreiten.

Freud interpretierte in seiner »Traumdeutung« die Fall- und auch die Flugträume als Orgasmusträume. Für ihn drücken solche Träume den tiefen und meist unerfüllten Wunsch nach sexueller Entspannung aus. Damit hatte er sicherlich nicht unrecht, und man kann auch heute noch beobachten, dass viele dieser Träume sexuellen Ursprungs sind. Im Orgasmus, der als kleiner Tod bezeichnet wird, betreten wir ja auch das Unvorhersehbare. Wir lassen uns in das Unbekannte fallen, in jenes Reich, in dem es keinen sicheren Weg noch Steg gibt.

Innerhalb der Arbeit mit luziden Träumen sollte man alle Fallträume in Flugträume umwandeln. Man dreht die Situation um: Man fällt nicht, kommt nicht auf dem Grund auf, sondern erhebt sich leicht in die Lüfte. Jetzt haben Sie die verlorene Kontrolle sanft wiedergewonnen, was zugleich mit einem großen Freiheitsgefühl verbunden ist. Sie haben nämlich Neuland betreten und zugleich bewusst die Kontrolle über Ihr Traum-Ich erhalten, ohne starr zu werden.

Flugträume treten bei älteren Menschen signifikant häufiger als bei jüngeren auf. Dies liegt wohl daran, dass ältere Menschen ihre Körperbegrenzung als lästiger empfinden und sie sich danach sehnen, diese wie im Flugtraum aufzulösen. Der Flugtraum überwindet die Körperschwere und die natürlichen Begrenzungen des menschlichen Körpers. Diese Sehnsucht spiegelt sich in dem alten Wunsch der Menschheit, fliegen zu können, wider.
Flugträume hängen also meistens mit einer Sehnsucht nach größerer Freiheit und Beweglichkeit zusammen. Die Angst vor dem Fliegen, die die amerikanische Schriftstellerin Erica Jong in ihrem gleichnamigen Roman so treffend beschreibt, ist auch im Traum ein Zeichen dafür, dass es den Menschen schwerfällt, sich fallen zu lassen und sich einfach jener unsichtbaren Kraft, die die Luft symbolisiert, hinzugeben. Werden Flugträume als beängstigend erlebt, fällt es dem

Träumer oft schwer, die grenzenlose Freiheit zu genießen und die Erdenschwere (Schwerkraft) zu überwinden – gleichzeitig kann sich hier die Angst davor ausdrücken, dass wir irgendwann wieder landen müssen.
Flugträume hängen oft auch mit dem Bedürfnis zusammen, aus einer ausweglosen Situation zu fliehen. In der Mythologie entfloh Dädalos mit seinem Sohn Ikaros aus dem kretischen Labyrinth des erschlagenen Minotauros. Und auch heute empfinden wir oft, dass sich unsere Seele auf Flügeln emporheben und allen Schwierigkeiten des Alltagslebens entfliehen möchte. Allerdings sollte man derartigen Fluchttendenzen nicht nachgeben. Die psychische Entwicklung ist abhängig von dem Ausmaß an Konfrontation. Was Sie im Traum fliehen, sollten Sie sich genauer ansehen, ja, Sie sollten es geradezu aufsuchen und ansprechen, um es aufzulösen. Jene Dinge, die uns im Traum verfolgen und vor denen wir fliehen, möchten uns berühren. Deswegen treten in der Pubertät so häufig Verfolgungsträume auf, denn das erwachende Sexualleben möchte von uns angenommen werden. Treten Sie doch einmal einer Sie beängstigenden Traumfigur keck entgegen und sagen ihr: »Komm her, ich lade dich ein, freundlich mit mir zu plaudern.« Oder noch kühner: Gehen Sie auf diesen Dämon zu und verführen Sie ihn. Sie werden bemerken, dass sich alle beängstigenden Qualitäten sofort wie der Rauch im Wind verflüchtigen.
Diese Übungen können Sie entweder durch bewusstes Träumen durchführen, oder Sie begeben sich in eine leichte Trance, in der Sie abermals Ihren Traum träumen, jedoch diesmal mit einem anderen Ende. So kann man ein Happy End in seinen Angstträumen erzeugen.

Amerikanische Traumforscher gehen davon aus, dass wir in Flugträumen auf das Stadium der Vögel regredieren, das auch in unserer phylogenetischen Entwicklung (der Stam-

mesentwicklung) eine Rolle spielte. Da wir in gewissen Stadien unserer vorgeburtlichen Entwicklung auf die Evolution der Vögel zurückgreifen, sind wir mit einem Potenzial zum Fliegen auf die Welt gekommen, das sich in solchen Flugträumen ausdrückt. Bei der Entwicklung menschlichen Lebens zeigt der Fötus in einem kurzen Stadium die gleiche Struktur, die wir auch von den Vögeln her kennen.
Ich halte diese Ansicht für eine wissenschaftliche Spekulation ohne weitere Bedeutung für die praktische Traumdeutung.

Die Assoziationstechnik

Freuds Idee – zu Beginn des vorigen Jahrhunderts – dass die spontanen Einfälle zu einem Traum diesen verständlich machen, halte ich für überaus fruchtbar. Letztlich ist keine Art der Traumdeutung ohne das bewusste oder unbewusste Einbeziehen der Assoziationen zu den einzelnen Traumsymbolen denkbar.
Wie kommt es nun, dass diese spontanen Einfälle zu einem Traumsymbol uns den betreffenden Traum verständlich machen können?
Dies liegt daran, dass die spontane Assoziation immer aus dem Bereich genährt wird, in dem die meiste psychische Energie gebunden ist. Emotional hoch aufgeladene Bereiche in unserer Psyche wirken wie eine Anziehungskraft auf unsere Einfälle. Drücken sich beispielsweise Minderwertigkeitsgefühle versteckt im Traum aus, wird das Bedeutungsfeld Leistung und/oder Attraktivität unsere Einfälle zu den Symbolen dieses Traums magisch anziehen – egal um welches Symbol es sich dabei handelt.
Sehr anschaulich stellt Platon in »Phaidon« dar, wie eine Assoziation wirkt: Der bloße Anblick der Lyra oder des Man-

tels des Geliebten bringt Gedanken und Gefühle hervor, die sich auf diese Person ausrichten. Durch solche Assoziationen kann man seine verborgenen Wünsche und Motive beleuchten.

Definition Assoziation:

Unter einer Assoziation verstehen wir eine spontane Verbindung von Vorstellungen, Bildern, Wahrnehmungen und Phantasien, die persönlichen Themen, Motiven und Problemen folgt. In der Traumdeutung wird die freie Assoziation nach Sigmund Freud und die gebundene Assoziation nach C. G. Jung angewandt.

Bei der freien Assoziation nach Freud werden alle Einfälle, die zu einem Traumsymbol geliefert werden, so lange weiterverfolgt, bis sie zu einem emotional hoch aufgeladenen Gebiet geführt haben oder sich verlaufen.
Bei der gebundenen Assoziation nach Jung führt man die Einfälle des Träumers immer wieder auf das konkrete Traumbild zurück – man bindet sie sozusagen an dieses Traumbild an.
Jung übt folgendermaßen an der freien Assoziation Freuds Kritik:

»Mit dem sogenannten freien Assoziieren komme ich nicht zum Ziel, so wenig ich damit eine hethitische Inschrift entziffern könnte. Ich komme damit natürlich auf alle meine Komplexe, aber zu diesem Zweck brauche ich keinen Traum, sondern ich kann es an einer Verbotstafel oder an einem Satz in der Zeitung geradeso gut tun. Mit freiem Assoziieren kommen die Komplexe heraus, aber ein Traumsinn nur ausnahmsweise. Um den Traumsinn zu verstehen, muss ich mich möglichst eng an die Traumbilder halten. Wenn jemand von einem tannenen Tisch träumt, so genügt es nicht, wenn er damit seinen Schreibtisch assoziiert, schon aus dem einfachen Grunde nicht, weil sein Schreibtisch nicht aus Tannenholz besteht. Der Traum meint aber ausdrücklich einen tannenen Tisch. Nehmen wir nun an, dass dem Träumer hier nichts mehr einfalle, so hat diese Stockung eine objektive Bedeutung, denn sie deutet an, dass in der unmittelbaren Nachbarschaft des Traumbildes eine besondere Dunkelheit herrscht, die einen zum Denken verführen könnte. Natürlicherweise hätte man Dutzende von Assoziationen mit einem tannenen Tisch; dass aber anscheinend nichts vorhanden ist, ist bedeutsam. In diesem Falle kehrt man wieder zum Bilde zurück, und ich pflege meinen Patienten dann zu sagen: ›Nehmen Sie mal an, ich wüsste überhaupt nicht, was die Worte *tannener Tisch* bedeuten, und geben Sie mir nun eine solche Beschreibung des Gegenstandes und seiner Naturgeschichte, bis ich schließlich begreife, was das für ein Gegenstand ist.‹«[3]

Jung übertreibt sicherlich in diesem Zitat, wenn er die freie Assoziation zu einem Traumsymbol mit der Assoziation zu einem Satz aus der Zeitung gleichsetzt. Immerhin haben wir im Gegensatz zur Zeitung in den Traumsymbolen schon persönliches, emotional aufgeladenes Material vorliegen. Dennoch sehe ich bei der praktischen Ausübung die Gefahr, dass der Träumer sich nur zu leicht mit der freien Assoziation von seinem Traum wegbewegt. Die freie Assoziation eignet sich deswegen nur dann zur Traumdeutung, wenn man die Traumdeutung in den Dienst der Selbsterkenntnis und Therapie stellt. Hebt man jedoch das genaue Verständnis seines Traums in den Vordergrund, worum es ja eigentlich in der Traumdeutung gehen sollte, sollte man unbedingt die gebundene Assoziation wählen.
Die gebundene Assoziation verglich Jung mit der sogenann-

ten Circambulation. Dieser Begriff bezeichnete ursprünglich das Umkreisen der Stupa (eines buddhistischen Kultbaus, der unter anderem die vier Elemente symbolisiert). So wie buddhistische Mönche in Tibet und Nepal die Stupa umschreiten, so umkreist auch der Träumer ein spezielles Traumsymbol. Im Gegensatz zur freien Assoziation, die sich linear immer mehr von dem ursprünglichen Traumsymbol entfernt, dreht sich die gebundene Assoziation beständig um das konkrete Traumsymbol und klärt die Umgebung dieses Symbols so genau wie möglich. Dabei wird das ursprüngliche Traumsymbol nie aus dem Auge gelassen.

Als Beispiel mag folgender Traum dienen:

Ich befinde mich auf einem Felsvorsprung mit vielen Leuten, da zeigt mir meine Freundin am gegenüberliegenden Berghang eine Kapelle, die sie besucht hat. Sie wundert sich, wie nahe unter dem Gipfel diese Kapelle liegt. Ich kann die Kapelle leider nicht sehen, sondern sehe stattdessen zu meiner Verwunderung eine große Burg auf dem Berggipfel.

Da dieser Traum von einem fünfundvierzig Jahre alten intellektuellen Klienten von mir nicht verstanden wurde, lasse ich ihn zu dem zentralen Symbol der Kapelle zuerst frei assoziieren. Es folgt die Dokumentation der freien Assoziationen:

Kirche, Unterdrückung, Schutz, Frau, ungestörte Ruhe, Gebet, Wunsch, Liebe, Geborgenheit, Heirat der Freundin, Heirat? Ja, ich liebe sie, aber muss es denn gleich Heirat sein? Ich hab Angst, dass sie sonst weg, unerreichbar, vergeben ist …

So weit die freien Assoziationen, die sehr schnell zur zentralen Bindungsproblematik des Träumers führte. Das Assoziieren dauerte keine Minute. Es ist aber auch nicht zu übersehen, dass der Wunsch nach Bindung und zugleich die Angst vor ihr nicht Thema dieses Traums ist.

Nun zur gebundenen Assoziation:
Ich ließ besagten Träumer nach dem Erlebnis der freien Assoziation nun konkret das Traumbild der Kapelle betrachten und alle seine Einfälle dazu sammeln:
Die Kapelle ist der Ort meiner Freundin, ich kann sie nicht sehen. Sie hat augenscheinlich als Bergkapelle etwas Kleines und Unscheinbares. Es ist der innere Ort meiner Freundin, der Ort ihrer Weiblichkeit … Die Kapelle am Berg: Es ist mühselig, sie zu erreichen. Die Kapelle liegt unter dem Gipfel, aber schon ziemlich hoch. Das ist der Überblick aus der inneren Ruhe heraus. Ein weibliches Geheimnis, das mir als Mann verborgen ist. Ich sehe die Burg, das ist ein viel massiverer Schutz. Das ist Kraft und Macht, mehr männlich. Die Burg ist oben, die Kapelle darunter … männliche Macht und weibliche Spiritualität, Weisheit …

Wie wir sehen, führen beide Formen der Assoziation zu unterschiedlichen Zielen. Zweifelsohne wird die gebundene Assoziation dabei dem speziellen Traum viel gerechter, in dem es um weibliche und männliche »Gipfelerlebnisse« geht oder »um das Geheimnis von Mann- und Frau-Sein«, wie mein Klient es später selbst ausdrückte.

Sie können sowohl still in Ihrem Inneren assoziieren, Sie können Ihre Assoziationen aber auch schriftlich fixieren. Letzteres ziehe ich persönlich vor. Bei der schriftlichen Assoziation geraten Sie leicht ins automatische Schreiben, das Sie spontan zu Ihren Problemen und Motiven führt.
Geht es Ihnen wirklich um die genaue Deutung eines Traums und steht für Sie die Arbeit mit Ihren Träumen im Vorder-

grund, sollten Sie zur gebundenen Assoziation greifen, die meiner Erfahrung nach Ihr Seelenleben differenzierter erhellt.

Geht es Ihnen dagegen mehr um eine kurze Diagnose Ihrer Probleme und Motive, eignet sich eher die freie Assoziation nach Freud, die Sie erstaunlich schnell zu Ihren Problemen führt – wenn Sie bereit sind, alle Einfälle unkontrolliert zuzulassen.

Ein wichtiger Hinweis in dem oben angeführten Jung-Zitat ist die Betonung der Stockung. Achten Sie beim Assoziieren nicht nur auf Ihre Einfälle, sondern auch auf Ihre Assoziationshemmungen.

Wo machen Sie Pausen, und wo gerät der Assoziationsfluss ins Stocken?

Sie können davon ausgehen, dass Ihr Assoziationsfluss genau dort gestört wird, wo Sie eine wichtige Einsicht verdrängen oder wie auch immer zurückhalten. Dies sind die Stellen, an denen Sie der Wahrheit nicht in die Augen schauen wollen – also besonders zentrale Stellen innerhalb der Traumdeutung.

C. G. Jung macht darauf aufmerksam, dass sich die Assoziationen der verschiedenen Persönlichkeitstypen stark voneinander unterscheiden.

Der Denktyp tendiert zur erklärenden Assoziation. Als Denktyp stellt man sich am besten die Frage, was man als Träumer über seine Bilder und Symbole denkt. Ein Denktyp produziert die Assoziationen fast ausnahmslos als Interpretation. Im Denken fühlt er sich zu Hause, und erst wenn er das abgeklärt hat, kann er sich dem Gefühl zuwenden.

Der Empfindungstyp und der intuitive Typ (die Jung beide als die irrationalen Typen bezeichnet) suchen bei ihren Assoziationen vornehmlich nach Übereinstimmungen und nach Gefühlen und Schwingungen, die sich im gleichen oder ähnlichen Bild ausdrücken. Erst wenn er die Gefühlsqualität der Traumbilder geklärt hat, kann er sich – wenn überhaupt – der Interpretation zuwenden.

Hält man einen Denktypen an, sich sogleich seinen Gefühlen zuzuwenden, werden seine Assoziationen stocken und nicht passen. Sie wirken dann eigenartig künstlich und bringen ihn nicht weiter.
Hält man einen Empfindungstypen und einen intuitiven Typen an, sich gleich der erklärenden Interpretation des Traums zuzuwenden, wirken ihre Assoziationen unpassend und bringen sie nicht weiter. Der gesamte Prozess verrennt sich und stoppt.

Zukunft oder Vergangenheit?

Es ist grundsätzlich möglich, einen Traum auf die Zukunft oder auf die Vergangenheit hin zu deuten. Auch in dieser Frage unterschieden sich Freud und Jung, wobei Freud die Träume immer auf die Vergangenheit des Träumers bezog, Jung dagegen eine Tendenz aufwies, die Träume auf die kreativen Möglichkeiten des Träumers in der Zukunft zu deuten. Wenn Sie mit diesem Arbeitsbuch Ihre Träume selbst deuten wollen, ist Ihnen unbedingt zur sogenannten finalen oder prospektiven Traumdeutung zu raten. Diese Art der Traumdeutung orientiert sich an den Zielen und Absichten des Träumers, statt den Traum auf seine Ursachen zurückzubeziehen. Das Problem liegt nämlich darin, dass man, falls man seine Träume auf seine Vergangenheit bezieht, endlos graben kann. Für Freud war ein Traum dann verstanden, sobald das Wirken des Ödipus-Komplexes in ihm deutlich wurde. Auf den Ödipus-Komplex wurde in der Traumdeutung alles Neurotische und somit Böse projiziert. Doch die Projektion des Bösen ändert sich im Laufe der Geschichte: Sah Sigmund Freud zu Beginn dieses Jahrhunderts die ödipale Situation in der Familie als Grund allen Übels an, so war das Böse etwa fünfzig Jahre später (zur Zeit der Studentenbewegung) in der Gesellschaft und deren ökonomischen Strukturen zu suchen. Später war es dann die Rolle der Mutter, und heute ist es der abwesende und überarbeitete Vater.

Ein Nachteil dieses rückwärtsgerichteten Blicks der Psychoanalyse liegt darin, dass er aufs engste mit dem Krankheitsbegriff verbunden ist. Der Traum wird nämlich bei dieser Methode als Ausgangspunkt für eine Reise in die Vergangenheit benutzt, in der nach jener Auffassung immer etwas geschehen ist, das uns heute krank werden lässt.

Der Blick auf die Krankheit und auf das, was uns in der Vergangenheit verletzte, fixiert uns meines Erachtens zu sehr auf eine negative Sicht der Welt. Überspitzt ausgedrückt heißt dies: Wer sich immer mit der Krankheit beschäftigt, der wird letztlich krank. Diese Art der zurückschauenden Traumdeutung bietet zu leicht die Gefahr der Erstarrung, wie auch Lots Weib zur Salzsäule erstarrt, als sie auf ihre brennende Heimatstadt zurückblickt. Die Freudsche Art der Traumdeutung muss unbedingt mit einem Psychotherapeuten durchgeführt werden, denn sie eignet sich nicht zur Eigenanalyse.

Ich halte es dagegen für viel produktiver, den Traum auf unsere Möglichkeiten in der Zukunft hin zu deuten. Bei solchen Deutungen konzentrieren wir uns auf das Positive und benutzen den Traum als kreativen Helfer für die Bewältigung unseres Alltagslebens. Diese Art der Traumdeutung kann man auch gut selbst durchführen, da in einer positiven Sicht weniger Gefahren als in einer negativen lauern.

Fragen Sie sich also bei jeder Deutung eines Traums, was Ihnen dieser Traum für Ihre Zukunft sagen möchte. Lassen Sie sich von der spielerischen Bilderwelt des Traums inspirieren. Am besten wäre es, bei Ihren Deutungen den Traum als Ihren kreativen Lehrer anzusehen.

Grundsätzliche Deutungsmöglichkeiten eines Traums	
final (prospektiv)	deutet den Traum auf die Zukunft bezogen und betont die kreativen Möglichkeiten des Träumers Methode C. G. Jungs
kausal	deutet einen Traum auf die Vergangenheit des Träumers bezogen (es geht hier meistens um frühkindliche Probleme und ganz speziell um den Ödipus-Komplex), statt der kreativen Möglichkeiten des Träumers werden bei dieser Deutung die krank machenden Aspekte in der Kindheit gesucht Methode Sigmund Freuds

Deutung eines Traums im Zwischenbewusstsein vor dem Erwachen

Sicherlich haben Sie es schon erlebt, dass Sie sich nach einem Traum in einem eigenartigen Zustand zwischen Wachsein und Schlaf befunden haben und in diesem Zustand zwischen Nacht- und Tagesbewusstsein automatisch begannen, Ihren Traum zu deuten. Diese Deutung wird weder tagesbewusst noch vollständig nachtbewusst vorgenommen, sie kommt aus einem schwer fassbaren Zwischenbereich zwischen Wachen und Schlaf. Zugleich vermittelt Ihnen diese Deutung das Gefühl, sehr authentisch zu sein; ich sehe sie als eine »geträumte Deutung« an.

Im westlichen Kulturkreis werden nur zwei verschiedene Stadien des Schlafs unterschieden: leichter Schlummer und Tiefschlaf. Das erste Stadium ist der sogenannte hypnagoge Zustand, jener Zwischenbereich zwischen Wachen und Schlaf, in dem wir uns kurz vor dem Einschlafen und kurz vor dem Aufwachen befinden; das zweite Stadium bezeichnen wir als Schlaf oder Tiefschlaf. Diese Einteilung spiegelt allerdings nur wider, welch geringes Bewusstsein wir über die verschiedenen Bewusstseinszustände des Schlafes besitzen und wie wenig ernst wir den Schlaf nehmen. Ganz anders ist dies zum Beispiel bei den kalifornischen Cahuillas-Indianern, die sechzehn verschiedene Traumebenen und über zwanzig verschiedene Bewusstseinsebenen des Schlafes unterscheiden. Diese Indianer kennen zwei Bewusstseinsebenen des Schlafs, die ganz nahe der Grenze zum Aufwachen liegen, und dies sind diejenigen Schlummer-Zustände, in denen wir unsere Träume schlafend deuten können.

Hat man einen Traum mit relativ hoher Bewusstheit erlebt, kann man auch bestimmen, wo dieser Traum zu Ende ist. Unmittelbar nach dem Ende des Traums geht man in eine neue Bewusstseinsebene über, wobei man versucht, den Traum nicht nur im Detail zu behalten, sondern ihn zugleich grundsätzlich zu verstehen. Ich halte den Traum meistens fest, indem ich nach dem Traum meine ganze Konzentration (noch im Halbschlaf) auf den Traum richte und versuche, mir den Traum noch einmal genau vorzustellen, wobei ich mich frage, was mir denn dieser Traum sagen wollte.

Wenn ich dies in Worten ausdrücke, klingt es so, als würde ich hierbei mit vollem Tagesbewusstsein vorgehen. Das ist aber keineswegs der Fall: Die Deutung geschieht in einer schläfrigen Stimmung, wobei ich auch immer wieder in einen tiefen Schlaf falle und all mein Tagesbewusstsein verlie-

re, um dann wiederaufzutauchen und mir meine Deutung weiter zu »erträumen«.
Gelingt es Ihnen, das Ende Ihres Traums bewusst wahrzunehmen, können Sie Ihren Traum leicht nach dieser halbbewussten Methode deuten. Um das Ende der nächtlichen Träume bewusster mitzuerleben, kann man mit einer Affirmation nach folgendem Modell arbeiten:

Ich bin mir des Endes meines Traums genau bewusst.

Für diese Affirmation gelten die gleichen Voraussetzungen, die ich schon in Bezug auf den Einsatz der Affirmation beim luziden Träumen erwähnte.
Durch diese Affirmation werde ich auf die Dauer das Ende meiner Träume miterleben. Den Übergang zu einer neuen traumlosen Schlafphase nutze ich nun aus, mir noch einmal meinen Traum zu vergegenwärtigen. Für diesen Impuls brauche ich einige Willenskraft und muss gegen die Trägheit meines Geistes antreten, der am liebsten sofort wieder ins Nachtbewusstsein absinken möchte. Mit einiger Übung gelingt es jedoch, den Traum zu halten. Und wenn Sie es gewohnt sind, Ihre Träume regelmäßig zu deuten, wird das Nachtbewusstsein ohne weiteres Zutun Ihrerseits den Traum von selbst zu deuten beginnen.
Das Besondere an dieser Deutung liegt darin, dass sie zwischen Tagesbewusstsein und Nachtbewusstsein angesiedelt ist und so die Stärken beider Deutungsmöglichkeiten in sich vereinigt.
Es ist interessant, dass gerade der französische Philosoph Renè Descartes (1596–1650), dessen Philosophie den Übergang zum modernen Rationalismus bildete, sich einen seiner wichtigen Träume selbst »im Schlaf auslegte«, wie er es selber schreibt.
Er beschreibt, wie er seinen Traum im Schlaf zu deuten ver-

sucht und dann diese Deutung beim Aufwachen fortsetzt. Dieser Traum Descartes' sollte ihn maßgeblich zur Formulierung seiner neuen Philosophie inspirieren.

Ein zeitsparendes Deutungssystem

Können oder wollen Sie nur fünf bis zehn Minuten pro Tag für die Deutung Ihrer Träume verwenden, möchte ich Ihnen folgendes Deutungsschema empfehlen, dass sich speziell für »stressgeplagte« Menschen eignet. Dieses Deutungssystem gehört zu den sogenannten eklektizistischen Deutungssystemen, die sich aus den Techniken und Ideen verschiedener Deutungssysteme zusammensetzen. Ich kombiniere in meinem »Deutungssystem für den eiligen Träumer« Techniken und Methoden aus der Gestaltpsychologie, der Aktiven Imagination C. G. Jungs und der klassischen Psychoanalyse.

Nach dem Erinnern und eventuell stichwortartigen Niederschreiben des Traums unterstreichen Sie alle auftretenden Traumpersonen und stellen sich folgende Fragen:

Fragen zu den Traumpersonen:

1. Wie symbolisieren die Traumpersonen meinen Schatten? Richten Sie Ihr Augenmerk auf Traumpersonen gleichen Geschlechts wie Sie.
   Achten Sie dazu darauf, welche Traumpersonen Sie ablehnen, ekelhaft finden, hassen oder bekämpfen beziehungsweise von welchen Traumpersonen Sie als Träumer gehasst und bekämpft werden.
2. Wie symbolisieren die Traumpersonen meine männliche beziehungsweise meine weibliche Seite?

Betrachten Sie besonders Ihre Beziehung zu Traumpersonen des anderen Geschlechts.

3. Wie verhielt sich mein Traum-Ich in diesem Traum?
   Kennen Sie dieses Verhalten aus Ihrem alltäglichen Leben?
   War das Traum-Ich aktiv oder passiv, wich es Konfrontationen aus oder suchte es sie auf?

Fragen zu nicht-personifizierten Symbolen:
Nicht-personifizierte Symbole stellen immer eine größere Herausforderung für den Träumer dar, da sie weniger in die Persönlichkeit integriert sind als personifizierte Symbole. Ein Symbol, das als Gegenstand oder Tier geträumt wird, verweist immer auf einen großen Abstand zu dieser symbolisierten Eigenschaft – man spricht in diesem Zusammenhang von einer Abspaltung oder Entfremdung.

4. Welche anderen Symbole sind vielleicht noch wichtig in diesem Traum, und was wollen sie mir vermitteln?
   Charakterisieren Sie diese anderen Symbole – falls welche auftreten – kurz mit einem Eigenschaftswort oder einem kurzen Satz.

Der eigentliche Deutungsprozess:

5. Schreiben Sie jetzt hinter alle Traumpersonen und Traumsymbole »in mir« und fragen Sie sich, welche Ihrer inneren Anteile, Eigenschaften oder Ichs zu Ihnen sprechen wollen.
6. Machen Sie sich den Handlungsstrang oder die Situation des Traums noch einmal klar und versuchen Sie dann, diesen Traum im Zusammenhang zu deuten. Fassen Sie diese Deutung in ein bis zwei kurzen Sätzen prägnant zusammen.

7. Formulieren Sie einen Satz als Affirmation, der Ihnen sagt, wie Sie diese Traumlehre von jetzt ab in Ihrem Alltagsleben umsetzen sollten. Bei Träumen, die Ihnen Inspirationen oder Problemlösungen angeboten haben, schreiben Sie kurz in Stichworten die neue Idee oder den Lösungshinweis für ein Problem auf. Später, wenn Sie Zeit haben, sollten Sie allerdings diese Einsichten und Anregungen genauer aufschreiben.

Schema der schnellen Traumdeutung	
Traumpersonen	
der Schatten	negative, meist gleichgeschlechtliche Traumperson
die Anima	weibliche Person als
	a) fruchtbare Mutter, positiv
	b) furchtbare Mutter, negativ
der Animus	männliche Person als
	a) hilfreicher Vater, positiv
	b) strafender Vater, negativ
das Traum-Ich	die Person, mit der sich der Träumer identifiziert und aus deren Perspektive er den Traum erlebt
	a) aktives Traum-Ich
	b) passives Traum-Ich
nicht-personifizierte Symbole	
Tiere	abgespaltene bzw. projizierte Triebe
Gegenstände	stark abgespaltene Eigenschaften des Träumers

Traumdeutung	
Subjektstufe	Hinter jedes Symbol wird »in mir« geschrieben und als Eigenschaft des Träumers gedeutet.
Objektstufe	Die Gegenstände und Personen des Traums werden als das gesehen, was sie sind: a) Werden sie in gewohnter Funktion gebraucht? b) Erinnern sie mich als Träumer an bestimmte Situationen?

Handlungsstruktur des Traums
Ist die Handlung dramatisch? Ist sie ungewöhnlich oder typisch für mich? Wo gibt es unvorhergesehene Umschlagspunkte in der Handlung? Deutung des Traums im Zusammenhang
Beziehung der Traumlehre auf das Alltagsleben des Träumers

Benutzen Sie dieses Schema als einen Wegweiser durch Ihren Traum, können Sie mit ihm innerhalb von fünf Minuten Ihren Traum sehr gut überblicken und die wichtigsten Deutungshinweise erhalten.

Ein ausführliches Deutungssystem

Dem Deutungsschema für den alltäglichen Gebrauch unter Zeitdruck möchte ich ein ausführliches Deutungsschema entgegenstellen. Nimmt man dieses Deutungsschema ernst, kann es abhängig von der Länge und der Komplexität des zu deutenden Traums ohne weiteres eine Stunde und mehr Zeit für die Durchführung beanspruchen.

Ich möchte Ihnen empfehlen, jeden Schritt dieses ausführlichen Deutungsschemas schriftlich durchzuführen. Da es sehr zeitaufwendig ist, sollte man es nur für spezielle Träume in besonderen Situationen anwenden:
Wenn Sie durch eine Entscheidung unter Druck stehen, wenn Sie aus einer Phase des Leidens nicht herauskommen, wenn Sie das Gefühl haben, dass dieser Traum ein ganz besonderer für Sie ist.
Bei einer täglichen Anwendung würden Sie Gefahr laufen, dass die Traumdeutung für Sie zu einem zusätzlichen Stressfaktor wird und Sie so genau das Gegenteil von dem, was mit der Traumdeutung erzielt werden soll, erreichen.

I. Schriftliche Fixierung des Traums:

1. Zunächst schreiben Sie Ihren Traum so genau wie möglich auf. Sie führen dabei jedes Detail, so gut Sie es erinnern, auf. Falls wir bestimmte Details nicht mehr erinnern, versetzen Sie sich in einen tief entspannten Zustand und visualisieren den Traum noch einmal, wobei Sie versuchen, vergessene Details wiederzusehen.
2. Als Nächstes schreiben Sie auf, mit welchem Gefühl Sie aufgewacht sind und was Ihr erster Gedanke nach dem Aufwachen und nach dem Erinnern des Traums war.
3. Stellen Sie eine Liste aller Traumsymbole auf, die Sie nach Personen, Tieren und Gegenständen ordnen.

Danach stellen Sie ein Handlungsschema des Traums auf:

a) Einleitung und Anfangshandlung (Exposition)
b) Höhe- oder Umschlagspunkt der Handlung; das Unvorhergesehene in der Handlung (Peripetie)
c) die Auflösung der Spannung; die Lösung (Lysis)

Dabei muss nicht unbedingt jeder Handlungsteil im Traum repräsentiert sein. Die Lösung ist oft nicht vorhanden, kann jedoch »nachgeträumt« werden, indem man sich in eine tiefe Entspannung begibt, um den Traum noch einmal zu visualisieren und ihn dann zu Ende zu träumen.

Nach diesen vier Schritten haben Sie Ihren Traum vollständig dokumentiert und können jetzt mit der genauen Deutung beginnen.

II. Die schriftliche Deutung des Traums:
Zunächst deuten Sie den Traum kausal (auf die Vergangenheit bezogen), wobei Sie jedes Symbol sowohl auf der Objektstufe als auch auf der Subjektstufe deuten.
Danach deuten Sie den Traum final (auf die Zukunft des Träumers bezogen), wobei Sie auch hier jedes Symbol wiederum auf der Objektstufe und der Subjektstufe deuten.

1. Kausale Deutung:

a) Schreiben Sie hinter den aufgelisteten Traumsymbolen alle Ihre Assoziationen auf.
b) Betrachten Sie genau die früheren Zeiten, an die Sie die einzelnen Symbole erinnern. Dazu fragen Sie sich, welche Rolle die auftretenden Personen, Tiere und Objekte in Ihrem früheren Leben gespielt haben.

   Zusammen mit den Assoziationen wird Ihnen hier schon meistens ein erster Deutungsansatz klar, den Sie stichwortartig niederschreiben können.

2. Finale Deutung:

a) Sie schauen sich noch einmal die Liste mit Ihren Assoziationen zu den einzelnen Traumsymbolen an (siehe 1 a).
b) Sie schreiben nun hinter jedes dieser Symbole »in mir«

und listen auf, welche Eigenschaft oder welches Persönlichkeitsmerkmal von Ihnen durch die einzelnen Symbole symbolisiert wird. Hier hilft oft die Frage: Welcher Teil von mir meldet sich in diesem Symbol zu Wort?
Falls Sie Schwierigkeiten mit der Beantwortung dieser Frage haben, stellen Sie eine Liste von Eigenschaftswörtern für jedes dieser Symbole auf. Diese Liste wird zu Ihren persönlichen Eigenschaften führen.
Was möchte mir dieser Teil von mir sagen? Fällt Ihnen die Antwort nicht spontan ein, begeben Sie sich in eine tiefe Ruhe, schließen Ihre Augen und fragen das Symbol, was es Ihnen sagen möchte.

c) Zum Schluss dieser Symbolbetrachtung fragen Sie sich, wo Sie auf neue Verhaltensweisen aufmerksam gemacht werden. Dazu helfen oft die beiden Fragen:
Was tun die einzelnen Personen hier im Traum, das mir fremd ist?
Was unterlässt mein Traum-Ich, was hätte es mit etwas mehr Einsicht und Beweglichkeit tun können, um in dieser Traumsituation Erfolg zu haben?
Stellen Sie eventuell eine Liste kluger beziehungsweise funktionaler alternativer Verhaltensweisen Ihres Traum-Ich auf.
Welche dieser Verhaltensweisen sollten Sie in Ihrem alltäglichen Leben einmal ausprobieren?

3. Betrachtung der Details:
Normalerweise hat sich zu diesem Zeitpunkt schon eine Deutung in Ihnen gebildet.

a) Betrachten Sie diese Deutung im Handlungszusammenhang Ihres Traums und modifizieren und vervollständigen Sie eventuell Ihre Deutung.
b) Nun betrachten Sie die einzelnen Details Ihres Traums und assoziieren zu ihnen in gebundener Form (das heißt,

ganz konkret und eng an dem spezifischen Traumbild ausgerichtet).
Häufig liefert Ihnen die Betrachtung der Details ein noch genaueres Verständnis der gesamten Aussage dieses Traums.
Folgende Fragen helfen hier oft weiter:
Wie passt dieses Detail in die Gesamtaussage des Traums?
Warum ist dieses Detail hier notwendig, was trägt es an neuer Information bei?

Wenn Sie diese Fragen beantwortet haben, versuchen Sie eine neue, detailliertere Deutung, die ausführlich jedes Symbol und jede Traumsituation berücksichtigt.

4. Die Gefühle des Traums:
   Erstellen Sie jetzt eine Liste, in der Sie notieren, mit welchen Gefühlen jedes Traumsymbol für Sie verbunden ist. Danach wird es Ihnen leichtfallen, das Gefühl differenziert zu bestimmen, das die Deutung in Ihnen ausgelöst hat.
   Fragen Sie sich:
   Was beängstigt mich an diesem Traum?
   Was erfreut mich an diesem Traum?
   Am besten wäre es, diese Gefühle länger wirken zu lassen und ihnen in meditativer Weise nachzugehen.

5. Der Bezug zum Alltagsleben:
   Zunächst einmal ist darauf hinzuweisen, dass man nicht jede Traumdeutung zu einem Abschluss bringen kann, der klar formulierbar und in eindeutigen Worten zu fassen ist. Man kann nicht jede Traumdeutung nach dem Schema »und die Moral von der Geschicht'« abschließen. Ja, es hat sogar etwas für sich, die Lehre des Traums in der Schwebe zu lassen. Einer der Begründer der humanistischen Psy-

chologie, der amerikanische Psychologe Carl Rogers, macht darauf aufmerksam, dass Situationen, die in der Therapie nicht abgeschlossen werden, im Inneren des Klienten weiterwirken und so erst wirklich etwas im Seelenleben des betreffenden Klienten bewirken.
Genauso verhält es sich meiner Beobachtung nach mit dem Traum: Wenn ich die sogenannte Traumlehre nicht formuliere und bereit bin, die Spannung der ungelösten Situation auszuhalten, wirkt der ungelöste Traum in mir weiter. Er bewirkt etwas in meinem Inneren und kann so oftmals viel tief greifender auf meinen Alltag wirken, als wenn ich die Traumdeutung mit einem griffigen Satz abgeschlossen hätte. So schnell solche Traumlehren formuliert sind, so schnell werden sie leider auch meist vergessen. Wer jedoch diese innere Spannung einer ungelösten Situation nicht ertragen kann, der sollte sich am Ende der Traumbetrachtung immer fragen, was diese Traumdeutung für sein Alltagsleben bedeutet. Hier stellt sich die Frage: Was rät mir dieser Traum, in meinem Alltagsleben zu ändern? Jeder Traum rät dem Träumer zu Änderungen seines alltäglichen Lebens. Die Erfahrung zeigt jedoch, dass wir diese Änderungen nur dann durchführen, wenn wir sie nicht nur aufschreiben, um uns im Triumph der Erkenntnis zu sonnen, und sie gleich wieder vergessen, sondern wenn wir sie als Affirmationen formulieren. Diese Affirmationen sollten wir uns dann an den Badezimmerspiegel hängen und/oder uns auf den Schreibtisch stellen, so dass wir sie täglich sehen.

Tatsächlich ist eine Traumdeutung erst mit der Formulierung einer Affirmation abgeschlossen, die uns sagt, was wir im alltäglichen Leben ändern sollten. Diese Affirmation muss allerdings nicht sofort nach der Traumdeutung formuliert werden. Wie schon gesagt, kann man die Deutung eines

Traums auch einige Zeit offen und so im Inneren wirken lassen, bevor man zur Bildung der entsprechenden Affirmation gelangt.
Auf jeden Fall sollte jegliche Deutung eines Traums früher oder später mit der Einsicht enden, was nun konkret im Alltagsleben zu ändern ist.

Die Trauminkubation

Bei der Trauminkubation handelt es sich im engeren Sinne nicht um die Deutung eines Traums, obwohl die Deutung hier auch immer mit hineinspielt.
Beginnen wir mit einem Beispiel:
Ich habe tagelang darüber nachgedacht, wie ich mein Büro effektiver organisieren könnte. Mir sind zwar viele Möglichkeiten eingefallen, aber ich habe das Gefühl, dass die beste Lösung noch ausgeblieben ist. Nun beschließe ich in meiner Frustration, dieses Problem mit in die Welt der Träume hineinzunehmen. Daraufhin träume ich ein paar Tage später von einem Helfer, der alles wie die Kölner Heinzelmännchen über Nacht in Ordnung bringt. Es ist ein Eichhörnchen, das den Wald aufräumt. Gleich nach dem Aufwachen verstehe ich diesen Traum so, dass ich jemanden einstellen sollte, der mir hilft. Dies ist eine Idee, an die ich vorher nie gedacht habe.
Ein schönes Beispiel ist auch aus dem Leben des armen englischen Dichters und Malers William Blake (1757–1827) zu berichten: William Blake, der häufig seine Träume in seinen Werken verarbeitete, beschäftigte sich ausgiebig damit, wie man preiswert Stiche herstellen könne. Eines Tages erschien ihm in einem Traum sein Bruder Robert, der ihm eine völlig neue Art des Kupferstichs beschrieb. So fand William Blake die preiswerte Art des Kupferstichs, nach der er lange gesucht hatte.

Bei der Trauminkubation begibt sich also der Träumer mit einer bestimmten Frage in den Schlaf, die er im Traum beantwortet haben möchte. Damit steht die Trauminkubation dem luziden Träumen sehr nahe, obwohl es bei Ersterem nicht notwendig ist, eine Bewusstheit im Traum aufrechtzuerhalten. Von der Erfahrung mit der Trauminkubation könnte das Sprichwort geprägt sein: »Den Seinen gibt's der Herr im Schlaf.«
Man »bestellt« sich also einen Traum, der ein bestimmtes Problem bearbeiten soll. Beim Bestellen des Traums wendet man am besten die Affirmationstechnik an. Folgende Modell-Affirmation möge vom Träumer individuell abgeändert werden:

Mir wird ein verständlicher Traum geschenkt, wie ich folgendes Problem praktisch lösen kann.

Allerdings nutzt eine solche Affirmation wenig, wenn Sie nicht zuvor ausgiebig über dieses Problem nachgedacht haben und es Ihnen nicht ein tiefes emotionales Bedürfnis ist, dieses Problem zu lösen.
Ferner dürfen Sie nicht annehmen, dass der Traum Ihnen sofort verständlich die Lösung präsentiert. Meistens dauert es zumindest einige Tage – es kann im Extremfall bis zu mehrere Wochen dauern –, bis ein entsprechender Traum auftritt.
Nun muss allerdings dieser Traum auch noch als solcher erkannt werden. Die Lösung Ihrer Frage wird sicherlich nicht wie in einer Gebrauchsanweisung erfolgen. Der Traum wird Ihnen die Lösung bildhaft verschlüsselt präsentieren, und deswegen ist es nötig, nachdem Sie Ihre Frage gestellt haben, alle Träume genau zu deuten. Erst nach einer ausführlichen Deutung kann man sagen, ob hier eine Antwort auf das entsprechende Problem vorlag oder nicht. Sie müssen sich also vornehmen, möglichst jeden Traum zu behalten und jedem Traumhinweis zu folgen.

Bei der Trauminkubation heißt es, Geduld zu üben. Sie muss immer wieder versucht werden und wird sich dann allerdings in einer Weise verselbständigen, dass Sie Ihr Nachtbewusstsein nach einiger Zeit auf die entsprechende Frage beziehungsweise Problemlösung eingeschwungen haben. Der alte Schülertrick, sich eine Aufgabe oder Frage unter das Kopfkissen zu legen, hilft als eine Art kleines Ritual bei der Trauminkubation sehr. Schreiben Sie Ihre Frage auf, legen Sie sich diese unter Ihr Kopfkissen und bestellen Sie dann den entsprechenden Traum. Jetzt heißt es nur noch die Antwort im Traum zu erkennen und zu verstehen. Wichtig ist hierbei, dass Sie sich für jede Lösungsmöglichkeit offen halten. Es sind gerade die ungeahnten, kühnen Lösungen, die Sie weiterbringen.
Folgende Schritte sind also einzuhalten:

1.	Ausgiebige Beschäftigung mit dem entsprechenden Problem. Man muss zumindest tagelang über dieses Problem intensiv nachgedacht und sich mit ihm beschäftigt haben.
2.	Man bildet eine Affirmation, die einen Traum zu dem entsprechenden Problem erscheinen lässt. Diese Affirmation wiederholt man des Öfteren am Tag und besonders kurz vor dem Einschlafen. Man schläft jedoch nicht mit dieser Affirmation in seinen Gedanken ein.
3.	Man beschäftigt sich beim Einschlafen mit dem entsprechenden Problem und legt sich eventuell einen Zettel mit einer wichtigen Frage als Ritual unter das Kopfkissen.
4.	Man schreibt am Morgen nicht nur alle Träume nieder, sondern alles das, was einem durch den Kopf geht. Nun deutet man die Träume beziehungsweise den Traum und geht jedem Hinweis nach, der zur Lösung des Problems verhelfen könnte.

Übersicht über die verschiedenen Formen der Traumdeutung

Praktische Traumdeutung	
verbale Techniken	
künstlerischer Art	
der Traum als	
Drama	gut bei vollständig erinnerten Träumen und bei Traumserien anwendbar, auch zu benutzen, um Träume zu vervollständigen
Geschichte	bei jedem Einzeltraum anwendbar, gemäß seines Charakters als: Kriminalgeschichte Liebesgeschichte Science-Fiction-Geschichte Geistergeschichte Märchen Pornographie oder erotische Geschichte Erzählung
nicht-künstlerischer Art	
Frage- bzw. Dialogtechnik	
	erfolgreich bei schwer verständlichen Träumen anwendbar, klärt besonders Einzelsymbole
Beobachtung des Traum-Ich	
	für Verhaltensänderungen im Alltagsleben einsetzbar

Assoziationstechnik	
	klassische Traumdeutungstechnik, die leicht anwendbar ist und schnell zu Ergebnissen führt,
	freie Assoziation oder gebundene Assoziation
Deutung im Zwischenbewusstsein	
	Deutungstechnik im Halbschlaf, die den Traum innerhalb des Bewusstseins deutet
nonverbale Techniken	
künstlerischer Art	
Malen	leicht handhabbare Technik, die zu erstaunlich guten Ergebnissen führt, kann sowohl synthetisch als auch analytisch eingesetzt werden
Zeichnen	ebenso wie Malen einsetz- und auswertbar
Töpfern und Modellieren	
	wie Malen und Zeichnen, nur sinnlicher
Schnitzen	wie Modellieren
Tanzen	Erfassen des Traums durch die Intelligenz des Körpers, sehr sinnliche Traumdeutungstechnik
nicht-künstlerischer Art	
objektive Traumbetrachtung	
	bewährt sich besonders bei schweren psychischen Verletzungen, sollte nur unter therapeutischer Aufsicht durchgeführt werden

Sollte man sich an das Deutungssystem einer Schule halten?

Selbst unter professionellen Therapeuten hält man sich heutzutage nicht mehr eng und dogmatisch an die Deutungstechnik einer einzelnen Schule. Aus praktischen Gründen mischt man normalerweise die unterschiedlichsten Deutungsansätze, denn nur so kann man die verschiedenen Aspekte eines komplexen Gebildes wie den Traum angemessen erfassen. Die Tage, an denen sich Freudianer und Jungianer in ihren Deutungsansätzen eines Traums nicht nur unterschieden, sondern bekämpften, sind glücklicherweise vorbei. So habe ich auch in diesem Arbeitsbuch die unterschiedlichsten Ansätze der Traumdeutung vorgestellt und gemischt. Wichtig ist zu sehen, dass man einen Traum nicht schematisch deuten kann.

Verschiedene Deutungsschemata sprechen unterschiedliche Aspekte und Ebenen eines Traums an und erfassen so unterschiedliche Bedeutungen eines Traums. Der Traum ist im Grunde wie ein Kunstwerk zu sehen und zu verstehen: Er beinhaltet viele Deutungen, und es zeigt sich, dass die Techniken der unterschiedlichen Schulen sich ergänzen, indem sie jeweils die eine oder die andere mögliche Deutung betonen. So achtet beispielsweise die gestaltpsychologische Schule der Traumdeutung besonders auf die Subjektebene des Traums, während die klassische Psychoanalyse dessen Objektebene betrachtet. Hob Freud hauptsächlich die verdrängten sexuellen Wünsche in einem Traum hervor, so legt die analytische Psychologie das Hauptgewicht auf das Verständnis der mythologischen Zusammenhänge, um die Beziehungsprobleme des Träumers zu erhellen und diese in einem überpersönlichen Rahmen zu betrachten. Ebenso ergänzen sich auch verbale und nonverbale Deutungen. Mir scheint es wichtig zu sein, dass man letztlich von einem starren Deutungsschema abgeht und ein Gefühl dafür entwickelt, welcher Zugang zu welchem Traum angemessen ist. Für mich gleicht der Traum einem Bilderrätsel; mit welchen Mitteln man es löst, spielt keine Rolle, solange man zu seiner angemessenen Deutung gelangt.

Es ist interessant zu beobachten, dass das Traumleben auf die Deutungen des Träumers sensibel reagiert. Es scheint fast so, als ob der Traum den Erwartungshorizont seines Deuters erfüllen möchte. Klienten von Jungianern träumen nach einiger Zeit Träume voller archetypischer Symbole, wohingegen Klienten von Freudianern von Träumen mit sexuellen Symbolen berichten können. Auch wenn man selbst seine Träume deutet, schwingt sich das Traumleben auf die eigenen Ansichten zur Traumdeutung ein. Der Traum scheint eine Tendenz aufzuweisen, dem Deuter entgegenzukommen und sich ihm so leichter verständlich zu machen.

Das Traumtagebuch

Die Grundlage jeglicher Traumdeutung, welcher Methode auch immer, ist die Führung eines Traumtagebuchs. Nur der aufgeschriebene Traum kann über längere Zeit unverfälscht behalten werden.
Das Traumtagebuch bietet nicht nur die Arbeitsgrundlage für die Traumarbeit und die Deutung von Träumen im Zusammenhang wie auch von Traumserien. Es kann uns zudem die eigenen persönlichen Entwicklungen verdeutlichen. Wenn man in seinem Traumtagebuch herumblättert und die alten Eintragungen liest, bemerkt man, wie sich die Dynamik und Symbolik seiner Träume über die Zeit hinweg ver-

änderte. Außerdem können sich bei der Lektüre des eigenen Traumtagebuchs plötzlich Einsichten einstellen und neue Erlebnisräume öffnen, zu denen man bislang keinerlei Zugang hatte.
Es lohnt sich, sein Traumtagebuch so systematisch wie nur möglich anzulegen. Dies mag vielleicht zunächst etwas pingelig wirken, aber Sie werden schnell einsehen, dass so nicht nur der Gebrauchswert Ihres Traumtagebuchs steigt, sondern dass Sie Ihre Träume auch viel schneller niederschreiben und verstehen können.

Bevor Sie jedoch einen nächtlichen Traum niederschreiben, lassen Sie ihn zumindest einmal vor Ihrem inneren Auge vorbeiziehen. Schreiben Sie also den Traum erst dann nieder und wenden Sie sich erst dann Ihrem Traumtagebuch zu, wenn Sie zumindest eine grobe Vorstellung von Ihrem Traum haben. Falls Sie dies nicht beachten, könnte es passieren, dass Sie zu Ihrem Stift greifen und plötzlich nicht mehr wissen, was Sie aufschreiben wollten. Der Traum ist wie weggeblasen, und Sie können sich an ihn nicht mehr erinnern.

Sie beginnen beim Niederschreiben eines Traums zunächst mit dem Titel des Traums sowie dem Datum. Der Titel sollte so prägnant und kurz wie möglich formuliert werden. Wenn Sie diesen Titel nach einiger Zeit wieder lesen, sollte Ihnen sofort der entsprechende Traum einfallen.
Das Datum des Traums ist deswegen wichtig, da man nur so, besonders später, den Traum auf Ereignisse der Tage zuvor beziehen kann. Außerdem ist so der Traum auf astrologische und astronomische Konstellationen zu beziehen, und für Frauen mag es wichtig sein, den entsprechenden Traum im Zusammenhang mit ihrer Periode zu sehen.
Wenn Sie den Traum niederschreiben, halten Sie sich an die

Reihenfolge, in der Sie die einzelnen Traumelemente erinnern. Auch wenn diese Reihenfolge vom realen Ablauf des Traums abweicht, sollten Sie dennoch bei ihr bleiben. Die von Ihnen spontan erinnerte Reihenfolge der Traumelemente zeigt deren Wichtigkeit für Sie an: Was Sie am besten behalten, das ist auch emotional von wesentlicher Bedeutung für Sie. Was Ihnen später – während oder nach dem Niederschreiben – einfällt, verweist auf verdrängte Aspekte, die der Erinnerung einen Widerstand entgegensetzen. Was Sie schwerer, später und unvollständiger erinnern, wollen Sie im Grunde nicht so gerne erinnern, und deswegen sollte es ganz besonders genau betrachtet werden.

Beim Niederschreiben des Traums sollten Sie sich jeglicher Interpretation enthalten. Dies ist jedoch leichter gesagt als getan, denn letztlich bietet jedes Niederschreiben eines Traums dessen erste Interpretation. Auf jeden Fall sollten Sie versuchen, so objektiv wie möglich, den Traum zu notieren. Fügen Sie auf keinen Fall bewusste Interpretationen in Ihre Niederschrift des Traums ein, da Sie hinterher nicht mehr auseinanderhalten können, was nun wirklich geträumt wurde und was Ihre Gedanken zu diesem Traum waren. Zu einer klaren Deutung ist diese Unterscheidung jedoch notwendig.

Genauso wichtig ist es, bewusst auf jede Ausschmückung eines erinnerten Traums zu verzichten. Wir haben oftmals unbewusst die Tendenz, beim Niederschreiben unserer Träume mittels unserer Phantasie die Träume zu verdrehen. Wir schreiben dann nicht auf, was wir geträumt haben, sondern was wir gerne geträumt hätten. Man kann jedoch einen Traum nur dann sinnvoll deuten, wenn er in unbearbeiteter, reiner Form vorliegt.

Nach dem Niederschreiben des realen Traums notieren Sie das erste Gefühl, das Sie bei dem Erwachen aus dem Traum hatten. Wenn Sie sich über Ihre Gefühle nicht im Klaren sind, nehmen Sie folgende Liste zu Hilfe und schauen, welche der Stichworte für Sie zutreffen.

positive Gefühle:
lustig
fröhlich
heiter
gelassen

negative Gefühle:
depressiv verstimmt
niedergeschlagen
ängstlich
besorgt
aggressiv

neutrale Gefühle:
aufgeregt
sexuell erregt
dramatisch
emotional

Normalerweise wird eines der hier aufgeführten Gefühle für Sie zutreffen. Liest man diese knappe Liste durch, fällt einem oft das entsprechende Gefühl ein.

Es ist wichtig, sich über seine Gefühle nach einem Traum klarzuwerden, da es letztlich die Gefühle sind, die mir sagen können, ob dieser Traum zum Beispiel eine positive oder eine negative Bedeutung für mich besitzt. Die Gefühle, die sich nach einem Traum einstellen, sind oft der Schlüssel zu seiner Deutung.

Der erste Gedanke nach dem Erwachen hängt ebenfalls oft mit dem Traum zusammen, den Sie als letzten Traum in der vergangenen Nacht geträumt haben. Auch er kann wie die Gefühle einen Schlüssel zur Deutung des Traums darstellen, da dieser Gedanke häufig eine halbbewusste Deutung des Traums enthält.

Es ist nicht unbedingt notwendig, die Traumart niederzuschreiben, obwohl es wichtig ist zu notieren, ob es sich zum Beispiel um einen Angst- oder Alptraum gehandelt hat oder

ob dieser Traum schon häufiger wiederkehrte. Nach einiger Zeit vergisst man solche Informationen allzu leicht.
Vorausweisende Träume können immer erst später als solche erkannt werden. Diese sollte man im Nachhinein zum Beispiel mit einem Sternchen kennzeichnen.
Ist Ihnen nicht klar, was Sie hier eintragen sollen, können Sie noch einmal im zweiten Kapitel dieses Buches über die verschiedenen Traumtypen nachlesen.
Als Nächstes schreibe ich diejenigen Ereignisse aus meinem Leben auf, die mir spontan zu diesem Traum einfallen, wobei es sich hierbei oft um Jugenderinnerungen handelt. Sollte Ihnen spontan gar nichts einfallen, können Sie diese Spalte überspringen. Ist Ihnen aber eine bestimmte Situation eingefallen, so überlegen Sie, welche Bedeutung sie für Ihr Leben hatte. Wie haben Sie sich damals gefühlt, was waren Ihre Hauptprobleme?
Bei der folgenden Auflistung der wichtigsten Bilder, Symbole und Situationen unterscheide ich die Bilder und Symbole immer in »männlich« und »weiblich«. Spontan kann ich fast jedes Symbol und Bild einer dieser beiden Kategorien zuordnen.
Die Assoziationen zu diesen Bildern schreibe ich wiederum nur stichwortartig auf. Das heißt, ich assoziiere meistens schreibend und mache einen Strich, sobald eine Stockung oder eine besondere Gefühlsladung bei einer Assoziation auftritt.
Die anschließende Kurzdeutung fällt mir jetzt meist nicht mehr schwer. Im Grunde habe ich alle Deutungselemente schon abgeklärt und brauche meine Einsichten nur noch in einem sinnvollen Zusammenhang zu ordnen. Am Schluss der Deutung mache ich mir oftmals noch eine Liste, in der ich notiere, was ich jetzt konkret unternehmen werde, um die Lehre des Traums umzusetzen.
Manchmal verzichte ich auch auf die Kurzdeutung und lasse

die eigentliche Lehre des Traums unausgesprochen und im Ungewissen, da dann der Traum in meinem Inneren weiterarbeitet und -wirkt. Vielleicht trage ich später einmal diese Bedeutung ein. Dann sollte vermerkt werden, dass die Bedeutung später nachgetragen wurde.

Ich habe hier die ideale Führung eines Traumtagebuchs vorgestellt. Es wird Sie sicher erst einmal erschlagen, wenn Sie lesen, was Sie alles eintragen und berücksichtigen sollten. Dies ist aber gar nicht so umfangreich und zeitaufwendig, wie es auf den ersten Blick scheint. Mit etwas Routine werden Sie einen Traum in dieser Weise in ein paar Minuten niederschreiben können.
Sollten Sie unter Zeitdruck stehen, füllen Sie nur diejenigen Spalten aus, zu denen Ihnen spontan etwas einfällt. Eventuell können Sie ja die restlichen Spalten später ausfüllen.
Bedenken Sie auch, dass dieses Schema

1. nicht immer vollständig ausgefüllt werden muss,
2. unter anderem die Funktion hat, bestimmte Fragen in Ihnen hervorzurufen und Sie zu speziellen Überlegungen anzuregen,
3. Ihnen helfen soll, einen Traum auf die schnellste Art und Weise relativ vollständig festzuhalten und
4. Ihnen helfen soll, einen Traum so zu dokumentieren, dass Sie ihn auch noch nach Jahren rekonstruieren können.

Eine Möglichkeit, Träume zu protokollieren, zeigt Ihnen folgende tabellarische Auflistung der wichtigsten Aspekte eines Traums in einer sinnvollen Reihenfolge.

Traumtagebuch
Überschrift des Traums Charakteristische Überschrift für den Traum nach dem Vorbild einer Zeitungsüberschrift oder eines Buchtitels.
Datum Immer das Datum des Morgens nach dem Traum eintragen.
Schilderung des Traums Kann stichwortartig geschehen, sollte jedoch möglichst alle erinnerten Details aufführen. Der Traum wird so niedergeschrieben, wie er erinnert wird. Folgende Regeln sind zu beachten: 1. in der Ich-Form schreiben, 2. im Präsens schreiben, 3. sich unbedingt jeglicher Interpretation enthalten.
Erstes Gefühl beim Erwachen Ein bis zwei Stichwörter zur Charakterisierung des Gefühls genügen. Es kommt darauf an, die Stimmung direkt nach dem Aufwachen so deutlich wie möglich festzuhalten.
Erster Gedanke beim Erwachen Auch hier genügen wieder ein bis zwei Stichwörter zur Schilderung der ersten Gedanken nach dem Aufwachen.
Traumart Traumfragment, wiederkehrender Traum, Alptraum, Heiltraum etc.
Mit diesem Traum verbundene Ereignisse aus meinem Leben Hier sind Ereignisse vom Vortag oder aus der Kindheit gemeint. Vergleichbare Muster zwischen Traum und persönlicher Geschichte in Stichwörtern eintragen.
Auflistung der wichtigsten Bilder, Symbole und Situationen Hier werden Personen, Tiere, Gegenstände und die Grundsituationen des Traums kurz in Stichwörtern aufgelistet.

Assoziationen zu diesen Bildern, Symbolen und Situationen
a) individuell Drei bis vier spontane Stichwörter zu den Bildern, Symbolen und Situationen. Hier kann auch kurz vermerkt werden, wann schon ähnliche Strukturen in anderen Träumen auftraten. **b) allgemein** Falls vorhanden, werden hier Parallelen aus Märchen, Mythen, Literatur und Sprichwörtern aufgelistet.
Kurzdeutung Kann in Stichwörtern vorgenommen werden, am Schluss sollten immer folgende Fragen beantwortet werden: 1. Was will dieser Traum über mein Wachleben sagen? 2. Wie kann ich die Erkenntnisse aus meinem Traum im alltäglichen Leben umsetzen?

Auf der folgenden Seite finden Sie das Schema einer Tagebuchseite als Vorlage zum Fotokopieren.

Trotz aller Systeme, den Traum zu erfassen, vergessen Sie jedoch nicht, dass Träume Landschaften darstellen, die unsere Seele in uns ausbreitet. Sie lädt uns freundlich ein, in dieser Landschaft spazieren zu gehen. Wären wir in der Lage, das Erlebnis dieser Spaziergänge direkt auf uns wirken und uns davon tief berühren zu lassen, brauchten wir den ganzen Aufwand eines Traumtagebuchs und der Traumdeutung nicht. Leider können wir uns nicht so einfach von der Seelenlandschaft unserer Träume berühren lassen. Es ist unsere Intellektualität und besonders die Konzepte, die wir von uns und vom Leben haben, die direkte Seelenerfahrungen verhindern. Wir wollen einfach nicht sehen, was nicht in unser Weltbild passt.

Überschrift ....

Datum ....

Schilderung des Träums

....
....
....
....
....
....
....
....
....
....
....

Erstes Gefühl beim Erwachen

....
....
....
....

Erster Gedanke beim Erwachen

....
....
....
....

Traumart

....
....
....
....

Mit diesem Traum verbundene Ereignisse aus meinem Leben

....

....

....

Auflistung der wichtigsten Bilder, Symbole und Situationen

....

....

....

Assoziationen zu diesen Bildern, Symbolen und Situationen

a) individuell

....

....

....

b) allgemein

....

....

....

Kurzdeutung

....

....

....

....

....

....

....

....

....

Auf diese Weise sollte es Ihnen gelingen, einen Traum in maximal fünf Minuten möglichst vollständig niederzuschreiben.

Die Traumdeutung stellt eine wirksame Methode dar, uns die Augen für die ungewohnte Seelenlandschaft zu öffnen und zu akzeptieren, dass die Welt und wir selber nicht so beschaffen sind, wie wir es uns einbilden. Im günstigen Fall führt uns die Technik der Traumdeutung dahin, in unserer Seelenlandschaft spazieren gehen zu können und uns von all dem Erlebten dort tief emotional berühren und verändern zu lassen. Im Dienste dieses Ziels steht die systematische Führung eines Traumtagebuchs; so darf nie vergessen werden, dass sie kein Selbstzweck ist.

Die Erinnerung eines Traums

Die Erinnerung der Träume bietet die Grundlage für jegliche Traumarbeit und Traumdeutung. Wenn man keine Träume erinnert, kann man auch keine Träume deuten. Viele Menschen haben das Gefühl, selten oder nie zu träumen. Dies ist aber nicht der Fall. Wir träumen jede Nacht fünf bis sechs Träume; das Problem liegt allein darin, diese Träume oder zumindest einen von ihnen zu erinnern.

Es ist jedem Menschen möglich, sich regelmäßig an seine Träume zu erinnern. Man kann seine Fähigkeit der Traumerinnerung durch Übung und die Veränderung seiner Einstellung gegenüber dem Traum erheblich verbessern.

Fehlende Traumerinnerung hat nichts mit einer allgemeinen Gedächtnisschwäche zu tun. Deswegen halte ich auch den Ratschlag einiger Therapeuten, mit Vitamin-B-Komplexen die Gedächtnisleistung für Träume zu verbessern, für fragwürdig. Dennoch scheint sich speziell Vitamin B_6 positiv auf die Traumerinnerung auszuwirken. Allerdings sollte man Vitamin B_6 nie in hohen Dosen oder über längere Zeit einnehmen, da es zu Schädigungen der Nieren kommen kann. Auch eine Tasse lauwarmen Beifuß-Tee, vor dem Einschlafen getrunken, lässt uns unsere Träume leichter erinnern. Ich meine, dass es jedoch viele Gründe gibt, weshalb wir uns unserer Träume nicht erinnern wollen. Die Einnahme von Vitaminen oder Tees kann nur eine Krücke sein, die die eigentliche Ursache des Vergessens der Träume außer Acht lässt.

Meiner Erfahrung nach gibt es bei der Erinnerung der eigenen Träume folgende drei Schwierigkeiten:

1. Man möchte (oft unbewusst) beunruhigende Traumbilder nicht wahrnehmen, da sie als störend empfunden werden. Durch diese Einstellung wird zugleich die Motivation, Träume zu erinnern, stark herabgesetzt.
2. Es ist schwierig, die bildliche Sprache der Träume und deren fehlende Zeitkontinuität in gesprochene und geschriebene Sprache zu übersetzen. Und was wir nicht sprachlich ausdrücken können, vergessen wir weitaus eher als sprachlich beschreibbare Informationen.
3. Man findet keinerlei kulturelle Bestärkung darin, dass die Traumerinnerung etwas Wünschenswertes, Wertvolles oder Nützliches sei. In einer weitgehend materialistisch ausgerichteten Gesellschaft wird der Traum häufig als wertloses Hirngespinst abgetan.

Falls Sie Schwierigkeiten haben, nächtliche Träume zu erinnern, äußern Sie sich jetzt spontan und ehrlich zu den folgenden Aussagen, bevor Sie weiterlesen:

1. Ich interessiere mich gar nicht so genau für mein Nachtbewusstsein.
2. Mein Nachtbewusstsein ist chaotisch und meistens unverständlich für mich.
3. Ich habe gerade keine Zeit, mir den Luxus der Traumarbeit zu leisten.
4. Ich bin häufig zu müde, um meinen Träumen Aufmerksamkeit schenken zu können.
5. Ich fürchte mich bisweilen vor meinen Träumen.
6. Ehrlich gesagt kann ich mit meinen Träumen nichts anfangen.
7. Ich möchte jeden Traum unbedingt versuchen einzufangen.

Falls Sie einer oder mehreren der Aussagen 1–6 zustimmen konnten, dann werden Sie beim Lesen des weiteren Textes herausfinden, dass Sie im Grunde zumindest unbewusst zu wenig motiviert sind, Ihre Träume regelmäßig zu erinnern. Häufig hängt das mit verborgenen Ängsten vor der Welt des eigenen Nachtbewusstseins zusammen.
Haben Sie nur der Aussage 7 zugestimmt, dann bemühen Sie sich zu sehr um die Traumerinnerung. Sie sollten gelassener Ihren Träumen gegenübertreten, dann wird Ihnen die Traumerinnerung eher gelingen.

Die Kultur des Schlafens

In unserer Gesellschaft fehlt leider eine Kultur des Schlafens und auf den Traum bezogen besonders eine Kultur des Einschlafens und des Aufwachens. Eine Schlafkultur, in der auch die tägliche Traumdeutung Platz hat, sollte Bestandteil eines bewussten Lebensstils sein. Die innere Hygiene, zu der die Auseinandersetzung mit den nächtlichen Träumen gehört, sollte genauso wichtig genommen werden wie die äußere Hygiene. Zu dieser inneren Hygiene gehört das Aufzeichnen der Träume genauso wie das Zähneputzen zur äußeren Hygiene. Legen Sie sich also Ihr Traumtagebuch und einen Schreibstift leicht erreichbar ans Bett. Wenn Sie nicht alleine schlafen, können Sie Konflikte mit Ihrem Partner vermeiden, indem Sie einen Leuchtkugelschreiber benutzen, der bequem des Nachts zum stichwortartigen Aufschreiben Ihrer Träume benutzt werden kann. Sie können sich auch ein Diktiergerät oder ein aufnahmebereites Tonband neben das Bett stellen. Dies ist allerdings nur zu empfehlen, wenn Sie alleine schlafen, da durch das Sprechen auf Band Ihr Partner erheblich gestört wird.

Da Sie in dieser oder ähnlicher Form alles für die Aufzeichnung eines erinnerten Traums hergerichtet haben, steigert sich schon Ihre innere Bereitschaft, zumindest einige Träume oder Traumteile während der Nacht oder am Morgen zu erinnern.

Wie man das Schlafen vorbereitet

Die innere Einstellung gegenüber Träumen

Die Schlafkultur und die Verbesserung der Traumerinnerung beginnt mit der Vorbereitung des Schlafens. Hierbei geht es zunächst einmal um die innere Haltung, denn unsere innere Haltung ist der wesentlichste Faktor dafür, ob wir unsere Träume leicht erinnern oder nicht. Wenn einem Menschen die Erinnerung seiner nächtlichen Träume geradezu zufliegt, ohne dass er sich darum bemühen muss, und ein anderer das Gefühl hat, nie in seinem Leben geträumt zu haben, so liegt dies weitgehend an der unterschiedlichen inneren Haltung dieser beiden Menschen gegenüber dem Traum. Wenn man der Meinung ist, »Träume sind Schäume«, und meint für solche »Kindereien« keine Zeit zu haben, wird man schwerlich seine Träume erinnern. Man möchte sie im Grunde gar nicht erinnern.

Auf der anderen Seite blockieren Sie aber ebenso Ihre Traumerinnerung, wenn Sie ehrgeizig versuchen, jeden nächtlichen Traum zu erhaschen, und die Traumerinnerung für Sie zum Leistungssport wird. Es kann nicht das Ziel sein, den Leistungsdruck des Tages auch noch auf die Traumerinnerung auszudehnen.

Ich erinnere mich noch deutlich, dass während meiner Ausbildung zum Psychotherapeuten und Tiefenpsychologen einige Kollegen vor dem Schlafengehen noch ungeheure Mengen von Wasser oder Orangensaft tranken, so dass sie möglichst oft des Nachts aufwachten, um sich vieler Träume zu erinnern. Man protzte geradezu mit der Anzahl der erinnerten Träume.

Aber es kommt keineswegs auf die Menge der erinnerten Träume an. Mehr ist nicht unbedingt besser in der Traumarbeit. Im normalen Alltagsleben kann sowieso kein Mensch fünf bis sechs Träume pro Tag in angemessener Weise verarbeiten. Wenn auch Träume in Traumserien leichter verständlich sind, so genügt es doch, wenn Sie jede Nacht regelmäßig ein oder vielleicht zwei Träume erinnern. Die können Sie auch angemessen be- und verarbeiten. Wie so oft im Leben gilt auch für die Traumdeutung, dass der mittlere Weg der erfolgversprechendste ist. Sie brauchen also kein Weltmeister der Traumerinnerung zu werden, und dennoch sollten Sie sich entspannt um die Erinnerung Ihrer Träume bemühen.

Eine noch brutalere Weise, alle seine Träume zurückzuholen, liegt in der Weckmethode. Von Untersuchungen aus amerikanischen Traumlaboratorien wissen wir, dass wir in einem Neunzig-Minuten-Rhythmus träumen. Rechnet man noch etwa zehn Minuten bis eine Viertelstunde zum Einschlafen hinzu, dann stellt man vor dem Schlafengehen den Wecker zum ersten Mal auf einhundert Minuten später ein. Danach lässt man sich alle neunzig Minuten wecken. Auf diese Weise werden Sie sehr viele Ihrer Träume erinnern, aber zugleich auch Ihren Schlafrhythmus erheblich stören. Wenn Sie so vorgehen, begeben Sie sich in ein Paradox: Sie wollen möglichst viele Träume erinnern, um sich besser zu verstehen und so glücklicher leben zu können. Auf der anderen Seite erzeugt Ihre Methode, die Träume zurückzuholen, so viel Stress, dass die Belastung größer wird und Sie tendenziell unglücklich macht. Ich würde Ihnen dringend raten, von solchen »Holzhammermethoden« abzusehen. Der ideale Träumer lässt die Traumerinnerung zu sich kommen, statt ihr hinterherzujagen.

Sigmund Freud erklärte Schwierigkeiten bei der Traumerinnerung damit, dass das Über-Ich als mächtiger Zensor auftritt, der das Traummaterial, das nicht in das Selbst- und Weltbild des Träumers passt, vergessen lässt. Das Über-Ich zensiert also unser Es und somit das Nachtbewusstsein, so dass sich das Ich nicht zu ändern braucht.

Dass Freud mehr oder weniger recht hat, zeigt eine amerikanische Untersuchung, bei der einer Versuchsgruppe suggeriert wurde, dass es positiv sei, mehr über das Innenleben und über sexuelle Wünsche zu erfahren. Die Selbsterkenntnis durch Träume und dass man über sein Nachtbewusstsein Bescheid wissen sollte, wurde hier also als positive Norm aufgestellt. Die konventionellen Normen der anderen Versuchsgruppe blieben unangetastet. Es zeigt sich, dass die erste Versuchsgruppe ihre Träume weitaus leichter, vollständiger und regelmäßiger erinnerte als die zweite, sozusagen Über-Ich-gehemmte Gruppe.

Die bewusste Einstellung gegenüber dem Nachtbewusstsein

Der erste Schritt zur Verbesserung seiner Traumerinnerung liegt darin, sich bewusst zu werden, warum man seine Träume erinnern möchte.

Wo sehen Sie persönlich den Sinn der Erinnerung Ihrer Träume?

Und weiter gehend können Sie sich auch einmal fragen, warum Sie Ihre Träume deuten wollen.

Um sich Ihrer Motivation zur Verbesserung Ihrer Traumerinnerung klarzuwerden, vollenden Sie den folgenden Satz und denken Sie über ihn ausführlich nach:

Ich will mich an meine Träume erinnern, weil …

Nehmen Sie Ihre Träume ernst! Wenn Sie Ihre Träume ernst und wichtig nehmen, dann werden diese Sie schon von alleine aufsuchen, und Sie werden keine Erinnerungsschwierigkeiten mehr haben. Ich würde Ihnen eine Haltung vorschlagen, bei der Sie Ihre Träume als ein besonderes, kostbares Geschenk betrachten. Dazu gehört auch, dass Sie sich jeden Morgen für die erinnerten Träume bedanken. Solche kleinen Demutshandlungen schwingen Sie auf die Traumwelt ein.

Begeben Sie sich bewusst in das Reich des Nachtbewusstseins: Gehen Sie bewusst zu Bett und schlafen Sie bewusst ein. Wenn Sie todmüde, gestresst und dazu noch nach einigen Stunden Fernsehen völlig fertig ins Bett sinken, wird die Wahrscheinlichkeit, einen Traum zu erinnern, sehr verringert werden. Das Zu-Bett-Gehen und Einschlafen sollte ein bewusster Akt sein, mit dem man den Tag abschließt und sich dem Bereich des Nachtbewusstseins hingibt. Seien Sie sich klar darüber, was Sie tun, wenn Sie zu Bett gehen: Seien Sie sich Ihrer Gedanken und Ihrer Gefühle bewusst, spüren Sie die Entspannung Ihres Körpers und nehmen Sie Ihre Umgebung wahr. Je bewusster Sie zu Bett gehen und einschlafen, umso klarer werden Sie Ihre Träume erinnern.

Ich habe immer wieder beobachtet, je bewusster ein Mensch lebt, umso leichter fällt ihm die Erinnerung an die Ausflüge und Abenteuer in seinem Nachtbewusstsein.

Einige Anmerkungen zum Fernsehen

Ich gehe davon aus, dass die meisten Menschen unserer Kultur die immer gleichen Bilder des Fernsehens relativ passiv über sich ergehen lassen. Sieht man so und dazu noch exzessiv vor dem Einschlafen fern, dann blockiert das Fernsehen die eigene Phantasie des Träumers, da dessen eigene Bilder durch die fremdbestimmten Bilder des Mediums Fernsehen ersetzt werden. Diese Bilder werden oftmals dazu noch mit solch einer schnellen Bilderfolge ausgesendet, dass man sie gar nicht bewusst wahrnehmen kann. Solche fremdbestimmten Bilder spuken noch nach dem Programm im Kopf des Betrachters herum.
Es gibt allerdings auch die Möglichkeit, bewusst fernzusehen. Dazu muss man sich jedoch erst zu einer neuen Sichtweise erziehen. Bei dieser aktiven Sichtweise des Fernsehprogramms soll das Bildschirmgeschehen Sie nicht mehr unbewusst faszinieren und mitreißen, sondern Sie zur aktiven Auseinandersetzung mit dem Bild herausfordern. Suchen Sie sich einen beliebigen Film aus, und fragen Sie sich bei den einzelnen Szenen, was Sie hier besonders angenehm und unangenehm berührt. Fragen Sie sich, warum Sie in dieser Weise so und nicht anders berührt werden und was das über Sie aussagt.
Stellen Sie sich folgende Fragen:

Kenne ich solche Situationen wie die dargestellten?
Habe ich so was schon einmal selbst erlebt?
Habe ich so schon einmal selbst gehandelt?

Damit lernen Sie nicht nur sich selber besser kennen, Sie stärken auch Ihre Sensibilität für den emotionalen Gehalt von Bildern und werden fähig, Bilder schnell und bewusst aufnehmen zu können. Durch dieses Training erhöhen Sie Ihre Fähigkeit, Träume zu erinnern und bewusst wahrzunehmen.

Das Schlummerbad

Den bewussten Übergang in das Reich der Nacht kann man besonders liebevoll gestalten. Nehmen Sie zum Beispiel vor dem Einschlafen ein entspannendes Schlummerbad:
Dazu füllen Sie etwa zwei Hände voll Lindenblüten in einen Strumpf und lassen dann etwa vierzig Grad warmes Badewasser darüber einlaufen. Warten Sie nun, bis dieses Badewasser eine angenehme Temperatur für Sie hat, genießen Sie entspannt das Bad. Wenn Sie Lust haben, können Sie Ihren Körper mit dem Lindenblütensäckchen abrubbeln. Nach diesem Bad trocknen Sie sich gut ab und gehen dann sofort ins Bett. Sie werden schlafen wie in Abrahams Schoß und sicherlich zumindest einen Traum erinnern, wenn Sie morgens nicht gleich hektisch aus dem Bett springen. So wie Sie entspannt und bewusst nach solch einem Bad einschlafen, so sollten Sie auch morgens aufwachen – aber darauf kommen wir gleich noch zu sprechen.

Es gibt viele kleine Alltagsrituale, die einem in entspannter Weise den Übergang von dem Tages- zum Nachtbewusstsein bewusst machen können. Seien Sie hierbei kreativ und fühlen Sie sich frei, Ihren Vorlieben zu folgen.

Die Schlafzimmerästhetik

Nicht unwesentlich zur Traumerinnerung trägt auch die Gestaltung Ihres Schlafzimmers bei. Eine harmonische Schlafumgebung wirkt nicht nur heilend, sondern unterstützt auch eine tägliche Traumerinnerung. Ihr Schlafzimmer sollte zu einem »Tempel der Träume« werden.
Früher bemalte man die Decken der Himmelbetten mit Sonnen, Monden und Göttern. Heute können wir uns unsere ei-

genen Symbole suchen, die uns harmonisch und im Gefühl des Schutzes einschlafen lassen. Ob wir nun das Ritual des Nachtgebets wählen oder für uns bedeutungsvolle, schöne Gegenstände vom Bett aus sichtbar aufstellen, ob wir die Schlafzimmerwände in unseren Lieblingsfarben streichen oder bunte Bettwäsche wählen – was immer es auch sein mag, es kommt auf die Schaffung einer harmonischen Atmosphäre an, die uns bereit macht, unsere Träume bewusst wahrzunehmen und zu erinnern.

Der Ausflug in die Welt des Nachtbewusstseins hat immer etwas Beängstigendes, und deswegen kommt es gerade darauf an, unsere Schlafumgebung so behütet wie möglich zu gestalten. Von einem harmonischen Schlafzimmer aus kann man schon eher einen Ausflug in die wilden und bisweilen bedrohlichen Welten des Nachtbewusstseins wagen.

Viele Menschen erinnern ihre Träume allein deswegen nicht, da sie sich zu sehr vor den Welten ihres Nachtbewusstseins fürchten. Sie wollen diese Welten nicht wahrhaben, und da nicht sein darf, was nicht sein sollte, verdrängen sie ihre Träume. Dem kann man jedoch mit einer schönen Schlafzimmeratmosphäre entgegenwirken, denn aus der Sicherheit eines wohlgestalteten und behüteten Schlafraums heraus ist es viel leichter, selbst die wildesten Träume zu akzeptieren.

Blockaden der Traumerinnerung beim Einschlafen

Hier ein Überblick, welche inneren und äußeren Haltungen vor und bei dem Einschlafen die Traumerinnerung blockieren:

Innere Haltungen
Träume werden nicht ernst genommen. Man sieht keinen Sinn in der Deutung seiner Träume. Man hält seine Träume für unverständlich. Man zeigt eine negative oder ängstliche Einstellung gegenüber den Träumen. Unbewusstheit am Tage wie auch beim Einschlafen ist vorherrschend.
Äußere Situationen
Man geht zu gestresst schlafen. Man hat vor dem Schlafengehen zu viel ferngesehen. (Exzessive Bildschirmkommunikation blockiert die Traumerinnerung, da sie die persönlichen Bilder im Kopf des Träumers durch andere ersetzt; zudem sieht man meistens unbewusst fern.) Man hat zu viel Alkohol vor dem Schlafengehen getrunken. Auch andere Drogen wie zum Beispiel Barbiturate, Kokain, Marihuana, Beruhigungs- und Entspannungsmittel verringern die Fähigkeit und teilweise auch die Bereitschaft, seine Träume zu erinnern, schon alleine deswegen, weil sie die Zeit der Traumphasen verkürzen. Man hat zu viel vor dem Schlafengehen gegessen. Man fühlt sich in seinem Bett und/oder Schlafzimmer nicht wohl.

Affirmationen

Die verbreitetste und sehr effektive Technik zur Erhöhung seiner Traumerinnerung besteht in der Benutzung von Affirmationen. Affirmationen wirken grundsätzlich sehr gut im Bereich der Traumarbeit, wenn man sensibel mit ihnen umgeht. Die Affirmation darf nicht als ein Mittel des Leistungsdrucks missbraucht werden, sondern sollte eher als eine willkommene Hilfe, sein Bewusstsein zu zentrieren, angesehen werden.
Zur Verbesserung der Traumerinnerung schlage ich folgende Affirmationen vor:

Wenn ich morgens aufwache, erinnere ich leicht meine Träume.

Oder:

Die Erinnerung meiner Träume fliegt mir morgens zu.

Diese Affirmationen können selbstverständlich individuell abgewandelt werden. Entscheiden Sie sich für eine Affirmation, die Sie dann, wie schon gesagt, immer wieder wortwörtlich wiederholen sollten. Normalerweise genügt es, sich eine solche Affirmation morgens nach dem Aufwachen, mittags und abends in tiefer Entspannung dreimal vorzusagen. Ich schlafe allerdings nie mit dem letzten Gedanken an diese Affirmation ein, da ich ja keinen Zwang auf mein Nachtbewusstsein ausüben möchte. Eine Affirmation muss vom Geist des Tagesbewusstseins wieder losgelassen werden, um im Nachtbewusstsein wirken zu können.

Was alles bei der Benutzung von Affirmationen in der Traumarbeit zu beachten ist
Das Ziel der Affirmation muss emotional bedeutungsvoll für den Benutzer sein.
Die Formulierung der Affirmation ist positiv, prägnant und eingängig.
Die gewählte Formulierung sollte gesagt werden im Inneren, wortwörtlich, dreimal hintereinander, dreimal täglich (möglichst in tiefer Entspannung), nicht als letzter Gedanke beim Einschlafen.

Die Wirkung der Affirmation können Sie noch durch Visualisierungen verstärken. Stellen Sie sich nach dem dreimaligen stillen Hersagen der Affirmation abends vor Ihrem inneren Auge genau vor, wie Sie morgens aufwachen und regungslos liegen bleiben und dann einen Traum erinnern, den Sie sogleich niederschreiben. Sie können diese Visualisierung bis ins Detail hinein vervollkommnen, indem Sie sich das morgendliche Licht im Schlafzimmer, das Gefühl des Stiftes und das leise Geräusch, das er auf dem Papier macht, vorstellen. Je genauer Sie diese Vorstellung ausbauen, umso größer ist die Wahrscheinlichkeit, dass sich des Morgens auch alles wie vorgestellt verhalten wird.

Wenn Sie so, wie hier empfohlen, einschlafen und dazu noch eine Affirmation oder gar noch die entsprechende Visualisierung zur Verbesserung Ihrer Traumerinnerung benutzen, dann können Schwierigkeiten bei der Traumerinnerung nicht an Ihrem Einschlafverhalten liegen. In diesem Falle wenden Sie sich dem übernächsten Abschnitt dieses Kapitels zu, in dem die hilfreichen Haltungen beim Aufwachen geschildert werden.

Noch einige Tipps zur Gestaltung einer günstigen Schlafatmosphäre

Die Entscheidung, ob man mit oder ohne Kopfkissen schlafen sollte, halte ich für nicht wesentlich. Es kommt ganz allein darauf an, dass Sie so bequem wie möglich in Ihrem Bett liegen.

Einige esoterische Autoren behaupten, man solle mit einem Kopfkissen schlafen, da nach magischer Vorstellung das Blut viele dunkle Bilder der Außenwelt in sich trägt. Liegt der Kopf höher, fließt das Blut und mit ihm diese dunklen Bilder aus dem Kopf heraus. Bleibt jedoch das Blut im Kopf, dann ist das Gehirn im Schlaf zu irrationalen Tagestätigkeiten verdammt, die die Träume beherrschen.

Zum einen habe ich nicht die Erfahrung gemacht, dass der Umstand, mit oder ohne Kopfkissen zu schlafen, meine Träume oder meine Traumerinnerung beeinflusst, und zum anderen glaube ich nicht daran, dass unsere Träume durch von im Blut transportierten Bildern geprägt sind.

Im Gegensatz zur Frage nach dem Kopfkissen halte ich jedoch jene nach einem leeren Magen – vom Energiefluss des Körpers her gesehen – für sehr wichtig. Ein voller Magen drückt nämlich des Nachts auf das Energiezentrum am Sonnengeflecht, das sogenannte Manipura-Chakra (oder auch Hara), und hemmt so den normalen und freien Fluss der Körperströme.

Diese Blockade der Körperströme fassten die mittelalterlichen Alchemisten in ein schönes Bild, wenn sie den menschlichen Körper mit einem alchemistischen Laboratorium verglichen. In diesem Laboratorium werden die Speisen und

Getränke umgewandelt. Bei dieser Umwandlung sollen jedoch dem Gehirn vernebelnde Dämpfe zuströmen, so dass es seine ganze Bewusstheit verliert. Ist jedoch die Verdauung als Umwandlungsprozess der Nahrung vor dem ersten Traumbild abgeschlossen, bleibt der Kopf klar, und die Träume werden leichter erinnert. Diese Auffassung hielt sich bis in das neunzehnte Jahrhundert hinein und wird in vielen Volksbüchern der Traumdeutung wiederholt.
Wie man sich das auch vorstellen mag, in jedem Fall behindert ein voller Bauch die klare Wahrnehmung der nächtlichen Träume. Nach einer anderen volkstümlichen Vorstellung ruft ein voller Bauch des Nachts übelste Alpträume hervor. Auch hieran ist sicherlich etwas Zutreffendes, denn der Druck des Magens beeinflusst uns emotional im Schlaf nicht gerade positiv.
Wenden wir uns nun aber wieder den positiven Seiten des Einschlafens zu. Wie wäre es, einmal bei angenehmen Düften einzuschlafen?
Sie können leicht eine entspannte Atmosphäre durch das Anzünden eines Räucherstäbchens schaffen oder indem Sie in einer Duftlampe ätherische Öle im Schlafzimmer verströmen lassen. Beachten Sie allerdings: Wenn Sie eine Duftlampe mit einem Teelicht benutzen, löschen Sie unbedingt aus Sicherheitsgründen das Teelicht vor dem Einschlafen.
Angenehme Gerüche können Ihnen helfen, das Einschlafen als einen bewussten und zugleich entspannten Prozess wahrzunehmen.
Zum Einschlafen kann ich Ihnen besonders Lavendel und Basilikum als Duftöle empfehlen.

Visualisierungs- und Affirmationsübung

Wenn Sie nun entspannt im Bett liegen, bewährt sich folgende Übung, um bewusst den Tag abzuschließen und in das Nachtbewusstsein überzugehen:

Legen Sie sich auf den Rücken und schließen Sie Ihre Augen. Falls Sie mit Affirmationen arbeiten, sprechen Sie im Stillen dreimal die entsprechende Affirmation und lassen Sie dann anschließend den vergangenen Tag rückwärts, vom Abend zum Morgen, vor Ihrem inneren Auge ablaufen. Falls Sie nicht mit Affirmationen arbeiten, können Sie sogleich den Tag Revue passieren lassen.

Wenn Sie den Tag vom Ende zum Anfang vor Ihrem inneren Auge rekapitulieren, visualisieren Sie genau die verschiedenen Situationen und versuchen dabei, mit den unterschiedlichen Gefühlen des Tages noch einmal Kontakt aufzunehmen. Danach drehen Sie sich auf Ihre bevorzugte Schlafseite und schlafen beruhigt ein.

Durch diese einfache Übung, die schon Hermann Hesse als früherer Klient von C. G. Jung in seinem Roman »Das Glasperlenspiel« beschreibt, wird eine enge und bewusste Verknüpfung von Tagesgeschehen und Traumgeschehen erzeugt. Sie schlafen viel bewusster ein, so dass Sie des Morgens Ihre Träume leichter erinnern können. Gleichzeitig können Sie Ihre Träume besser verstehen, da Ihnen die Verbindung zu Ihrer emotionalen Befindlichkeit viel deutlicher wird. So unterstützen Sie nicht nur die Erinnerung Ihrer Träume, sondern zugleich auch deren Deutung.

Es gehört allerdings eine gewisse Disziplin dazu, während dieser Übung nicht abzuschweifen oder einzuschlafen. Deswegen ist es wesentlich, dass Sie sie auf dem Rücken liegend durchführen, da die Wahrscheinlichkeit, auf dem Rücken einzuschlafen, geringer ist als bei allen anderen Schlafpositionen. Die Rückenlage im Bett stärkt Ihre Willenskraft.

Märchen und Geschichten

Eine andere Möglichkeit, sich vor dem Einschlafen im Bett auf die Welten des Nachtbewusstseins vorzubereiten, besteht im Lesen oder Hören von Märchen oder phantasievollen Ge-

schichten. Es ist eine alte Tradition, sich im Bett abends Märchen vorzulesen oder zu erzählen. Leben wir mit Kindern zusammen, ist es ganz normal, ihnen zur Nacht ein Märchen zu erzählen oder vorzulesen. Erwachsenen bekommt das genauso gut. Die Märchen als kollektive Träume der Völker schwingen uns unmerklich auf eine Welt anderer Gesetzmäßigkeiten ein, und zwar solcher Gesetzmäßigkeiten, mit denen wir im Nachtbewusstsein konfrontiert werden. Da verwandeln sich Gestalten, Tiere können sprechen, und womöglich gelingt es uns sogar zu fliegen. Die Zeit ist eine andere, und wir betreten Räume, in denen wir nie zuvor waren. So bereiten wir uns schon mit dem Tagesbewusstsein auf die Abenteuer der Nacht vor. Das ist deswegen sehr ratsam, da sich unser Bewusstsein erst einmal an die Welten der Träume gewöhnen muss. Uns Erwachsenen ist diese magische Welt leider ausgetrieben und teilweise sogar verleidet worden. Wird unser Ich mit den nächtlichen Traumwelten konfrontiert, dann weiß es zunächst gar nicht angemessen zu reagieren, und in solchen Fällen fühlt es sich von der anderen Wirklichkeit überrumpelt und reagiert mit Flucht und Angst. Ein Ausdruck dieser Angst ist das Vergessen unserer nächtlichen Träume.
Bereiten wir jedoch unser Bewusstsein durch das Lesen oder Hören von Märchen oder phantasievollen Geschichten auf diese anderen Welten vor, dann trifft uns das andere nicht mehr derart unverhofft, und wir sind in der Lage, uns auch in diesen nächtlichen Welten zurechtzufinden.

Eine andere Möglichkeit mit dem gleichen Effekt besteht darin, dass Sie gemütlich im Bett eingekuschelt in Ihrem Traumtagebuch herumblättern und diesen oder jenen Traum noch einmal lesen und in sich nachwirken lassen. Sie werden bemerken, dass in diesem Fall die Träume der folgenden Nacht oft auf die abends gelesenen Träume reagieren oder an diese anknüpfen.

Wenn Sie es wirklich ernst mit der Traumarbeit meinen, dann sollten Sie Ihr eigenes kleines Einschlafritual prägen, das Sie sanft und zugleich bewusst in das Reich Ihrer Träume befördert.

Falls Sie die äußerst flüchtigen Hypnagogen Träume gleich zu Beginn des Einschlafens zurückholen wollen, können Sie die Technik der amerikanischen Traumforscherin Anne Faraday anwenden:
Sie legen sich zum Einschlafen auf den Rücken und stellen dabei als Rechtshänder Ihren rechten, als Linkshänder Ihren linken Unterarm auf. Da sich beim Eintritt des Schlafes der Muskeltonus (die Muskelspannung) verringert, fällt Ihr Unterarm um und weckt Sie so gerade dann relativ sanft auf, wenn Sie die Hypnagogen Träume geträumt haben. Diese Träume kann man mit kaum einer anderen Methode zurückholen, da sie nur sehr kurz und noch flüchtiger als die sogenannten REM-Schlaf-Träume sind (wissenschaftlich gehören sie zu den NREM-Träumen). Diese Träume werden genauso wie die normalen Träume aufgeschrieben und gedeutet. Nachdem Sie die flüchtigen Hypnagogen Träume eingefangen haben, schlafen Sie wie gewohnt ein.

Was im Bett den Übergang in das Reich der Träume und die Traumerinnerung fördert
ein leerer Magen
angenehme Düfte (Duftlampe oder Räucherstäbchen)
den vergangenen Tag rückwärts rekapitulieren
das Vorlesen oder Anhören von Märchen
das Lesen im eigenen Traumtagebuch

Haben Sie sich so auf den Schlaf und Ihre Träume vorbereitet, dann drehen Sie sich auf Ihre bevorzugte Schlafseite. Jeder Mensch besitzt eine bevorzugte Seite, auf der er meistens schläft und seine Träume träumen wird. Man kann diese Schlafhaltung deuten. Sie gibt uns wie unsere Träume eine Auskunft über unsere seelische Befindlichkeit. Ändert sich diese, ändert sich auch automatisch unsere Schlafposition. Eine bewusste Änderung der Schlafposition ist oftmals äußerst schwierig und ist nicht anzuraten. Dennoch kann man ähnlich wie bei der Änderung der Verhaltensweisen seines Traum-Ich auch durch die Änderung der Schlafposition im Bett sein Verhalten im Alltagsleben ändern. Allerdings tritt dabei das gleiche Problem wie beim luziden Träumen auf: Man zwingt sein Nachtbewusstsein in eine andere Richtung. Das stärkt zwar enorm den Willen und das Ich, führt aber meistens zu Frustrationserlebnissen und Schlafstörungen. Der Übergang in die Welt des Nachtbewusstseins hängt für mich mit der Haltung des Loslassens und der Hingabe zusammen, eine Haltung, die dem Zwang diametral entgegensteht.

Schlafpositionen	
1. linke Seitenlage Herzseite	Schützen des emotionalen Zentrums, hier schläft man am schnellsten ein
2. rechte Seitenlage	Abstellen des Denkens
3. Rückenlage	verweist auf Extraversion, Angstlosigkeit, Realismus und starke Willenskraft, Durchsetzungsvermögen
4. Bauchlage	verweist auf Introversion, Rückzug auf sein Innenleben und auf das Unbewusste

Die Kultur des richtigen Aufwachens

Wie beim Einschlafen benötigen wir auch beim Aufwachen ein bestimmtes Maß an Kultur, einen Stil. Wer gehetzt nach dem Aufwachen sogleich aus dem Bett springt oder halb schlafend noch durch die Wohnung torkelt, der wird wenig Chancen haben, seine nächtlichen Träume einfangen zu können. Diesen unbewussten Zeitgenossen fliehen die Träume, da sie ihm ohnehin nichts mitteilen können.

Wenn Sie über Ihre Träume und Ihre Haltung ihnen gegenüber nachdenken, hilft es sehr, die Träume zu personifizieren. Die nächtlichen Träume verhalten sich wirklich wie hochsensible Personen, die leicht beleidigt sind. Schon allein aus diesem Grunde sollten Sie eine bewusste, einladende Haltung Ihren Träumen gegenüber einnehmen. Träume pflegen wie ein Liebhaber oder eine Geliebte zu reagieren, sie wollen ernst genommen und gepflegt werden. Nimmt man sich keine Zeit für sie und entwickelt keine Kultur im Umgang mit ihnen, dann verschwinden sie wie der Regenbogen an einem Sonnentag.

Ein Lob der Langsamkeit

Bewusstes Aufwachen ist in erster Linie ein langsames Aufwachen. Um zu verstehen, was ich unter bewusstem und langsamem Aufwachen verstehe, lassen Sie mich kurz ein Modell des Menschen erklären, das Ihnen die hier wichtigen Zusammenhänge klarer werden lässt:

Für mich besteht jeder Mensch aus drei Zentren:

1. dem intellektuellen und Sprachzentrum im Kopf,
2. dem Gefühlszentrum im Herzen und
3. dem Bewegungszentrum im Solarplexus (dem Manipura-Chakra).

Jedes dieser drei Zentren besitzt sein eigenes Erinnerungsvermögen. Gelangt eine neue Information in eines dieser Zentren, bevor die alte Information verarbeitet worden ist, verdrängt die neue Information die Erinnerung an die alte Information.

Auf den Traum bezogen bedeutet das: Erwachen wir des Morgens, muss sich erst die Erinnerung an den Traum verfestigen und niederschlagen. Bewegen wir uns zu plötzlich nach dem Aufwachen, so bildet diese Bewegung einen neuen Impuls, der die Traumerinnerung verdrängt. Das Gleiche kann auf der Ebene des intellektuellen Zentrums geschehen, wenn wir nach dem Aufwachen sogleich angesprochen werden, selber sprechen oder mit einem Radiowecker geweckt werden, der uns beispielsweise mit den Nachrichten oder einem Kommentar konfrontiert. Auch auf der Ebene des Gefühlszentrums kann ein Traum verdrängt werden, wenn wir zum Beispiel gleich nach dem Aufwachen Liebe machen. Das wird uns zwar sicherlich guttun, aber es verscheucht die Erinnerung an unsere Träume.

Daraus folgt, dass wir langsam und bewusst aufwachen sollten. Wenn wir aufwachen, bleiben wir am besten noch ein bis zwei Minuten in unserer Haltung liegen und versuchen uns mehr oder weniger bewegungslos uns unserer Träume zu erinnern. Wir vergegenwärtigen uns unsere Träume oder Traumteile, und danach schreiben wir sie auf und können dann zu unserer Tagesroutine übergehen.

Jeder Traum braucht erst eine gewisse Zeit, um im Gedächtnis gespeichert zu werden. Er muss erst eine Gedächtnisspur bilden. Handelt der Schläfer in irgendeiner Weise, bevor sich diese Gedächtnisspur gebildet hat, kann der Traum nicht mehr erinnert werden. Er wurde wie beim Computer nicht rückholbar abgespeichert.

Der letzte Traum, den wir des Morgens träumen und der bis zu über eine halbe Stunde andauern kann, löscht normalerweise die Erinnerung an all die anderen Träume, die vor ihm geträumt wurden, aus. Deswegen können wir uns meist nur an einen einzigen Traum erinnern.

Das Wecken

Besonders wichtig ist die Art des Weckens. Lässt man sich durch einen Wecker wecken, sollte man einen Wecker mit Intervallton wählen. Diesen Ton sollte man nicht zu laut einstellen, sondern gerade so, dass er zum Wecken ausreicht. Das Piepsen des Wecktons stellt nämlich keine derart dominante Information dar wie zum Beispiel die gesprochene Sprache oder die Musik. Außerdem gibt es zwischen den Tönen immer Pausen, in denen man langsam ohne Störung aufwachen kann. Die ungünstigste Form des Aufwachens stellt ein Radiowecker dar, da er uns gleich fortwährend mit Musik oder Sprache bombardiert.

Am günstigsten ist natürlich das Aufwachen ohne die Hilfe eines Weckers. Das ist gar nicht so schwierig, wie es sich anhört. Man kann nämlich relativ leicht seine eigene innere Uhr aktivieren.

Wenn man sich vornimmt, zu einer bestimmten Zeit aufzuwachen, dann wacht man erstaunlicherweise wirklich meistens zu dieser Zeit auf. Dieses Aufwachen ohne Wecker können Sie trainieren. Nehmen wir an, Sie müssen täglich um sieben Uhr morgens aufstehen. Nehmen Sie sich etwa fünfzehn Minuten Zeit zum langsamen Aufwachen und dem Aufschreiben Ihrer Träume, dann müssten Sie um Viertel vor sieben aufwachen. Zur Sicherheit stellen Sie jetzt Ihren Wecker auf sieben Uhr. Nun nehmen Sie sich vor, um Viertel vor sieben aufzuwachen. Am besten verwenden Sie hier wiederum eine Affirmation. Sagen Sie sich:

Ich wache morgen um Viertel vor sieben auf
und erinnere meine Träume.

Diese Affirmation verankern Sie fest in Ihrem Bewusstsein, indem Sie sie mindestens dreimal am Tag, und besonders vor dem Einschlafen, sich dreimal im Stillen wörtlich vorsagen. Dann schlafen Sie beruhigt mit anderen Gedanken im Kopf ein.
Die Wahrscheinlichkeit, dass Sie morgen, eine Viertelstunde bevor Ihr Wecker klingelt, aufwachen, ist sehr groß. Wenn Sie Ihren inneren Wecker trainieren, werden Sie in kürzester Zeit in der Lage sein, zu jedem gewünschten Zeitpunkt von selbst aufzuwachen. Diese Art des sanften Aufwachens macht es Ihnen sehr leicht, Ihre nächtlichen Träume zu erinnern.

Die Magie der Schlafseite

Wachen Sie langsam und bewusst auf, kann es in seltenen Fällen immer noch der Fall sein, dass Sie keinen Traum erinnern. Oftmals haben Sie zwar das Gefühl, dass Sie geträumt haben, der Traum steht sozusagen vor der Pforte Ihres Bewusstseins, aber er widersetzt sich der Erinnerung. In diesem Fall hilft ein kleiner Trick:
Drehen Sie sich ganz langsam und behutsam auf die Seite, auf der Sie normalerweise schlafen. Auf dieser Seite haben Sie wahrscheinlich auch den »verschwundenen« Traum geträumt. Und nun sinnen Sie auf Ihrer Schlafseite dem entschwundenen Traum nach. Erwarten Sie nicht, dass Sie sogleich ein ganzes Drehbuch erinnern, aber meistens kommt zunächst ein Gefühl, dann ein verschwommenes Bild, das klarer wird und die Erinnerung an andere Bilder mit sich zieht.

Wenn Sie also diejenige Position im Bett wieder einnehmen, in der Sie geträumt haben, fällt es Ihnen viel leichter, sich Ihre Träume zu vergegenwärtigen. Probieren Sie es einmal selber aus.
Sie sollten sich aber keinesfalls unter Leistungsdruck setzen. Die Erinnerung eines Traums beginnt immer mit der Erinnerung kleiner Traumteile, eines Gefühls oder eines flüchtigen Bildes. Von dieser Erinnerung aus können Sie dann weitergehen, und oftmals gelingt es Ihnen mit Geduld und Konzentration, den restlichen Traum zu erinnern. Deswegen seien Sie immer sehr aufmerksam für das erste Gefühl am Morgen nach dem Aufwachen. Dieses Gefühl ist oftmals der Schlüssel zu einem vollständigen Traum. Spannen Sie aber Ihre Erwartungen nicht zu hoch: Die meisten Träume sind weniger ausführlich, als man denkt. Die Vorstellung von Träumen, die den Umfang eines Films besitzen, sind unrealistisch. Solche Träume gibt es zwar, sie sind jedoch äußerst selten. Der Durchschnittstraum kann in zwei bis drei Sätzen formuliert werden. Das genügt auch zu seiner Deutung.

Stopp-Signale

Sind Sie dennoch vom Ehrgeiz gepackt worden oder wollen Sie wegen eines großen Leidensdrucks alle Ihre nächtlichen Träume möglichst vollständig erinnern, müssen Sie mit Stopp-Signalen arbeiten.
Ein Stopp-Signal ist ein Aufwach- oder Aufweck-Signal, das Sie sich selber setzen, nachdem Sie einen Traum geträumt haben. Das Arbeiten mit Stopp-Signalen bedingt eine relativ hohe Bewusstheit des Träumers, die fast an das luzide Träumen heranreicht. Es muss einem nämlich hierbei im Nachtbewusstsein klar sein, wann ein Traum beendet ist.
Abermals gehen Sie am besten mit Hilfe einer Affirmation

vor. Sie sagen sich, dass Sie sogleich nach jedem Traum aufwachen möchten, diesen stichwortartig aufschreiben und dann wieder sofort einschlafen.
Folgende Affirmation mag Ihnen hier als Modell dienen:

**Ich erwache nach jedem Traum, den ich notiere,
um sogleich wieder tief einzuschlafen.**

Diese Affirmation behandeln Sie wie alle anderen in diesem Arbeitsbuch beschriebenen Affirmationen.
Nach einiger Zeit werden Sie wirklich des Nachts aufwachen, Ihre Träume mit einer Art schlafwandlerischen Fähigkeit aufschreiben und sogleich wieder einschlafen. Morgens werden Sie sich oft gar nicht mehr daran erinnern können, dass Sie aufwachten. Sie werden mit Verwunderung Ihre Aufzeichnungen lesen, mit deren Hilfe es Ihnen aber ohne Schwierigkeiten gelingt, die entsprechenden Träume zurückzuholen.
Diese Arbeit mit Stopp-Signalen stört Ihren Schlafrhythmus nicht. Eine andere Frage ist jedoch, wie Sie all das zutage geförderte Traummaterial bewältigen. Mit Stopp-Signalen kann man ohne weiteres relativ konstant ungefähr fünf Träume pro Nacht erinnern. Die Erfahrung sagt, dass bei der Erinnerung einer solchen Anzahl von Träumen die Qualität der Traumarbeit abflacht und Träume nur noch oberflächlich als Bestätigung der eigenen Lebenseinstellung gedeutet werden.

Wenn Sie nun mit oder auch ohne Stopp-Signale in der Nacht nach einem Traum erwachen, dann gehen Sie diesen Traum mindestens zweimal so genau wie möglich durch, ehe Sie ihn aufzeichnen.
Sie sollten diesen Traum unbedingt aufzeichnen, denn es ist eine verbreitete Erfahrung, dass man des Nachts seinen

Traum so klar vor Augen hat, dass man sich ganz sicher ist, ihn nicht mehr zu vergessen. Ich kann Sie nur warnen, der Schein trügt! Aller Wahrscheinlichkeit nach werden Sie den Traum morgens vergessen haben, wenn Sie ihn nicht sogleich niederschreiben. Schon fünf Minuten nach dem Ende eines Traums beginnt sich die Erinnerung aufzulösen, und nach zehn Minuten hat sie sich mehr oder weniger vollständig aufgelöst. Gleichgültig wie sicher Sie sich sind, schreiben Sie Ihre nächtlichen Träume auf, wenn Sie sie behalten möchten. Für mich bedeutet das oft eine große Disziplin, meine nächtliche Trägheit zu überwinden, doch diese Disziplin sollte aufgebracht werden. Man muss sich sozusagen selber zur Ordnung rufen.

Was nach dem Aufwachen die Traumerinnerung fördert
bewusstes und langsames Aufwachen Wecken durch einen Intervallton-Wecker oder Aktivierung der inneren Uhr sich behutsam auf seine Schlafseite drehen jedem Gefühl nachgehen
Was in der Nacht die Traumerinnerung am Morgen erleichert
das Arbeiten mit Stopp-Signalen

Das Erzählen eines Traums

Bis jetzt bin ich immer davon ausgegangen, dass man die erinnerten Träume morgens aufschreibt. Man kann sie jedoch auch seinem Partner erzählen oder auf ein Tonband sprechen.

Der englische Psychotherapeut Robin Shohet geht sogar davon aus, dass man am meisten von der Traumarbeit gewinnen kann, wenn man seine Träume aufnahmebereiten Menschen erzählt. Diese Menschen stellen dann eine Art Spiegel für uns dar, der uns vieles verdeutlicht, so dass wir zu einem höheren Bewusstsein gelangen.

Möchte man seine Träume zum Beispiel morgens im Bett seinem Partner erzählen, sollte man unbedingt darauf achten, dass man nicht damit die Träume des Partners verscheucht. Erst wenn sich der Partner seiner eigenen Träume bewusst geworden ist, kann man ihm die eigenen Träume erzählen. Nachdem man seinen Traum dem Partner mitgeteilt hat, bleibt er normalerweise relativ lange im Gedächtnis. Man hat dem Traum durch das Erzählen eine Gedächtnisspur geschaffen, die gespeichert worden ist.

Sie werden bei der Erzählung eines Traums bemerken, dass der Traum langsam vor Ihrem inneren Auge während des Erzählens neu entsteht und dass Sie im Vollzug des Erzählens immer mehr und mehr Details erinnern. Das ist so ähnlich wie bei der allmählichen Entstehung der Gedanken beim Reden, die der deutsche Dichter Heinrich von Kleist (1777–1811) so treffend in seinem gleichnamigen Aufsatz beschreibt. Die Traumerinnerung bildet sich also beim Erzählen des Traums erst richtig aus und entfaltet sich. Das hängt nicht zuletzt mit der Reaktion des Gegenübers zusammen, die der Träumer bewusst oder unbewusst wahrnimmt und die ihn meist tiefer in seine Emotionen führt.

Die Träume seinem Partner zu erzählen kann sehr hilfreich bei der Entwicklung einer Beziehung sein. Das morgendliche Austauschen von Träumen macht äußerst wach für die Stimmungen und Bedürfnisse des Partners und hilft, dessen Sorgen zu verstehen. Außerdem zeigt sich ein Problem in einer Beziehung oft zuerst in den nächtlichen Träumen, bevor

man sich des Problems im Alltagsleben bewusst wird. Je früher man ein Beziehungsproblem erkennt, umso leichter kann man es auflösen. So kann das gegenseitige Erzählen der Träume ein wichtiges Hilfsmittel der Beziehungspflege werden.
Es ist allerdings oft sehr schwer, seinen Traum einem Partner auch wirklich ehrlich zu erzählen. Es gehört schon ein enormes Maß an Vertrautheit dazu, seine Träume ungeschminkt und unverändert anderen Menschen und besonders einem Lebenspartner zu erzählen, da man dadurch viel von sich preisgibt!
Als sich Sigmund Freud und Carl Gustav Jung auf einer gemeinsamen Amerika-Reise gegenseitig ihre Träume erzählten, machte nach eigener Aussage zumindest C. G. Jung seinem Lehrer Freud etwas vor, indem er seine Träume derart verändert mitteilte, dass sie bei Freud wenig Widerstand hervorriefen und in dessen Theorie passten. Mit einem Partner geht es einem meistens ähnlich: Man fühlt sich gedrängt, seine Träume für sich und besonders auch dem anderen schmeichelhafter zu erzählen, und weicht so nur zu leicht vom Pfad der Ehrlichkeit ab.

Auch die tiefenpsychologische Therapie stellt eine Art und Weise dar, seine Träume einem anderen zu erzählen. Der Vorteil ist hierbei die relativ neutrale Haltung des Therapeuten, der nicht wertet. Außerdem sollte der Therapeut sich auch nicht angegriffen fühlen. In der Therapiesituation können bisweilen weit zurückliegende Träume wieder plötzlich im Tagesbewusstsein auftauchen. Sigmund Freud und Carl Gustav Jung berichten beide von nicht niedergeschriebenen Träumen, die ihren Klienten nach vierzig Jahren und mehr wieder einfielen.
Versuchen Sie einmal, sich in Ihren ersten Traum, den Sie erinnern können, hineinzuversetzen. Normalerweise kann je-

der Mensch, wenn er sich in eine tief entspannte Situation begibt, einen Kindertraum von sich erinnern. Oftmals zeigt das heutige Verständnis dieses Traums eine wichtige wiederkehrende Struktur im Lebensweg des Träumers auf.
Spricht man seine Träume auf ein Diktiergerät oder auf ein Tonband, dann entwickelt sich dabei ebenfalls die Erinnerung an den Traum während des Sprechens, allerdings nicht so ausgeprägt wie bei der Erzählung eines Traums.

Der Dialog mit dem Reich der Träume

Falls Sie dennoch in gewissen Perioden keine Träume erinnern, dann sollten Sie sich verdeutlichen, dass der Mensch in bestimmten Rhythmen lebt. Ich konnte immer wieder bei mir als auch bei meinen Klienten bemerken, dass man seine Träume in bestimmten Rhythmen besser oder schwieriger erinnert. Befinden Sie sich gerade in solch einem Rhythmus, in dem Sie Ihre Träume nur mit Mühe erinnern, und wollen Sie dennoch Ihre Träume erinnern, schlage ich Ihnen folgende Übung vor:
Führen Sie Zwiesprache mit Ihren Träumen. Diese Methode wurde von einer gängigen Technik der Gestalttherapie, der »Heiße Stuhl« genannt, von mir für die Traumarbeit abgewandelt.
Setzen Sie sich in Ihrem Bett auf und stellen Sie sich vor, dass Ihre nichterinnerten Träume am Fußende Ihres Bettes hocken. Sie projizieren also Ihre Träume auf das Fußende Ihres Bettes und können sie hierbei personifizieren oder auch nicht. Eine Klientin von mir stellte sich ihre Träume wie eine Mischung zwischen einer alten weisen Frau und einem Wichtelzwerg vor.
Nun sammeln Sie sich und fragen Ihre Träume, warum sie ausbleiben. Man kann diesen Dialog mit der Frage beginnen:

»Ihr lieben Träume, warum kamt ihr in den letzten Tagen nicht mehr zu mir?«

Oder:

»Liebe Träume, ich würde euch gerne wieder wahrnehmen. Warum kommt ihr denn nicht mehr? Was kann ich tun, dass ihr wieder kommt?«

Dann begeben Sie sich ans Fußende Ihres Bettes und antworten, ohne lange zu überlegen, anstelle Ihrer Träume. Oder besser gesagt, geben Sie Ihren Träumen die Möglichkeit, durch Sie zu sprechen.
Nun lassen Sie sich in ein Gespräch hineinziehen und wechseln Sie entsprechend die Position im Bett. Sie sprechen immer vom Kopfende Ihres Bettes aus, und Ihre Träume sprechen durch Sie immer vom Fußende Ihres Bettes aus. Führen Sie das Gespräch so lange weiter, wie es von alleine läuft. Wenn Sie nichts mehr zu sagen wissen, dann brechen Sie es ab – allerdings nicht ohne sich vorher bei Ihren Träumen für die aufschlussreiche Unterhaltung bedankt zu haben.
Wie bei all solchen Dialogen mit imaginären Partnern sollten Sie nie fragen, wer oder was denn da nun wirklich durch Sie antwortet. Das würde die Magie und somit die Wirkung dieser Technik sogleich zerstören.

Strategien der Traumerinnerung im Überblick
Vorbereitung
innere Haltung positive Einstellung gegenüber den Träumen man sieht für sich einen konkreten Sinn in der Traumarbeit Angstfreiheit

äußere Situation kein Stress keine zu große Müdigkeit kein zu großer Alkohol- oder anderer Drogenkonsum kein exzessives Fernsehen kein voller Magen Ästhetik des Schlafzimmers und des Bettes Schaffen eines Rituals zum bewussten Einschlafen
im Bett vor dem Einschlafen
bewusstes Einschlafen Schaffen einer »1001-Nacht-Atmosphäre« durch Gerüche Musik den Tag rückwärts rekapitulieren
in der Nacht
Arbeit mit Stopp-Signalen Vergegenwärtigung des Traums, bevor man ihn niederschreibt
im Bett nach dem Aufwachen
bewusstes Aufwachen langsames Aufwachen, also nicht gleich reden sich nicht gleich bewegen sich nicht gleich emotional einlassen auf die gewohnte Schlafseite rollen den Traum aufschreiben oder erzählen Dialog mit den Träumen

Sie können einen solchen Dialog auch aufschreiben. Das heißt, Sie schreiben Ihre Fragen an die Träume nieder und nehmen dann einen anderen Stift, mit dem Sie die spontan in Ihnen aufsteigenden Antworten niederschreiben. Ich halte es für besonders effektvoll und wirksam, wenn man hierzu zwei verschiedenfarbige Stifte benutzt. Diese Technik gibt Ihnen nicht nur Aufschluss darüber, warum Sie Ihre Träume gerade nicht erinnern, sondern sie bringt Ihnen in den meisten Fällen auch Ihre Traumerinnerung zurück. Das kann oftmals schon während Ihres Dialogs mit den Träumen geschehen.

Traumdeutung ist keine Hexerei, nicht etwas, das nur wenigen Auserwählten gegeben ist. Befolgen Sie die Tipps und Hinweise dieses Praxisbuchs, dann werden Sie relativ schnell verstehen, was Ihre Träume Ihnen sagen wollen. Je öfter Sie versuchen, Ihre Träume zu deuten, desto einfacher wird es Ihnen gelingen. Beginnen Sie nun, Ihre Träume zu verstehen, werden sie Ihnen zu einem weisen Ratgeber im Alltagsleben werden. Lassen Sie sich traumhaft inspirieren!

Anmerkungen

Einführung

1 Nietzsche, Friedrich: Die Geburt der Tragödie aus dem Geist der Musik, Stuttgart 1952, S. 20f.

Das Traumsymbol

1 Jung, Carl Gustav: Gesammelte Werke in 18 Bänden [Briefe und Seminare zur Traumdeutung als Zusatzbände], Olten, Freiburg 1971–1981. Hier Bd. 6, Paragraph 903.
2 Blake, Anthony: Intelligenz jetzt! Quantensprünge des Geistes, Südergellersen 1990, S. 74.
3 Jung, C. G.: GW 10, Paragraph 900.
4 Siehe u. a. Jung, Carl Gustav: Von den Wurzeln des Bewusstseins, Zürich 1954, S. 95f. und S. 576f.
5 Jung, C. G.: Seminare Traumanalyse, S. 568.
6 Fröhlich, Werner D.: Wörterbuch zur Psychologie, München 1991, S. 284f.
7 Franz, Marie-Louise von: Träume, Zürich 1985, S. 228.

Die unterschiedlichen Arten der Träume

1 Nagera, Humberto: Psychoanalytische Grundbegriffe. Eine Einführung in Sigmund Freuds Terminologie und Theoriebildung, Frankfurt/Main 1976, S. 264.
2 Jung, C. G.: Zugang zum Unbewussten. In: Jung, Carl Gustav u. a.: Der Mensch und seine Symbole, Olten, Freiburg 1980, S. 51f.
3 Jung, C. G.: Zugang zum Unbewussten. In: Der Mensch und seine Symbole, S. 51.
4 Jung, C. G.: GW 12, Paragraph 563.

Die praktische Deutung eines Traums

1 Jung, C. G.: Deutsches Seminar [Privatdruck], Stuttgart 1931, S. 103. Teilweise Ausschnitte aus diesem Privatdruck in: Jacobi, Jolande: Vom Bilderreich der Seele, Olten, Freiburg 1992, zitiert.
2 Jung, C. G.: Gesammelte Werke, Bd. 6, Paragraph 516.
3 Jung, C. G.: Gesammelte Werke, Bd. 16, Paragraph 320.

Benutzte und empfehlenswerte Literatur

Einführungen in die Traumdeutung

Boss, Medard: Es träumte mir vergangene Nacht. Bern, Stuttgart u.a. 1975 (Verlag Hans Huber).
[Darstellung der Traumdeutung aus existenzpsychologischer Sicht, an Heidegger ausgerichtet.]

Faraday, Ann: Die positive Kraft der Träume. München 1973 (Knaur Verlag).

Faraday, Ann: Deine Träume, Schlüssel zur Selbsterkenntnis. Frankfurt/M. 1978 (Fischer Verlag).
[Beide Bücher sind Beispiele für die sehr technisch ausgerichtete amerikanische Schule der Traumdeutung.]

Freud, Sigmund: Die Traumdeutung. In: Freud Studienausgabe, Bd. II., Frankfurt/M. 1972 (Fischer Verlag).
[Ein Klassiker der Traumdeutung, den jeder gelesen haben sollte, der sich mit der Traumdeutung beschäftigt. Wenn dieses Werk auch teilweise überholt ist, führt es jedoch sehr gut in die Methodik und teilweise auch in die Praxis der Traumdeutung aus psychoanalytischer Sicht ein.]

Jacobi, Jolande: Vom Bilderreich der Seele. Wege und Umwege zu sich selbst. Olten, Freiburg 1992 (Walter Verlag).
[Eine der besten mir bekannten Einführungen in die künstlerische Traumarbeit.]

Jaffé, Aniela (Hrsg.): Erinnerungen, Träume, Gedanken von C. G. Jung. Zürich, Stuttgart 1963 (Rascher Verlag).
[Eine spannend zu lesende Einführung in das Denken und Fühlen von C. G. Jung und zugleich eine gute Dokumentation über Jungs Umgang mit seinen eigenen Träumen.]

Jung, Carl Gustav: Seminare Traumanalyse. Nach Aufzeichnungen des Seminars 1928–1930. Olten, Freiburg 1991 (Walter Verlag). [Diese Vorlesungsmitschriften führen ausgezeichnet in C. G. Jungs Art der Traumbetrachtung anhand der Besprechung eines Traumzyklus ein. Eine der differenziertesten, wenn auch unsystematischen Einführungen in Jungs Art der Traumdeutung.]

Jung, Carl Gustav: Seminare Kinderträume. Zur Methodik der Trauminterpretation. Psychologische Interpretation von Kinderträumen. Olten, Freiburg 1987 (Walter Verlag).
[Eine äußerst differenzierte und vielseitige Einführung in die Methodik und Geschichte der Trauminterpretation nicht nur von Kinderträumen.]

Schwarz, Hildegard/Teupert, Norbert: Das Bilderbuch der Träume. Neue Möglichkeiten des Verstehens. Genf, München 1992 (Ariston Verlag).
[Eine originelle Arbeit, in der der Zugang zu den reichhaltig angeführten Beispielträumen durch Sprichwörter gesucht wird.]

Shohet, Robin: Erzählt euch eure Träume. Persönliches Wachstum und vertiefte Beziehungen durch Traumarbeit. München 1989 (Kösel Verlag).
[Der Schwerpunkt dieser sehr persönlich geschriebenen Einführung in die Traumarbeit liegt auf der Traumarbeit in der Gruppe.]

Vollmar, Klausbernd: Dream-Power. Ein Handbuch für Träumer. Berlin 1988 (Simon und Leutner Verlag).
[Eine leicht lesbare Einführung in die Geschichte und die verschiedenen Schulen der Traumdeutung, die in ihrem zweiten Teil viele praktische Anwendungsbeispiele aufführt.]

Vollmar, Klausbernd/Fiebig, Johannes: Gelebte Träume sind die besten Träume. Königsförde 1993 (Königsfurt Verlag).
[Eine Einführung in die Traumdeutung, die stark auf die praktische Anwendbarkeit der Traumarbeit ausgerichtet ist.]

Williams, Strephon K.: Durch Traumarbeit zum eigenen Selbst. Die Jung-Scnoi-Methode. Interlaken 1984 (Ansata Verlag).
[Ein Buch, das verschiedene Methoden der Traumarbeit mit sehr ausführlichen Beispielen dokumentiert. Ein typisches Beispiel für ein Werk der amerikanischen Schule der Traumdeutung, das in seinen wissenschaftlichen Bezügen sehr unkorrekt ist.]

Zurfluh, Werner: Quellen der Nacht. Neue Dimensionen der Selbsterfahrung. Interlaken 1983 (Ansata Verlag).
[Dieses Buch ist eine interessante, sehr persönlich gehaltene Darstellung der Erfahrungen mit bewusstem Träumen.]

Traumsymbolbücher

Aeppli, Ernst: Der Traum und seine Deutung. München 1987 (Knaur Verlag).
[An C. G. Jung ausgerichteter Klassiker der Traumdeutung.]

Artemidor von Daldis: Das Traumbuch. Herausgegeben von Karl Brackertz. Zürich 1979.
[Deutsche Ausgabe eines der berühmtesten Traumbücher vor Freuds »Traumdeutung«].

Fink, G.: Traumdeutung. Die Bildersprache unserer Traumwelt entschlüsselt. Niedernhausen 1990 (Falken Verlag).
[Ein klassisches Traumsymbollexikon, das an der Psychoanalyse ausgerichtet ist und etwa 1300 Eintragungen aufweist.]

Parker, Derek und Julia: Träume offenbaren dein Schicksal. Zürich 1987 (Schweizer Verlagshaus).
[Ein bebildertes Traumsymbollexikon, das die einzelnen Traumsymbole teilweise zu eng erklärt und etwa 1500 Eintragungen aufweist.]

Vollmar, Klausbernd: Handbuch der Traumsymbole. Königsförde 1992 (Königsfurt Verlag).
[Modernes Traumlexikon mit großem Gebrauchswert, da auch moderne Symbole ausführlich beschrieben werden und jedes Symbol in seiner Bedeutungsvielfalt dokumentiert wird. Dieses Handbuch enthält über 2000 Eintragungen.]

Geschichte der Traumdeutung

Büchsenschütz, B.: Traum und Traumdeutung im Alterthume. Berlin 1868.
[Ein Klassiker der Traumdeutung, der besonders gut die Traumdeutung Griechenlands darstellt.]

Franz, Marie-Louise von: Träume. Zürich 1985 (Daimon Verlag).
[Hier finden Sie unter anderem Träume von Sokrates, Themistokles, Hannibal und Descartes.]

Mythologie, Symbolik

Anderten, Karin/Kast, Verena/Riedel, Ingrid/Riess, Gisela/Zielen, Viktor: Die vier Elemente im Traum. Solothurn, Düsseldorf 1993 (Walter Verlag).
[Eine Darstellung der Elemente im Traum aus der Sicht der analytischen Psychologie.]

Banzhaf, Hajo: Der Mensch in seinen Elementen. Feuer, Wasser, Luft und Erde. Eine ganzheitliche Charakterkunde. München 1993 (Heinrich Hugendubel Verlag).
[Ein hervorragendes Buch, das kenntnisreich und differenziert in die Bedeutung der vier Elemente einführt.]

Jung, Carl Gustav/Franz, Marie-Louise von/Henderson, Joseph L./Jacobi, Jolande/Jaffé, Aniela: Der Mensch und seine Symbole. Olten, Freiburg 1980 (Walter Verlag).

[Eine ausgezeichnete, gut und reichlich bebilderte Aufsatzsammlung, die besonders in moderne Symbolik umfang- und kenntnisreich einführt. Ein Klassiker der analytischen Psychologie.]

Kast, Verena: Die Dynamik der Symbole. Grundlagen der Jungschen Psychotherapie. Olten, Freiburg 1990 (Walter Verlag).
[Eine klare, übersichtliche und zugleich sehr differenzierte Einführung in den Umgang mit Symbolen aus der Sicht der analytischen Psychologie.]

Vollmar, Klausbernd: Schwarz – Weiß. Bedeutung und Symbolik der beiden gegensätzlichsten Farben. München 1992 (Goldmann Verlag).
[Eine lebendig geschriebene Studie zu Schwarz und Weiß in der Mythologie und Symbolik. Das Dunkle und das Lichte werden hier ganzheitlich dargestellt.]

Vollmar, Klausbernd: Farben – ihre natürliche Heilkraft. München 1993 (Gräfe und Unzer Verlag).
[Eine gute und anschauliche Einführung in die Symbolik der drei Grundfarben Rot, Blau und Gelb.]

Seminarhinweis

Wer Interesse an Vorträgen, Workshops und (Ferien-)Kursen in Kleingruppen oder an Einzelberatung in deutscher Sprache hat, der wende sich bitte an:

Klausbernd Vollmar
Rhu-Sila
Cley next the Sea
Holt/Norfolk NR 25 7UD
England

0049 1263 740304
mail@kbvollmar.de
www.kbvollmar.de